KB144086

# Hospitality
## Accounting Principles

회계의 기초 지식과 회계순환과정에 대한 내용을 중심으로 한

# 호스피탈리티 회계원리

김재석 저

**Korean Generally Accepted Accounting Principles**

 (주)백산출판사

매년 새 학기가 되면 학생들은 수학과 통계를 잘 모르는데 회계원리 강의를 제대로 소화할 수 있는지 근심 어린 표정으로 물어보곤 한다. 또 어떤 학생들은 수학이 싫어 문과로 진학했는데 머리 아프게 되었다고 투덜거리기도 한다.

회계를 처음 접하는 이들에게 회계는 머리 아프고 어려운 것, 피하고 싶은 과목으로 여겨진다. 저자 또한 대학시절 한 학기 동안 처음 회계를 배운 후 기억나는 것은 '왼쪽이 차변 오른쪽이 대변'이 전부였다. 그 후 배웠던 내용을 차근차근 다시 공부하며 조금씩 회계원리가 이해되기 시작했다. 연습문제를 풀다가 대차가 일치하면 스트레스가 사라졌고 논리적이고 과학적인 접근방식이 신기하기도 하였다.

회계가 어렵다고 생각하는 가장 큰 이유는 '회계는 회계사나 재무분석가 등 전문가의 영역'이라 여기는 것이다. 만약 회계가 전문가의 전유물, 즉 전문가만이 회계를 할 수 있다면 회계는 어려울 수밖에 없다. 그러나 회계는 전문가에 의해서만 행해지는 것이 아니다. 중소기업에서도 회계서류를 작성하고, 음식점을 운영하는 주인이나 소매상인 역시 회계적 사상을 바탕으로 운영을 한다. 회계는 경제활동과 불가분의 관계로 경제활동이 있는 곳에 회계가 있다고 해도 과언이 아니다.

회계가 어렵게 여겨지는 또 다른 이유는 용어가 생소하다는 것이다. 일상생활이나 타 분야에서 사용하지 않는 생소한 용어로 인해 회계를 이해하는 데 어려움을 겪는다. 특히 계정기입원칙과 계정과목, 회계거래에 따른 분개에 지레 겁을 먹고 회계를 포기하는 학생을 많이 보아왔다.

회계는 암기보다는 이해를 필요로 하는 분야이다. 회계원리는 예습보다는 복습이 효율적이며, 강의시간에 이해하는 것이 가장 효과적인 학습방법이다. 아울러 본 저서는 회계순환과정에 초점이 맞추어져 있어 순차적인 학습이 필요하다. 타 교과목의 경우 특정부분에 대한 이해가 부족하더라도 전체를 이해하는 데 별 무리가 없다. 그러나 회계원리는 대부분의 내용이 순차적으로 연결되어 있어서 어느 한 부분을 모르면 다음 내용을 이해하기 어렵다. 따라서 어느 한 부분이라도 소홀히 해서는 안 된다.

본 교재는 회계를 처음 접하는 비전공자를 위한 교재로서 한 학기 강의 분량으로 구성되었다. 일반기업회계기준을 토대로 회계에 대한 기초 지식과 회계순환과정에 대한 내용이 주를 이루고 있으며 다음과 같은 몇 가지 사항에 중점을 두어 집필되었다.

첫째, 회계순환과정을 이해하는 데 초점을 두었으며 한 학기 강의 내용으로 구성되어 있다. 계정과목 등 재무회계에 속하는 내용과 회계순환과정을 이해하는 데 불필요한 내용은 과감히 생략하였다.

둘째, 중요 개념에 대한 반복적 표시, 학습방법을 위한 Tip, 본문 내용의 이해와 보충 설명을 위한 참고 사항을 표시하여 보다 쉽게 이해되도록 노력하였다.

셋째, 본문에서 사례를 제시하고 이에 대한 예제를 풀이하도록 하였으며, 자습문제와 연습문제를 통해 이를 확인할 수 있도록 구성하였다. 회계원리에서 가장 중요한 부분은 분개라 할 수 있다. 분개는 부록의 계정과목을 떼어내 반복적으로 풀이하면서 계정과목을 이해하는 것이 효율적이다. 명심할 것은 원리나 원칙을 이해하고 많은 문제를 반복적으로 풀어보는 것이 가장 좋은 학습방법이다.

집필을 마치고 원고를 대하니 부족하고 아쉬운 마음이 가득하다.

초판이라 부족한 부분과 잘못된 내용이 있을 수 있다. 이는 전적으로 저자의 책임이며, 여러 교수님들과 독자들의 충고와 비판을 부탁드리는 바이다.

끝으로 짧은 시간에 편집과 출간에 애쓰신 백산출판사 여러분께 감사의 말씀을 전하며, 이 책을 통해 회계원리를 쉽게 이해하는 데 도움이 되기를 기원한다.

2020년 12월
저자 씀

# 차 례
## Contents

**CHAPTER**
# 06 결산과 수정분개                        251

# Hospitality
## Accounting Principles

호스피탈리티 회계원리

## Chapter

# 1

## 회계란 무엇인가?

# Chapter 1
# 회계란 무엇인가?

## ① 기업과 회계

## 1. 경제주체와 회계

회계(會計, accounting)라는 용어가 언제부터 사용되었는지는 명확하지 않다. 그러나 고대 수메르 시대의 점토판에는 물품 거래 내역에 대한 기록이 새겨져 있고, 고대 그리스 시대에는 화폐를 사용하여 재산을 기록하는 등 회계와 관련된 기록과 유물이 발견되었다.

이러한 유물들을 통해 회계 사상과 사고는 인류 문명의 시작과 더불어 출현되었음을 짐작할 수 있다. 즉 인류가 생활을 영위하기 위해 짐승을 사냥하거나 포획하고, 곡식을 생산하여 의복과 교환하는 생산과 소비 등 경제활동을 수행하면서 이로 인한 권리와 의무를 기록하는 등의 회계적 사고나 사상이 필요하였을 것이라 추측할 수 있다.

고대를 지나 중세와 산업혁명 등 사회의 변화와 더불어 경제 현상 역시 변화하였으며, 회계 역시 시대의 변화에 부응하여 변화하고 진화하였다. 이전 시대의 단순한 의식주를 자급자족하던 경제에서 벗어나 대량생산이 가능한 기업이 출현하였으며, 세계시장을 대상으로 하는 다국적 기업이 출현한 것도 이미 과거의 일이다.

현재 우리는 급속한 과학기술의 발전과 경제 발달로 복잡한 사회·경제 환경과 제도 속에서 살아가고 있으며, 이전 시대와는 비교할 수 없는 다양한 생산과 소비, 분배 등의 문제에 직면하고 있다. 이러한 시대적 상황으로 경제문제와 관련된 의사결정이 늘어나고 있어 회계에 대한 이해가 필요하다.

경제주체별로 다양한 경제적 의사결정문제가 있으며, 회계정보를 필요로 한다. 예를 들어 학생들은 주어진 용돈 규모를 고려하여 지출항목을 정하고, 동아리나 동호회에서는 수입과 지출을 고려하여 회비인상을 검토하기도 한다. 가계는 수입에 따라 지출과 저축의 정도를 결정하고, 재산증식에 적합한 자산을 선택한다.

특히, 기업은 기업 목적 달성을 위한 생산과 판매 등의 경영활동을 위한 의사결정 시 회계 사상과 사고를 토대로 한다. 기업은 이익극대화나 기업가치의 극대화를 위해 기업 활동을 전개하고, 소비주체인 개인 역시 자신의 부(富)와 만족의 극대화를 위하여 소비를 계획하고 통제한다.

한편 회계는 '기업의 언어(Accounting is the language of Business)'라고 한다. 언어가 생각이나 느낌을 말 또는 글로 전달하는 수단을 의미한다면, 회계는 기업을 표현하는 수단이라 할 수 있다. 따라서 경영자나 관리자, 기업 거래자, 투자자 등 경영활동과 관련된 이들은 회계에 대한 기초적인 지식을 갖추어야 하며, 회계는 기업을 이해하고 경영 활동을 수행하는 데 필수적 요소이다.

이와 같이, 개인이나 기업 등 경제 주체들은 주어진 환경에서 각자 목적을 달성하기 위하여 제한된 자원을 효과적이고 효율적으로 활용하기 위한 의사결정에 직면하고 있다. 회계는 정보이용자에게 회계정보를 통하여 의사결정에 도움을 주는 것을 목적으로 한다.

이러한 이유로 회계는 경영계열은 물론이고 공대계열 등 사회에 진출하고자 하는 학생들에게 필수 교과목이 되고 있다.

## 2. 기업의 의의와 유형

### 1) 기업의 의의

기업(企業)은 '업(業)을 기획(企)한다'의 준말로서 경제사업체를 의미한다. 현대 기업은 국가경제에서 주요 경제단위로서 경제발전과 기술발전의 핵심요소이다. 아울러, 시장경제주의체제에서 기업은 '영리목적을 추구하는 독립적 경제단위로 재화와 용역(service)을 생산하여 판매하는 조직'이라 할 수 있다. 여기서 조직이란 '인간집단이 공통의 목표를 달성하기 위하여 상호작용하는 단위'이다. 현대 기업의 주요 특징을 살펴보면 다음과 같다.

① 기업은 이익추구 집단

기업을 유지하고 발전시키기 위해서는 이익이 필수적이다. 만약, 지속적으로 손실이 발생된다면 기업은 유지 운영하기 어렵다. 따라서 기업 내 모든 조직과 경영은 이익을 극대화하기 위해 최선을 다해야 한다.

② 기업은 제품과 용역을 공급하는 생산단위

한 나라의 경제는 가계, 기업, 정부라는 세 개의 경제단위로 이루어져 있다. 이 중에서 기업은 가계나 정부와는 달리 생산적 기능을 강조한다. 기업은 제품과 용역을 생산하는 데 필요한 인적자원과 물적 자원을 조달하여 투입함으로써 이를 생산하고 공급하는 경제주체이다.

③ 기업은 시장에 대한 위험을 갖는 경제주체

기업은 제품이나 용역(service)을 생산하여 공급하더라도 소비자가 이를

외면하거나, 경쟁상황 등에 의해 판매할 수 없어 투하된 자본을 회수할 수
없는 위험을 안고 있다.

## 2) 기업의 유형

기업 유형은 기업의 종류를 의미하는데 어떠한 관점에서 구분하느냐에
따라 여러 가지 유형으로 분류될 수 있다. 기업규모의 크기에 따라 대기업,
중견기업, 중기업, 소기업으로 구분하고 출자자에 따라 공기업, 사기업, 공
사공동기업으로 구분한다. 또한 소유형태에 따라 주식회사, 유한회사, 합자
회사, 합명회사로 구분할 수 있는데 이에 대해 간략히 살펴보고자 한다.

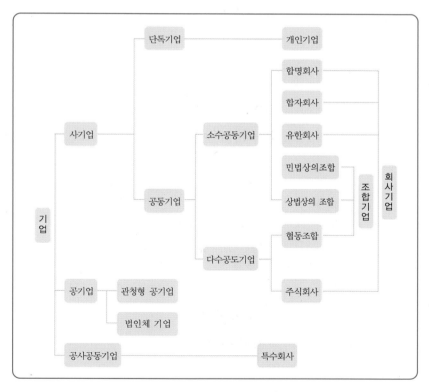

[그림 1-1] 기업의 유형

## [1] 합명회사

합명회사는 2명 이상의 사원이 출자하는 회사로서 회사경영상의 책임에 대하여 무한책임을 지는 무한책임사원으로 구성된다. 따라서 출자자 전원이 사원이 되며, 사원 모두 회사경영에 책임을 진다. 아울러, 각자의 지분을 양도할 때는 다른 사원의 승낙이 필요하다.

## [2] 합자회사

합자회사는 출자자가 유한책임사원과 무한책임사원으로 구성된다. 경영은 무한책임을 지는 출자자가 담당하고, 유한책임을 지는 출자자는 이익의 분배만을 받는다. 합명회사에 비해서 자본의 조달이 용이할 수 있다. 아울러, 지분을 양도할 때는 무한책임사원 전원의 동의가 필요하다.

## [3] 유한회사

유한회사는 상법상의 회사로서 상행위와 기타 영리를 목적으로 설립한 사단법인이다. 출자자가 50인 이하의 유한책임사원만으로 구성되는 소규모 기업형태이다.

유한책임을 진다는 점이 주식회사와 동일하며, 출자자는 경영에 적극적으로 참여한다. 또한, 출자에 대해 주권을 발행하지 않으며, 출자 지분을 다른 사람에게 양도할 때는 사원총회의 승인을 받아야만 한다. 이러한 특징으로 유한회사는 규모면에서 한계가 있다.

## [4] 주식회사

주식회사는 기업의 경영규모가 거대화됨에 따라 거액의 필요자금을 원활히 공급하기 위해 창안된 현대적 기업형태이다.

앞서 설명한 합명회사, 합자회사 및 유한회사는 출자자의 수가 제한적이며, 출자금에 대한 무한책임 등으로 많은 자본을 조달하는 데 한계가 있다. 이러한 한계를 극복하기 위하여 발전되어온 기업형태가 바로 주식회사이다. 오늘날 우리가 언급하는 기업은 대부분 주식회사라 할 수 있다.

주식회사의 가장 큰 특징은 소유와 경영의 분리이며, 그 외에도 자본의 증권화제도, 유한책임제도, 주식양도의 용이성 등이 있다.

### ① 소유와 경영의 분리

주식회사는 합명회사나 합자회사가 가지고 있는 한계를 극복하기 위한 조직형태이다. 다수공동기업으로서의 주식회사는 불특정다수의 사람들로부터 거액의 자본을 조달할 수 있다. 주식회사의 규모가 커지고 주주의 수가 많아짐에 따라 모든 주주가 직접 경영에 참가할 수는 없다. 그래서 주주들은 주주총회를 통해 전문경영인을 선임하여 회사의 경영을 위임한다. 이러한 특징을 소유와 경영의 분리라고 한다.

### ② 자본의 증권화제도와 양도가능성

주식회사의 자본금은 액면가가 똑같은 유가증권, 즉 주식(stock)으로 구성되어 있다. 주식회사는 주식을 발행함으로써 대규모의 자본을 모을 수 있으며, 주식의 소유주는 주주(株主, stockholder)라 한다. 주주는 매매양도가 자유로우며 주주의 변경에도 불구하고 주식회사의 자본금에는 영향을 주지 않는다. 아울러, 주식은 기업재산의 지분을 나타내는 동시에 이익을 배당받을 권리와 기업이 청산하면 잔여재산 등에 대한 권리를 나타내는 유가증권이다.

### ③ 유한책임

유한책임이란 출자자는 주식취득하기 위해 출자한 출자금의 한도 내에서만 책임을 진다. 즉, 회사가 파산하면 주식 매입에 지출한 돈만 손해를 보고 회사의 채무에 대해서는 책임을 지지 않는다. 따라서 회사의 출자자는 주식의 가치가 저평가되어 있거나 배당을 통한 효익 창출이 가능할 때 안심하고 주식을 매입할 수 있다.

**참고**

- **주식회사의 장점**
  - 소유와 경영의 분리
  - 주주의 유한책임
  - 자본의 증권화제도와 양도가능성
  - 기업의 영속성
  - 기업 확장의 용이성

- **주식회사의 단점**
  - 과도한 창업비
  - 법률과 정부의 각종규제와 보고의무
  - 기밀유지의 곤란성
  - 법인세와 소득세의 이중부담

# 3. 경영과 경영활동

## 1) 경영의 의미

기업에 있어 경영이란 '기업의 목적을 효과적으로 달성하기 위하여 인적·물적 자원을 효율적으로 활용하는 일련의 과정'을 말한다. 여기서 효과적(effective)이란 업무를 수행하여 좋은 결과를 내는 것을 말하며, 효율적(efficient)이란 최소의 자원을 활용하여 최적의 결과를 도출해 내는 것을 의미한다.

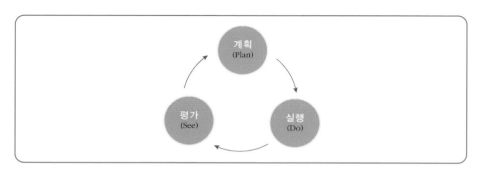

[그림 1-2] 경영의 순환과정

경영을 간략히 표현한다면 PDS 과정이라 할 수 있는데 [그림 1-2]와 같이 계획(Plan) → 실행(Do) → 평가(See)를 거쳐 다시 계획에 피드백 하는 순환과정을 의미한다. 이를 경영의 순환과정 또는 관리의 순환과정이라고 한다.

한편, 경영을 계획·조직·지휘·통제의 과정 내지 기능으로 설명할 수 있는데, 각각의 기능은 서로 상호 보완하여 경영목적을 효율적으로 달성하고자 한다. 이를 개략적으로 살펴보면 다음과 같다.

### ① 계획

계획(planning)은 계획이란 조직의 목적을 설정하고 그 목적을 어떻게 하면 가장 효과적으로 달성할 수 있는가를 결정하는 과정으로 여러 대안들 가운데 최적의 대안을 선택하는 의사결정을 의미한다.

### ② 조직

조직(organizing)은 계획을 수행하기 위하여 인적 및 물적 자원을 적절하게 배치하는 것을 말한다. 즉, 기업의 목적을 효율적으로 달성하기 위해 업무를 세분화하여 조직원에게 분배하고 이들의 관계를 규정함으로써 유기적인 상호관계가 이루어지도록 하는 과정이다.

### ③ 지휘

지휘(leading)는 기업의 목표를 달성하기 위하여 조직 구성원들이 부여받은 임무를 효과적으로 수행하도록 의욕을 불어넣어 주고 영향력을 행사하는 과정이다.

### ④ 통제

통제(controlling)는 기업의 목적이 잘 수행되고 있는가를 확인하는 과정을 말한다. 즉 수립된 계획이 제대로 이행되었는지 성과를 측정하고, 목표와 성과 간에 큰 차이가 발생하였다면 그 원인을 규명하고 피드백하여 지속적 개선이 가능하도록 한다.

## 2) 경영활동

기업은 기업의 목적을 달성하기 위하여 여러 가지 활동을 지속적으로 수행하는데 회계에서는 이들 활동을 영업활동, 투자활동, 재무활동으로 구분하여 설명한다. 경영자나 관리자는 기업 활동을 수행하는 과정에서 의사결정을 필요로 하며, 이를 개략적으로 살펴보면 다음과 같다.

### ① 재무활동

재무활동(financing activities)은 기업이 필요로 하는 자금을 조달하고 상환하는 등의 활동을 말한다. 자금 조달의 원천에 따라 자기자본과 타인자본으로 구분할 수 있는데 주식을 발행하여 자금을 조달한다면 자기자본, 은행 등 금융기관이나 기업의 외부로부터 빌려 온다면 타인자본이라 한다.

호텔을 예로 들어보자. 만약, 호텔의 주된 수입원이 객실판매와 식음판매라면 객실과 식음 판매를 위한 공간인 건물과 토지 및 객실 내 비품 등이 확보되어야 하며, 식음료 재료와 급여 지급 등 운영을 위한 자금 확보도 필요하다. 이러한 자금 확보와 이를 상환하는 활동을 재무활동이라 한다.

### ② 투자활동

투자활동(investment activities)은 재무활동으로 조달된 자금을 운용하는 활동과 관련된다. 즉, 투자활동은 영업을 위해 필요한 자원을 취득하거나 이를 처분하는 활동, 여유 자금을 빌려주거나 이를 회수하는 활동 등을 말한다.

호텔을 예로 들어 설명하면 다음과 같다. 호텔이 영업을 수행하기 위해서는 건물 및 내부시설, 집기나 비품, 차량 등과 같이 지속적으로 사용해야 되는 자원이 필요하다. 이를 구입하거나 처분(판매)하는 활동을 투자활동이라 한다. 또한, 타인에게 자금을 빌려주거나, 호텔의 재산 증식을 목적으로 부동산이나 주식 등을 취득하거나 처분하는 활동 역시 투자활동에 속한다.

### ③ 영업활동

영업활동(operating activities)은 기업 목적을 달성을 위한 제품의 생산과 상품 및 용역의 구매와 판매활동을 의미하며, 투자활동과 재무활동에 속하지 아니하는 제 활동을 영업활동이라 한다.

예를 들어, 호텔의 주된 수입원이 객실판매와 식음판매라면 객실 판매와 식음 판매활동은 영업활동에 속한다. 객실과 식음 판매를 위해 소진된 재료와 소모품 등을 구매하는 활동과 종업원의 관리나 판촉 및 새로운 제품 개발을 위한 활동 역시 영업활동에 속한다.

■ 기업의 경영활동

 - 영업활동: 제품의 생산과 상품 및 용역의 구매와 판매활동 등
 - 투자활동: 영업을 위해 필요한 자원을 취득하거나 이를 처분하는 활동, 여유 자금을 빌려주거나 이를 회수하는 활동 등
 - 재무활동: 기업이 필요로 하는 자금을 조달하고 상환하는 등의 활동

## ② 회계의 정의

회계(會計)는 한자어로서 會는 '모으다'라는 의미이며, 計는 '헤아리다', '세다'라는 뜻이다. 회계를 의미하는 영어는 'accounting'이다. accounting은 account(계정, 計定)에서 유래된 것으로 '계정에 기록한다'를 의미한다.

회계에 대한 정의는 여러 기관과 단체, 학자들에 의하여 정의되어 왔는데, 주요 정의를 살펴보면 다음과 같다.

# 1. 미국공인회계사회(AICPA, 1941)의 정의

미국공인회계사회(AICPA: American Institute of Public Accountants)는 1941년 회계용어공보(ATB; Accounting Terminology Bulletin)에서 회계를 다음과 같이 정의하였다.

> "회계는 경제적 활동과 관련된 거래나 사건을 화폐단위를 이용하여 측정·기록·분류·요약하고 이를 해석하는 기술"
> Accounting is the art of recording, classifying and summarizing, in a significant manner and in terms of money, transactions and events which are, in part at least, of a financial character, and interpreting the results thereof.

미국공인회계사회(AICPA, 1941)의 정의는 전문기관이 내린 최초의 정의이나 다음과 같은 비판이나 한계를 지니고 있다.

첫째, 회계정보의 생산적인 측면만을 강조하고 있다. 이로 인해 회계가 논리적이고 규범적인 방법론을 갖는 과학이라기보다는 기술(art)이라는 점이 강조되어 있다.

둘째, '무엇을 위해 회계를 수행하는가?' 하는 회계의 목적과 방향을 밝히지 않고 있다. 이로 인해 회계 이론의 전개나 발전방향에 대한 의미 있는 통찰력을 제공하지 못한다는 비판을 받고 있다.

셋째, 회계의 범위를 재무적 거래나 화폐단위로 측정하고 처리하는 것으로 한정하였다. 이로 인해 화폐단위로 측정할 수 없는 경제현상을 회계의 대상에서 제외하였다.

이러한 이유로 미국공인회계사회(AICPA)의 정의는 회계의 정의라기보다는 부기(book keeping)의 개념에 적합하다고 할 수 있다.

## 2. 미국회계학회(AAA, 1966)의 정의

미국회계학회(AAA: American Accounting Association)는 1966년 기초적 회계이론에 관한 보고서(ASOBAT: A Statement of Basic Accounting Theory)에서 회계를 다음과 같이 정의하였다.

> "회계는 정보 이용자가 사정을 잘 알고서 판단이나 의사결정을 할 수 있도록 경제적 정보를 식별하고 측정하여 전달하는 과정이다."
> "Accounting is the process of identifying, measuring and communicating economic information to permit informed judgements and decisions by users of the information."

미국회계학회(AAA, 1966)의 정의는 현재까지도 널리 이용되고 있으며 다음과 같은 특징을 가지고 있다.

첫째, 회계의 목적이 '판단이나 의사결정'에 유용해야 한다고 밝히고 있다. 이는 회계의 생산적인 측면을 강조하는 이전 정의에 비해 회계 이론의 전개나 발전방향에 대한 의미 있는 통찰력을 제공할 수 있다는 특징이 있다.

둘째, 회계를 '측정하고 전달하는 정보시스템'으로 정의하고 있다. 즉, 회계가 단순히 경제적 사건을 기록하고 해석하는 데 머무르는 것이 아니라 정보이용자의 의사결정에 유용하도록 정보를 전달하는 과정을 포함하고 있다.

셋째, 회계의 범위를 화폐 단위로 측정 가능한 것에 국한하지 않고 경제적 정보로 제시하고 있다. 따라서 정보이용자가 의사결정에 유용한 정보라면 화폐단위로 표시되지 않는 질적인 정보까지도 포함할 수 있다.

이러한 이유로 미국회계학회(AAA, 1966)의 정의는 반드시 알아두어야 한다.

알아
두기

■ 회계란?

"회계는 정보 이용자가 사정을 잘 알고서 판단이나 의사결정을 할 수 있도록 경제적 정보를 식별하고 측정하여 전달하는 과정이다."

아울러, 미국회계학회(AAA, 1966)의 정의에 기술된 용어를 간략히 요약하면 다음과 같다.

- **의사결정**: 목표를 달성하기 위한 대안들을 일정한 방법에 따라 비교 평가하는 가운데 가장 유리한 대안을 선택하는 행동이다.

- **정보(information)**: 의사결정자의 판단이나 행동에 영향을 미치는 지식을 의미한다.

- **식별(identify)**: 어떤 거래나 사건이 발생하였을 때 이것이 회계처리의 대상인지의 여부를 판단하는 것을 의미한다.

- **인식(recognition)**: 거래를 장부에 계상하는 것을 의미하는 것으로 어떤 거래나 사건이 회계처리 대상인 경우 이 거래가 발생한 시점에서 이를 장부에 계상(기록)하는 것을 말한다.

- **측정(measuring)**: 여러 가지 본체들의 관계를 사체(寫體, surrogate)로서 그 관계가 그대로 표현되도록 수치를 부여하는 것이다. 즉 대상의 특징을 수치로 나타내는 것으로 평가(valuation)라고도 한다.

- **전달(communicating)**: 정보전달자가 정보수신자에게 보내고자 하는 메시지(내용)를 심볼화하여 시그널(신호)를 알림으로써 수신인에게 영향을 주려는 행위로 전달은 의사소통을 의미한다.

# 1. 회계정보

## 1) 경영정보와 회계정보

회계의 주요 목적은 의사결정자에게 판단이나 의사결정을 할 수 있도록 유용한 정보를 제공하는 것이다. 여기서 정보는 의사결정자의 판단이나 행동에 영향을 미칠 수 있는 자료나 지식을 말하는데 특정 의사결정에 영향을 미칠 수 있는 자료나 지식만을 정보로 간주한다.

기업 경영과 관련된 경영정보는 기업에서 경영활동과 관련한 의사결정에 유용한 정보를 말하며, 계량적 정보(양적 정보)와 비계량적 정보(질적 정보)로 구분할 수 있다.

- **계량적 정보**: 매출, 이익, 객실 점유율 등 수량화된 정보
- **비계량적 정보**: 경쟁상태, 환경, 제품의 품질, 경영자의 능력 등 수치나 수량으로 나타낼 수 없는 정보

회계정보는 계량적 정보의 하나로서 경영자뿐만 아니라 부서장이나, 팀장 등의 중간 관리자도 책임단위의 의사결정 시 회계정보를 활용한다. 예컨대, 호텔의 중장기적 전략에 의한 호텔신축 등과 같은 의사결정은 경영자가 하겠지만, 식음부문에서 계절메뉴에 대한 가격 결정은 경영자가 결정하기보다는 식음 부서장이나 팀장이 결정한다.

이와 같이 기업에서 권한의 위임에 따라 중간관리자나 담당자 역시 경영과 관련된 의사결정에 직면할 수 있다.

## 2) 회계정보의 특징

경영정보의 하나로서 회계정보는 기업의 경영활동과 관련된 의사결정에서 유용한 정보를 제공해 줄 뿐만 아니라, 기업 외부의 이해관계자에게도 의사결정에 유용한 정보를 제공한다. 기업에서 작성되는 회계정보의 주요 특징은 다음과 같다.

### ① 회계정보는 기업실체와 관련된 정보

회계정보는 개별 경제주체인 기업의 경제적 거래나 사건을 측정한 정보이다. 따라서 국가 경제 전반이나 호텔산업이나 및 숙박업종 전체에 대한 정보를 의미하지 않는다. 즉, 개별 기업실체와 관련된 정보이다.

### ② 회계정보는 구체적 정보

회계정보는 막연하거나 추상적인 기술이 아니라 구체적인 수치로 표현된다. 예를 들어, ㈜백두산호텔의 '현금이 많다'로 표현되는 것이 아니라, '현금 2,712,123원'과 같이 구체적인 숫자로 표시된다.

### ③ 회계정보는 개략적 수치

회계정보는 구체적 정보로 표시된다 하더라도 모두 정확한 수치가 아니라 개략적인 측정치가 포함되어 있다. 예를 들어, 건물이 1,000,000원이라 장부에 기재되어 있더라도 건물이 1,000,000원이라 단정할 수 없다. 건물의 장부가액은 시장에서 판매하여 획득할 수 있는 금액이 아니라 취득원가에 기초하여 감가상각을 반영한 금액으로 표시하기 때문이다. 이와 같이 회계정보는 정확한 측정치라기보다 개략적인 측정치라 할 수 있다.

### ④ 회계정보와 관련한 효익 > 비용

회계정보 제공 및 이용에 효익이 회계정보를 제공하고 이용하는 데 투하되는 비용보다 커야 한다. 예를 들어, 중식당에서 자장면 한 그릇에 대한 원가를 정확히 추정하기 위하여 시간과 노력을 과도하게 투하한다면 비용이 효익보다 클 수 있다. 이러한 경우 원가정보를 개략적으로 추정하여 정보생산에 투하되는 비용을 줄이는 것이 바람직하다.

## 2. 회계정보이용자

기업은 생산 주체로서 경영자, 주주, 투자자, 채권자, 공급자, 금융기관 등 다양한 이해관계자가 존재하고 있으며, 그들의 의사결정을 위해 기업의 회계정보를 필요로 한다.

아울러, 기업이 계속적으로 유지 운영되고 발전한다면 기업과 관계를 맺으려는 잠재적 이해관계자도 기업의 회계정보를 필요로 하게 된다. 즉, 현재 이해관계자와 잠재적 이해관계자 모두 회계정보의 수요자이며, 이런 관점에서 이들 모두는 '정보이용자(users of information)'이다.

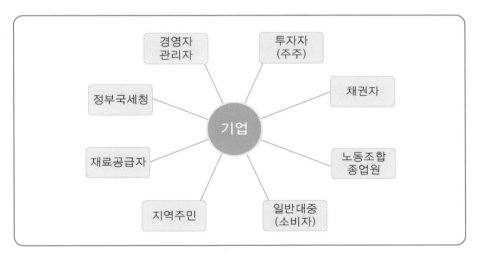

[그림 1-3] 기업의 이해관계자

정보이용자는 내부정보이용자와 외부정보이용자로 구분할 수 있으며, 다음과 같다.

- 내부정보이용자: 경영자, 부문별 관리자, 재무 담당자 등
- 외부정보이용자: 투자자(주주), 채권자, 공급자, 일반대중(소비자), 과세당국 등

■ 회계정보 이용자 구분
 - 내부정보이용자: 경영자, 부문별 관리자, 재무 담당자 등
 - 외부정보이용자: 투자자(주주), 채권자, 공급자, 일반대중(소비자),
   과세당국 등

## 1) 내부정보이용자

내부정보이용자는 최고 경영자와 임원은 물론 기업경영을 위한 제반 활동인 기획, 재무, 생산, 마케팅 등의 업무를 수행하는 과정에서 회계정보를 이용하는 사람이다. 즉, 기업 경영활동을 위하여 회계정보를 이용한다면 내부정보이용자이다.

이러한 관점에서 본다면 종업원(노동조합)은 기업의 경영활동을 위해서 회계정보를 이용하는 것이라기보다 자신들의 급여나 복지와 관련이 있다. 따라서, 종업원과 노동조합은 외부정보이용자라 할 수 있다.

경영자는 경영목표를 수립하고 경영성과나 목표 달성의 정도를 평가하는 등 기업의 중요한 의사결정에 직면하고, 객실, 식음 등의 부서장도 가격정책이나 부서의 성과 평가를 위해서 회계정보를 필요로 하고 있다. 기업 경영활동과 관련하여 다양한 의사결정을 위하여 회계정보가 필요한데 호텔을 예로 살펴보면 다음과 같다.

- 호텔 객실의 증축 문제
- 호텔 부서별 성과급 배분 문제
- 차년도 현금 수요 예측
- 신규 기획 상품에 대한 가격 설정 문제

이와 같이 경영활동 중에 발생하는 의사결정문제와 관련된 회계정보는 다양하며 정보가 필요한 시기에 제공되어야 한다. 따라서 외부정보이용자에게 제공되는 재무제표 등의 회계기준에 의해 작성되는 정보와는 차이가 있다. 경영활동에 유용하기 위한 회계정보는 주어진 문제해결을 위한 정보에 초점을 맞추어 제공되며, 내부 보고서 또는 계획서의 형태로 작성된다.

아울러, 기업환경 변화속도가 빠르고 권한의 위임이 일반화되고 있어 내부정보이용자의 범위도 확대되고 있는 추세여서 직무와 관련된 회계정보 생산 능력을 필요로 하고 있다.

## 2) 외부정보이용자

기업실체의 이해관계자는 다양하다. 외부정보이용자의 경우 이해관계가 상이하여 이들마다 정보에 대한 수요가 다르다. 외부정보이용자도 자신들이 소유하고 있는 제한된 자원을 어떻게 효율적으로 배분할 것인가에 대한 의사결정을 위해 회계정보가 필요하다.

### ① 투자자(주주)

주주는 주식 매입을 통하여 배당을 받거나 주가가 상승할 경우 이를 판매하여 이익을 획득하고자 한다. 주주(잠재적 주주 포함)는 어느 기업의 주식을 살 것인지 또는 보유하고 있는 주식을 팔 것인지에 관한 의사결정을 하여야 한다. 따라서 주가의 성장성, 배당의 안정성 등의 회계정보가 필요하다.

### ② 채권자

채권자는 회사에 자금을 빌려주고 대가로 이자를 받으며, 만기에 원금을 상환 받게 된다. 채권자는 대출여부, 대출기간 연장여부, 대출금 상환독촉 여부, 이자율 크기 결정 등에 관한 의사결정을 하여야 한다. 따라서 기업의 상환능력, 이자와 원금회수의 안정성 등을 판단하는 데 회계정보가 필요하다.

### ③ 종업원(노동조합)

종업원(노동조합)은 생산성의 향상정도와 기업의 이익 등 지급능력을 토대로 자신의 급여와 복지에 관하여 기업과 협상을 하고 이직을 고려하기도 한다. 따라서 종업원은 직장을 계속 다닐 것인가 그만둘 것인가에 대한 문제와 임금인상 요구폭 등에 관한 의사결정을 하는 데 회계정보가 필요하다.

### ④ 소비자

소비자는 기업이 판매하는 상품이나 제품의 품질 및 가격을 고려하여 최선의 구매를 선택하고자 하는 의사결정 문제가 있다. 따라서 제품의 품질개선, 가격인하, A/S 등을 판단하는 데 회계정보가 필요하다.

### ⑤ 지역주민

지역주민은 인근에 위치한 기업의 공해물질 배출행위나 고용정책 등에 민감한 반응을 보이는데, 이들은 기업에게 환경보전활동과 고용수준의 유지 등을 요구해도 될 것인가를 판단하기 위해 회계정보가 필요하다.

### ⑥ 재무 분석가

재무 분석가는 회계정보의 중개기관으로서 회계정보를 수집하고 분석하여 정보이용자들이 보다 쉽게 이용할 수 있는 정보를 제공하기 위하여 회계정보가 필요하다.

### ⑦ 정부 및 감독기관

정부 및 감독기관은 철도, 전기 등 독과점 산업에 대한 가격관리, 세금 징수 및 확보 여부, 기업 간 불공정 거래 등 정부정책결정 및 집행관련 의사결정에 회계정보가 필요하다.

### ⑧ 외부 공급업자

기업에 원재료 및 생산설비 등을 공급하는 외부 공급업자들은 외상거래 유지여부, 외상기간 연장여부, 계약지속여부 등의 의사결정 문제가 있다. 대금의 안전한 회수나 계약의 지속 등을 판단하는 데 회계정보가 필요하다.

> **참고**
> - 일반기업회계기준상 외부정보이용자
>   - 투자자: 기업실체가 발행한 지분증권(주식) 또는 채무증권(회사채)에 투자한 자 등
>   - 채권자: 기업실체에 대해 법적 채권을 가지고 있는 자금대여자 등을 말하며, 경우에 따라 공급자, 고객, 종업원을 포함
>   - 기타 정보이용자: 재무분석가와 신용평가기관 같은 정보중개인, 조세당국, 감독 · 규제기관 및 일반대중 등

## ④ 회계의 분류

## 1. 부기와 회계

### 1) 단식부기와 복식부기

부기(簿記)는 장부기입(帳簿記入)의 준말이다. 부기는 기장 방법에 따라 분류하기도 하며, 영리성 여부에 따라 영리부기와 비영리부기로 분류한다.

영리부기(profit bookkeeping)는 영리를 목적으로 하는 개인 및 조직체에서 사용하는 부기로 상업부기, 공업부기, 보험부기 등을 말한다. 비영리부기(non-profit bookkeeping)는 이익을 계산하지 않는 비영리 단체 및 개인이 사용하는 부기로 가계부기나 재단부기 등을 말한다.

부기는 기장 방법에 따라 단식부기와 복식 부기로 구분하는데 이에 대해 살펴보자.

단식부기(single entry bookkeeping)는 일정한 원칙이 없이 일정항목을 가감하여 장부를 작성하는 것이고, 복식부기(double entry bookkeeping)는 일정한 원칙에 따라 거래를 이중으로 기입하여 장부를 작성하는 부기를 말한다.

**■ 기장 방법에 따른 분류**

- 단식부기: 일정한 원칙이 없이 일정항목을 가감하여 장부를 작성하는 방식
- 복식부기: 일정한 원칙에 따라 거래를 이중으로 기입하여 장부를 작성하는 방식

① 단식부기

단식부기(single entry bookkeeping)는 일정한 원칙 없이 특정 항목의 증가와 감소를 기재하여 잔액을 장부에 기입하는 방식을 의미한다. 현금이라는 특정항목에 대해 수입과 지출이라는 항목으로 구분하여 현재 잔액이 얼마나 있는가를 나타내는 가계부는 단식부기의 대표적인 사례라 할 수 있다.

단식부기로 장부에 기입하면 특정항목(현금)의 현재 잔액이 얼마인지는 알 수 있으나 1년간 수입이 얼마이고, 교통비나 식대가 얼마나 지출되었는가를 알아보려면 가계부를 항목별로 다시 계산해야 하는 번거로움이 있다.

〈표 1-1〉 단식부기 사례

| 일 자 | | 항 목 | 내 역 | 수입금액 | 지출금액 | 잔 액 |
|---|---|---|---|---|---|---|
| 월 | 일 | | | | | |
| 1 | 10 | 급여 | | 1,000,000 | | 1,000,000 |
| | 11 | 교통비 | | | 3,000 | 997,000 |
| | 11 | 식대 | 점심 | | 5,000 | 992,000 |
| | 11 | 문화비 | 영화관람 | | 10,000 | 982,000 |
| | 12 | 교통비 | | | 3,000 | 979,000 |
| | 12 | 식대 | 점심 | | 8,000 | 971,000 |
| | 12 | 식대 | 저녁 | | 10,000 | 961,000 |
| | 12 | 문화비 | 도서구입 | | 20,000 | 941,000 |

호텔과 같은 기업은 개인과 비교할 수 없을 정도로 복잡하고 다양한 경제활동이 일어난다. 판매할 상품이나 조리할 재료를 구매하기도 한다. 객실에 비치할 비품 등과 같은 자산 구매도 발생하고, 거래처와의 외상으로 거래하기도 한다. 따라서 단식부기로는 기업과 같은 복잡하고 다양한 거래를 파악하여 정보이용자에게 정보를 제공하는 것은 불가능하다. 이러한 이유로 단식부기는 개인이나 소규모 집단에서 주로 사용한다.

② 복식부기

복식부기(doble-entry bookkeeping)는 일정한 원칙에 따라 회계상의 거래를 왼쪽인 차변과 오른쪽인 대변으로 나누어 이중으로 장부에 기입하는 장부 기입법을 말한다. 특정 항목의 증가나 감소만을 나타내는 단식부기와의 차이점이 바로 이 점이다.

〈표 1-1〉 단식부기 사례에서 1월 12일 교통비 지출의 경우, 단식부기는 현금의 지출로만 기록된다. 그러나 이를 복식부기로 기입하면 현금의 지출과 교통비의 발생을 동시에 기록할 수 있어서 교통비와 현금의 증가와 감소를 일목요연하게 확인할 수 있다. 즉, 아래의 분개에서 교통비 발생과 현금의 감소를 동시에 기록하고 있으며, 〈전기〉에서 보듯이 교통비와 현금의 증감을 각각 기록하게 된다.

---

**〈분개〉**

1/12　　교통비　　　　　3,000　　/　　현금　　　　　3,000

**〈전기〉**

| 교통비 | | 현금 | |
|---|---|---|---|
| 1/12 현금　3,000 | | | 1/12 교통비 3,000 |

---

이와 같이 복식부기는 거래를 일정원칙에 따라 왼쪽인 차변과 오른쪽인 대변에 동시에 기록하여 거래 발생에 따른 모든 사항을 기록할 수 있다. 복식부기는 거래의 이중성(duality of transactions), 대차평균의 원리(principle of equilibrium), 자기검증기능 등 회계의 기초가 되는 원리를 내재하고 있다. 복식부기의 원리에 대해서는 다음에 상세히 살펴보기로 하자.

• 단식부기와 복식부기의 비교

| 구 분 | 단식부기 | 복식부기 |
|---|---|---|
| 기록, 계산 원칙 | 일정한 원리원칙이 없이 상식적으로 단순한 기록 | 일정한 원리원칙에 의하여 이중적으로 기록, 계산 |
| 기록대상 | 현금의 수입과 지출, 채권·채무 | 전 재산의 증감, 손익의 발생 |
| 정확성 및 자기검증기능 | 재산 및 손익 발생 파악이 불완전하므로 자기검증기능이 없음 | 재산 및 손익발생의 파악이 완전하므로 자기검증기능이 있음 |
| 적용대상 | 비영리 및 가계, 소비경제 | 영리 및 대규모 생산, 경제 |
| 보고서 | 일정한 보고서가 없음 | 재무보고서(재무제표) |

## 2) 복식부기와 회계

복식부기와 회계는 일상생활에서 구분 없이 혼용하고 있지만 복식부기와 회계에는 차이가 있다. 회계는 복식부기의 원리에 입각하여 생성되었으며 회계가 복식부기를 포함한다. 복식부기와 회계의 차이를 간략히 살펴보면 다음과 같다.

복식부기는 거래를 일정한 원리에 따라 경제적 사상 및 거래들을 기록한다는 점에서 회계의 특징이 있으나 부기는 회계의 일부분에 불과하다. 부기와 회계의 차이를 살펴보면 다음과 같다.

부기는 거래를 일정한 원리에 따라 자산·부채·자본·수익·비용으로 기록 계산하는 데 주안점을 두어 기술적·기계적·반복적 측면이 강하다.

반면, 회계는 부기의 기능을 포함하고 거래의 파악과 기록 전달의 과정을 포함하고 있다. 그리고 정보이용자의 의사결정에 유용한 정보 제공하기 위한 분석적 측면이 강하고, 관련정보의 유용성 증대를 위한 과학적·이론적 측면이 강하다.

**참고**

• 경리(經理)란?

자금관리와 조달, 결산업무, 경영분석, 전표와 총계정원장 작성, 급여 관리 등 업무를 담당하며, 기업의 규모나 업종에 따라 통합 또는 세분하여 운영하기도 한다. 이런 측면에서 본다면 부기는 경리업무의 한 부분이라 할 수 있다.

## 2. 회계의 분류

### 1) 재무회계

재무회계(財務會計, financial accounting)는 외부정보이용자(투자자, 채권자 등)의 경제적 의사결정에 유용한 재무정보를 제공하는 회계 분야이다.

앞서 살펴본 바와 같이 외부정보이용자는 다양한 정보 욕구가 있으며, 이들의 욕구를 완벽하게 충족시켜줄 수 있는 회계정보를 제공하는 것은 어려운 일이다.

기업은 외부정보이용자의 다양한 욕구를 충족시켜줄 수 있는 것으로 예상되는 일반목적의 재무보고서를 작성한다. 이 재무보고서를 재무제표(財務諸表, financial statements)라 한다.

따라서 재무회계는 재무제표의 작성 및 보고를 주목적으로 하며, 관리회계, 회계 감사, 세무회계의 기초가 된다.

### 2) 관리회계

관리회계(管理會計, management accounting)는 내부정보이용자인 경영자나 관리자에게 경영의사결정을 내리는 데 필요한 회계정보를 제공하는 회계분야이다. 즉, 기업의 일상적 운영과 관리나 중장기 전략 등 경영활동을 수행하는 경영자로부터 종업원이 직면하는 모든 의사결정을 위해 제공되는 회계정보를 생산하는 회계분야이다.

관리회계에서 사용되는 대표적인 정보는 원가정보(cost information)이며, 다양한 의사결정에 활용되고 있다. 원가정보를 생산하는 분야를 원가회계(原價會計, cost accounting)라 하는데 광의의 개념으로 관리회계에 포함하고 있다.

원가회계는 원가를 계산하는 회계분야로 제조과정에서 발생한 원가와 완성제품의 원가는 재무회계에도 사용된다.

아울러, 관리회계는 재무회계와 달리 일반적인 지침에 의하여 작성되는 것이 아니라 직무를 수행하는 과정에서 필요시 작성되며, 예측 정보를 포함하는 등 여러 가지 상이한 점이 있다.

〈표 1-2〉 재무회계와 관리회계

| 구 분 | 재무회계 | 관리회계 |
|---|---|---|
| 목적 | 외부보고 목적 | 내부보고 목적(경영활동에 필요한 정보) |
| 정보이용자 | 투자자 등 외부정보이용자 | 경영자 등 내부정보이용자 |
| 보고형태 | 일반목적의 재무제표 | 특수 목적 보고서 |
| 작성의무 | 법에 의하여 작성 | 필요에 따라 작성 |
| 보고기간 | 1년, 반기, 분기 등 | 필요에 따라 수시로 보고 |
| 원칙 유무 | 회계원칙에 따름 | 일반적인 기준 없음 |
| 정보 성격 | 객관성강조, 과거지향적 | 미래지향적 자료, 의사결정 목적적합한 자료 |
| 인접학문과의 관계 | 없음 | 타 학문의 활용이 많음 |
| 정보의 유형(범위) | 재무적 정보 | 재무정보, 공급업자, 고객, 경쟁업자 등 다양 |

## 3) 세무회계

세무회계(稅務會計, tax accounting)는 세법에 따라 납부하여야 할 납세액을 계산하는 모든 과정을 다루는 회계분야이다. 기업은 경영활동의 결과에 따라 세금을 국가 또는 지방자치 단체에 납부하여야 하는데 이는 법인세, 부가가치세뿐만 아니라 부동산 매매, 기업의 자산거래 등의 각종 활동에 대한 세금문제를 포함한다.

## 4) 회계감사

회계감사(會計監査, auditing)는 재무제표의 적합성과 신뢰성을 독립적으로 검토하는 회계분야이다.

재무제표가 경영자에 의해서 작성되고 경영자와 기업 외부의 이해관계자들 사이의 이해관계가 항상 일치하는 것이 아니라고 볼 때, 재무제표를 그대로 인정하는 데에는 위험이 따른다. 이에 재무제표가 이용자들에게 전달되기 이전 단계에서 재무제표의 적정성(fairness)과 신뢰성(reliability)에 대한 회계전문가의 인증(감사의견)을 받을 필요가 있다.

이와 같이 경영자에 의해서 작성된 회계정보에 대한 객관적인 검증기능을 회계감사라고 한다.

**참고**

감사의견은 다음과 같다.

- **적정의견**(unqualified opinion)
  재무제표가 기업회계기준을 준수하여 작성되었기 때문에 기업의 재무상태와 경영성과가 적정하게 표시하고 있다고 판단하는 경우에 표명하는 감사의견을 말한다.

- **한정의견**(qualified opinion)
  특정한 예외사항을 제외하고는 재무제표가 적정하게 작성되었다고 판단되는 경우에 표명하는 감사의견(예외사항은 감사인이 감사 시 감사범위가 제한되었거나 재무제표가 회계기준에 위배된 때를 의미한다)을 말한다.

- **부적정의견**(adverse opinion)

  기업회계기준의 위배사실이 중요하기 때문에 이를 수정하지 않고는 재무제표 자체의 의미가 상실되거나 혹은 재무제표 전체의 내용을 오도할 가능성이 있다고 판단될 경우 표명하는 감사의견이다.

- **의견거절**(disclaimer of opinion)

  감사인이 독립적인 감사업무를 수행할 수 없는 경우나 중요한 감사범위가 제한을 받아 의견을 표명할 만큼 충분하게 감사증거를 확보하지 못했을 경우에 표명되는 감사의견이다.

1. 회계는 무엇인가?

   ----------------------------------------
   ----------------------------------------
   ----------------------------------------

2. '회계는 기업의 언어'라는 의미는 무엇인가?

   ----------------------------------------
   ----------------------------------------
   ----------------------------------------

3. 기업에 대해 설명하시오.

   ----------------------------------------
   ----------------------------------------
   ----------------------------------------

4. 기업의 주요 특징에 대해 설명하시오.

   ----------------------------------------
   ----------------------------------------
   ----------------------------------------

5. 기업의 유형을 구분하고 이를 설명하시오.

   ----------------------------------------
   ----------------------------------------
   ----------------------------------------

6. 주식회사의 특징에 대하여 설명하시오.

-------------------------------------------------------------------
-------------------------------------------------------------------
-------------------------------------------------------------------

7. 경영이란 무엇인가?

-------------------------------------------------------------------
-------------------------------------------------------------------
-------------------------------------------------------------------

8. 경영의 주요 기능에 대하여 설명하시오.

-------------------------------------------------------------------
-------------------------------------------------------------------
-------------------------------------------------------------------

9. 기업 경영활동을 세 가지로 구분하고 이를 설명하시오.

-------------------------------------------------------------------
-------------------------------------------------------------------
-------------------------------------------------------------------

10. 회계정보의 특징에 대하여 설명하시오.

-------------------------------------------------------------------
-------------------------------------------------------------------
-------------------------------------------------------------------

11. 회계정보의 내부정보이용자는 누구인가?

-------------------------------------------------------------------
-------------------------------------------------------------------
-------------------------------------------------------------------

12. 회계정보의 외부정보이용자는 누구인가?

---

13. 기장방법에 따라 부기를 분류하고 이를 설명하시오.

---

14. 복식부기란 무엇인가?

---

15. 복식부기와 회계의 차이점은?

---

16. 회계의 영역을 네 가지로 구분하고 이를 설명하시오.

---

**1.** 다음 중 기업의 경영활동에 대한 설명 중 틀린 것은?

① 은행에서 자금을 빌려오는 것은 재무활동이다.

② 여행사에서 보유하고 있는 자동차를 판매하는 것은 영업활동이다.

③ 호텔에서 필요한 집기비품을 구매하는 것은 투자활동이다.

④ 외식기업에서 필요한 식자재를 구매하는 것은 영업활동이다.

**2.** 회계에 대한 기술 중 가장 적절하지 않은 것은?

① 회계는 기업의 언어다.

② 회계의 목적은 경제적 의사결정에 정보를 제공하는 것이다.

③ 호텔의 식음부서는 회계의 대상이 아니다.

④ 회계의 범위는 기업의 경제적 정보이다.

**3.** 다음 중 회계정보에 대한 기술 중 가장 적절하지 않은 것은?

① 회계정보는 산업 전반에 대한 경제적 정보를 의미한다.

② 회계정보는 구체적 정보이다.

③ 회계정보는 개략적 수치이다.

④ 회계정보와 관련된 효익이 비용보다 커야 한다.

4. 다음 회계정보이용자 중 다른 하나는?
   ① 주주               ② 채권자
   ③ 부문관리자          ④ 과세당국

5. 다음 중 외부정보이용자가 필요로 하는 정보 중 가장 적절하지 않은 것은 무엇인가?
   ① 기업의 성장성        ② 부서별 성과급 배분 문제
   ③ 기업의 상환능력      ④ 기업과의 공급거래 유지 여부

6. 다음 중 복식부기의 설명으로 적절하지 않은 것은 무엇인가?
   ① 일정한 원칙에 의해 장부를 작성한다.
   ② 단식부기보다 기업의 회계거래를 파악하는 데 용이하다.
   ③ 가계부가 대표적인 예이다.
   ④ 복식부기는 거래를 이중적으로 기록할 수 있다.

7. 주주, 채권자 등 외부정보이용자에게 가장 유용한 정보를 제공하는 회계분야는 무엇인가?
   ① 재무회계             ② 관리회계
   ③ 세무회계             ④ 회계감사

8. 다음 중 재무회계와 관련이 없는 것은?
   ① 외부보고 목적
   ② 일반목적의 재무제표 작성
   ③ 필요에 따라 수시로 작성
   ④ 회계원칙에 따라 작성

9. 다음 중 회계의 분류 중 외부정보이용자와 내부정보이용자에게 정보를 제공하는 분야로 바르게 짝지어 놓은 것은?
   ① 재무회계와 관리회계
   ② 재무회계와 회계감사
   ③ 관리회계와 세무회계
   ④ 회계감사와 세무회계

10. 다음 중 회계정보 이용자에 관한 설명으로 옳지 않은 것은?
    ① 주주는 주가의 성장성, 배당의 안정성 등의 회계정보가 필요하다.
    ② 채권자는 기업의 상환능력과 원금회수의 안정성 등을 판단하는 데 회계정보가 필요하다.
    ③ 종업원은 이직과 임금인상 폭 등에 관한 의사결정을 하는 데 회계정보가 필요하다.
    ④ 소비자와 잠재적 투자자는 회계정보 이용자로 간주하지 않는다.

11. 다음 중 경영활동에 대한 설명으로 옳지 않은 것은?
    ① 은행 등 금융기관에서 돈을 빌려오는 것은 재무활동이다.
    ② 호텔에서 집기 비품을 구입하는 것은 영업활동이다.
    ③ 종업원의 관리나 판촉 및 새로운 제품 개발을 위한 활동은 영업활동이다.
    ④ 주식을 발행하여 자금을 조달하는 것은 재무활동이다.

12. 재무제표의 적합성과 신뢰성을 독립적으로 검토하는 회계분야는 무엇인가?
    ① 재무회계              ② 관리회계
    ③ 세무회계              ④ 회계감사

1. ②
   여행사가 보유하고 있는 자동차는 영업활동에 필요한 것이지 영업활동의 대상이 아니다.

2. ③
   호텔 내부 부서 역시 하나의 회계 단위가 될 수 있다. 경영의사결정을 위해 기업의 부서, 팀, 프로젝트 등도 회계의 대상이 될 수 있다.

3. ①
   회계정보는 개별 경제주체인 기업의 경제적 거래나 사건을 측정한 정보이다.

4. ③
   부문관리자는 내부관리자이며, 주주, 채권자, 과세당국은 외부정보이용자이다.

5. ②
   부서별 성과급 배분 문제는 내부정보이용자에게 필요한 회계정보이다.

6. ③
   가계부는 단식부기의 예이다.

7. ①
   외부정보이용자(투자자, 채권자 등)의 경제적 의사결정에 유용한 재무정보를 제공하는 회계 분야이다.

8. ③
   내부정보이용자의 필요에 따라 수시로 작성되는 회계정보를 제공하는 분야는 관리회계이다.

9. ①

외부정보이용자에게 정보를 제공하는 회계분야는 재무회계이고, 외부정보이용자에게 정보를 제공하는 회계분야는 관리회계이다.

10. ④

소비자는 가격대비 품질, 품질 개선이나 보증 여부 등을 판단하는 데 회계정보가 필요하며, 잠재적 투자자도 기업의 재무상태와 경영성과 등의 회계정보를 통하여 투자 여부를 판단한다.

11. ②

호텔에서 집기 비품을 구입하는 것은 투자활동이다. 투자활동은 영업을 위해 필요한 자원을 취득하거나 이를 처분하는 활동, 여유 자금을 빌려주거나 이를 회수하는 활동 등을 말한다.

12. ④

회계감사는 재무제표의 적합성과 신뢰성을 독립적으로 검토하는 회계분야이다.

# Hospitality
## Accounting Principles

호스피탈리티 회계원리

## Chapter

# 2

# 회계의 기초 개념과 원리

# Chapter 2
## 회계의 기초 개념과 원리

## ① 회계기준과 기본적 가정

## 1. 회계기준

회계기준(accounting standards)은 기업의 회계실무를 이끌어가는 지도 원리이다. 회계정보가 정보이용자들의 경제적 의사결정에 효과적으로 이용되기 위해서는 회계정보를 제공하는 기업과 정보이용자가 공통적으로 인식할 수 있는 원칙 내지 기준이 필요하다. 만약, 기업의 회계처리와 재무제표가 기업마다 각자의 방식으로 작성된다면 정보이용자는 의사결정에 큰 혼란을 겪을 수 있다. 이를 방지하기 위해서는 회계실무와 재무제표의 작성을 지도하는 원칙이 필요한데 이를 구체화한 것이 "일반적으로 인정된 회계원칙(GAAP: Generally Accepted Accounting Principle)"이다.

**알아두기**

■ 일반적으로 인정된 회계원칙

회계실무와 재무제표의 작성을 지도하는 원칙이다.

일반적으로 인정된 회계원칙(GAAP)이란 '다수의 권위있는 지지'를 얻는 회계원칙을 말하는데 우리나라는 한국회계기준원에서 제정한 회계기준과 증권거래소, 금융감독원 등이 정한 회계규정 등이 이에 속한다. 회계원칙의 본질 내지 특징을 요약하면 다음과 같다.

- 회계원칙은 회계실무를 이끄는 지도 원리로 실무적이고 이론적인 개념들로 구성되어 있다.
- 회계 이해관계자들의 합의에 의해 형성되며 이해조정적 성격을 가진다.
- 재무제표를 작성할 때 반드시 준수해야 하는 지침이다.
- 일반적으로 인정된 회계원칙은 경제적 환경 변화에 따라 진보하고 변화한다.

한편, 우리나라의 호텔, 여행사 등 관광 및 여가 관련 기업은 별도의 회계기준이 마련되어 있지 않아 기업회계기준을 따르고 있다. 우리나라 기업에 적용되는 기업회계기준은 한국채택회계기준, 일반기업회계기준, 중소기업회계기준이 있는데 기업별로 적용되는 기준은 다음과 같다.

〈표 2-1〉 회계기준별 적용대상

| 회계기준 | 적용대상 | 관련법령 |
|---|---|---|
| 한국채택국제회계기준 (K-IFRS) | 주권상장법인 및 금융회사 | 주식회사 등의 외부감사에 관한 법률 |
| 일반기업회계기준 | 외부감사대상 주식회사 | |
| 중소기업회계기준 | 외부감사 대상 이외의 주식회사 | 상법 |

# 2. 회계의 기본가정

회계의 기본가정(underlying principle)은 회계공준(accounting postulate), 기초적 가정(basic assumption)이라고도 하는데 회계이론을 연역적으로 설명하고자 할 때 사용되는 기본적인 전제라 할 수 있다.

이러한 회계의 기본가정은 사회·경제 환경이나 법률 등 제도의 변화에 따라 변화할 수 있는 특징이 있으며, 회계 사상을 이해하는 데 도움을 준다. 회계의 기본가정을 살펴보면 다음과 같다.

## 1) 기업실체의 가정

기업실체의 가정(economic entity assumption)은 기업을 소유주와는 독립적으로 존재하는 회계단위로 간주하고 이 회계단위의 관점에서 그 경제활동에 대한 재무정보를 측정·보고한다. 즉, 회계의 대상을 기업실체로 한정하고 있어 특정 실체가 작성하는 재무제표에 당해 실체에 대한 정보만을 포함한다. 이러한 의미로 회계실체(會計實體, accounting entity)의 가정이라고도 한다.

**■ 기업실체의 가정**
기업을 소유주와는 독립적으로 존재하는 회계단위로 간주하고 이 회계단위의 관점에서 그 경제활동에 대한 재무정보를 측정, 보고한다는 것이다.

기업실체의 가정은 회계의 대상과 주체를 명확히 하고 있다. 기업실체의 가정에 따라 기업 소유주인 사장 개인의 금융기관에 자금을 빌리는 것은 회계의 대상이 되지 않으며, 해당 기업의 거래만이 회계의 대상이 된다.

여기서 기업실체는 법적 실체와는 구별되는 개념이다. 예를 들어, 지배·종속관계에 있는 기업들의 경우 지배기업과 종속기업은 단일의 법적 실체가 아니지만 단일의 경제적 실체를 형성하여 하나의 회계단위로서 연결재무제표의 작성대상이 된다.

기업실체의 가정이 도입되는 근본적 이유는 소유주가 투자의 결과로서 당해 기업실체에 대해 갖고 있는 청구권의 크기와 그 변동을 적절히 측정하기 위함이며 소유주와는 별도로 회계단위로서 기업실체를 인정함을 의미한다.

> **참고**
>
> • **연결 재무제표(consolidated financial statements)**
>   지배·종속관계를 맺고 있는 2개 이상 기업의 종합적인 재무상태와 경영성과를 지배기업이 매기 보고하기 위해 작성하는 재무제표를 말한다.
>
> • **지배·종속관계**
>   지배 회사가 피지배 회사 발행주식의 50%를 초과하여 소유한 경우 또는 30%를 초과 소유하면서 당해 다른 회사의 최대주주인 경우 지배력이 있다고 본다.

## 2) 계속기업의 가정

계속기업의 가정(going concern assumption)은 기업실체는 뚜렷한 반증이 없는 한 그 목적과 의무를 이행하기에 충분할 정도로 장기간 존속한다고 가정한다. 즉, 기업실체는 경영활동을 청산하거나 중대하게 축소시킬 의도가 없을 뿐 아니라 청산이 요구되는 상황도 없다고 가정한다.

■ 계속기업의 가정
기업실체는 뚜렷한 반증이 없는 한 그 목적과 의무를 이행하기에 충분할 정도로 장기간 존속한다고 가정하는 것이다.

그러나 기업실체의 중요한 경영활동이 축소되거나 기업실체를 청산시킬 의도나 상황이 존재하여 계속기업을 가정하기 어려운 경우에는 계속기업을 가정한 회계처리방법과는 다른 방법이 적용되어야 하며 이를 적절히 공시하여야 한다.

계속기업의 가정은 기업의 유형자산을 평가할 때 시가가 아닌 역사적 원가(취득원가)로 평가하는 타당성을 제공한다.

## 3) 회계기간의 가정

회계기간의 가정(time period assumption)은 기업실체의 존속기간을 일정한 기간단위로 분할하여 각 기간별로 재무제표를 작성하는 것을 말한다.

회계기간의 가정은 기간성의 가정이라고도 하며, 계속기업의 가정과 관계가 있다.

계속기업의 가정에 의하면 기업은 특별한 반증이 없는 한 기업은 장기간 존속한다고 가정한다. 그러나 기업과 관련된 이해관계자는 의사결정을 위해 지속적으로 회계정보를 필요로 한다. 따라서 외부정보자의 의사결정을 위해 회계정보는 적절한 시기에 제공되어야 한다. 이를 위하여 기업실체의 존속기간을 일정기간씩 인위적 단위로 분할하여 각 기간마다 회계정보를 제공하고 있다.

**알아두기** ■ 회계기간의 가정

기업실체의 존속기간을 일정한 기간단위로 분할하여 각 기간별로 재무
제표를 작성하는 것이다.

**참고** • 우리나라 회계기준에서 회계의 기본적 가정

「일반기업회계기준」에서는 기업실체, 계속기업 및 기간별 보고를 들
고 있으며, 「한국채택국제회계기준」에서는 계속기업의 가정을 제시
하고 있다.

## ② 재무보고와 재무제표의 종류

## 1. 재무보고

회계의 정보이용자는 내부정보이용자와 외부정보이용자로 구분한다. 앞
서 살펴본 바와 같이 외부정보이용자는 투자자, 채권자 등 다양하며, 외부이
용자들은 경제적 의사결정을 위해 기업의 재무정보를 필요로 한다.

정보를 제공해야 하는 기업은 외부정보이용자의 다양한 경제적 의사결정
을 위해 기업의 경제적 자원과 의무, 경영성과, 현금흐름, 자본변동 등 재무
정보를 제공하는데 이를 재무보고(financial reporting)라 한다.

■ 재무보고

기업실체 외부의 다양한 이해관계자의 경제적 의사결정을 위해 경영자
가 기업실체의 경제적 자원과 의무, 경영성과, 현금흐름, 자본변동 등에 관한
재무정보를 제공하는 것

재무보고의 목적은 회계정보의 이용자가 기업실체와 관련하여 합리적인
의사결정을 할 수 있도록 재무상의 자료를 일반적으로 인정된 회계원칙에
따라 처리하여 유용하고 적정한 정보를 제공하는 것이다.

재무보고는 재무적 정보와 비재무적 정보로 구분되는데 재무적 정보는
회계원칙으로 규제되고 있으며, 비재무적 정보는 이에 해당되지 않는다.

〈표 2-2〉 재무보고와 재무제표

| 재무보고 | | | |
|---|---|---|---|
| 일반적으로 인정된 회계원칙으로 규제 | | | 규제 없는 재무보고 |
| 재무적 정보 | | | 비재무적 정보 |
| 재무제표 | | 재무제표 이외 자료 | - 경영자 분석 및 전망<br>- 금감원에 보고된 사업보고서<br>- 주주에 대한 영업보고서 등 |
| - 재무상태표　- 손익계산서<br>- 현금흐름표　- 자본변동표<br>- 주석 | | - 부속명세서 등 설명자료를<br>　통한 추가적 또는 보충적<br>　정보 | |

## 2. 재무제표의 의의와 특성

재무제표(財務諸表, financial statements)는 기업실체의 외부정보이용자에
게 기업실체에 관한 재무정보를 전달하는 핵심적 재무보고 수단이다.

기업의 외부정보이용자는 다양하며, 이들이 요구하는 회계정보 역시 다

양하다고 볼 수 있다. 그러나, 기업입장에서는 외부정보이용자 각각에게 필요한 회계정보를 제공할 수는 없다. 따라서 투자자와 채권자를 포함한 다양한 정보이용자의 공통적 정보 요구에 부응하는 일반목적 재무제표를 작성하여 제공하고 있다.

재무제표를 통해 제공되는 정보는 다음과 같은 특성과 한계가 있다.

- 재무제표는 화폐단위로 측정된 정보를 주로 제공한다.
- 재무제표는 대부분 과거에 발생한 거래나 사건에 대한 정보를 나타낸다.
- 재무제표는 추정에 의한 측정치를 포함하고 있다.
- 재무제표는 특정 기업실체에 관한 정보를 제공하며, 산업 또는 경제 전반에 관한 정보를 제공하지는 않는다.

재무제표는 재무상태표, 손익계산서, 현금흐름표, 자본변동표로 구성되며 주석을 포함한다.

재무상태표는 일정시점 현재 기업실체가 보유하고 있는 경제적 자원인 자산과 경제적 의무인 부채, 그리고 자본에 대한 정보를 제공하는 재무보고서이다. 손익계산서는 일정기간 동안 기업실체의 경영성과에 대한 정보를 제공하는 재무보고서이다.

현금흐름표는 일정기간 동안 기업실체에 대한 현금 유입과 현금 유출에 대한 정보를 제공하는 재무보고서이며, 자본변동표는 기업실체에 대한 자본의 크기와 그 변동에 관한 정보를 제공하는 재무보고서이다.

주석은 재무상태표, 손익계산서, 현금흐름표 및 자본변동표에 인식되어 본문에 표시되는 항목에 관한 설명이나 금액의 세부내역뿐만 아니라 우발상황 또는 약정사항과 같이 재무제표에 인식되지 않는 항목에 대한 추가 정보를 포함하고 있다. 재무제표에 대해서는 별도의 장에서 구체적으로 살펴보기로 하고, 이를 간략히 요약하면 다음과 같다.

<표 2-3> 재무제표의 구성

| 구 분 | 내　용 |
|---|---|
| 재무상태표 | 일정시점 현재 기업의 재무상태인 자산, 부채, 자본을 나타내는 보고서 |
| 손익계산서 | 일정기간 동안의 기업의 경영성과(수익, 비용)를 나타내는 보고서 |
| 자본변동표 | 일정시점 자본의 크기와 일정기간 동안 자본 변동에 관한 정보를 제공하는 보고서 |
| 현금흐름표 | 일정기간 동안 기업실체에 대한 현금 유입과 현금 유출에 대한 정보를 제공하는 보고서 |
| 주석 | 재무제표의 본문에 추가하여 재무제표의 이해를 위해 필요한 질적 양적 정보를 제공 |

**참고**

• 이익잉여금처분계산서

이익잉여금처분계산서는 이익잉여금이 어떻게 처분되었는지를 나타내는 것으로 상법 등 관련 법규에서 이익잉여금처분계산서(또는 결손금처리계산서)의 작성을 요구하는 경우에는 재무상태표의 이익잉여금(또는 결손금)에 대한 보충정보로서 이익잉여금처분계산서(또는 결손금처리계산서)를 주석으로 공시한다.

## ③ 재무제표의 구성요소

재무제표(財務諸表, financial statements)는 기업실체의 외부정보이용자에게 기업실체에 관한 재무정보를 전달하는 핵심적 재무보고 수단이다. 재무제표는 재무상태표, 손익계산서, 현금흐름표, 자본변동표 그리고 주석을 포함하는데 재무제표를 이해하기 위해서는 재무제표의 구성요소인 자산, 부채, 자본, 수익, 비용에 대한 이해가 선행되어야 한다.

# 1. 자산

　자산(資産, assets)은 과거의 거래나 사건의 결과로 현재 기업실체에 의해 지배되고 미래에 경제적 효익을 창출할 것으로 기대되는 자원이다.
　일반적으로 자산은 고객의 요구를 충족시킬 수 있는 재화 및 용역의 생산에 이용된다. 생산된 재화 및 용역에 대하여 고객은 그 대가를 지급할 것이며 이로부터 기업실체는 현금이 유입되거나 부채가 감소하는 효익이 창출된다. 아울러 자산은 다른 자산과의 교환 또는 부채의 상환에 사용되거나 소유주에 대한 분배에 사용될 수 있다. 현금은 그 자체로서 다른 자산에 대한 구매력을 통하여 기업실체에 경제적 효익을 제공한다.

　**■ 자산이란?**
　과거의 거래나 사건의 결과로 현재 기업실체에 의해 지배되고 미래에 경제적 효익을 창출할 것으로 기대되는 자원이다.

　호텔의 경우 현금, 원재료, 건물, 비품, 차량운반구 등 다양한 자산을 보유하고 있다. 자산의 본질을 살펴보면 다음과 같다.

### ① 미래에 경제적 효익을 창출할 것으로 기대되는 자원

　자산에 내재된 '경제적 효익'이란 직접 또는 간접적으로 기업실체의 미래 현금흐름 창출에 기여하는 잠재력을 의미하는데, 현금 유입이나 현금 유출을 감소시킬 수 있다.
　아울러, 자원이란 경제활동수행에서 이용가능하며 그 공급이 제한되어 있는 희소한 수단(재료, 상품, 화폐, 화폐를 수취할 청구권, 다른 기업에 대한 지분 등)을 의미하며, 화폐금액으로 표시할 수 있어야 한다.

'미래에 기대된다'는 것은 경제활동이 불확실성하에서 이루어지고 있어 경제적 효익이 동반되지 않을 수 있다는 의미이다. 예를 들어 상품을 판매하고자 보유하고 있다면 미래에 반드시 판매되지 않더라도 자산의 요건이 된다. 제품의 판매 여부는 미래에 결정되므로 현재시점에 판매를 전제로 보유하고 있다면 상품은 자산이다.

### ② 현재 기업실체에 의해 지배

'기업실체에 의해 지배'하에 있다는 것은 기업이 그 객체인 물건에 대한 간섭 또는 방해를 배척하여 효익의 독점을 주장할 수 있는 것이 법률적으로 인정되고 있다는 의미이다.

따라서 반드시 소유권이 있어야 한다는 것은 아니다. 예를 들어 사무실에 대한 전세금 보증금의 경우, 사무실을 사용하기로 하고 전세보증금을 지불했다면 계약기간 동안은 타인의 간섭으로부터 배제되고 사무실 사용이라는 효익을 독점할 수 있다.

### ③ 과거의 거래나 사건의 결과로 발생

'과거의 거래나 사건의 결과'는 효익을 얻을 수 있는 능력이 미래에 발생하는 경우는 제외된다는 것이다. 예컨대 내일 호텔이 비품을 구입하는 결정이 있더라도 현재시점에서는 자산이 아니라는 것이다.

■ **자산의 본질(특징)**
  - 미래에 경제적 효익을 창출할 것으로 기대되는 자원이다.
  - 현재 기업실체에 의해 지배되고 있다.
  - 과거의 거래나 사건의 결과로 발생했다.

사례를 통해 자산의 본질을 살펴보자.

> <사례 1> 호텔 베이커리에서 재료인 밀가루와 판매할 케이크를 보유하고 있다.
> <사례 2> 호텔 베이커리에서 케이크를 외상으로 판매하였다.

〈사례 1〉의 밀가루와 완성된 케이크는 모두 자산이다.

- 밀가루나 케이크는 호텔이 보유하고 있으므로 호텔이 지배하고 있다.
- 밀가루나 케이크는 이전에 구매나 제조를 통해 존재하므로 과거의 거래나 사건의 결과이다.
- 밀가루는 케이크를 만드는 재료로 케이크 제조에 사용되며, 케이크는 고객에게 판매되어 현금 유입이나 현금을 수취할 권리를 확보할 수 있으므로 경제적 효익을 창출할 것으로 기대된다. 아울러, 케이크가 부패하거나 판매되지 않을 수도 있지만, 현재 호텔은 밀가루나 케이크를 판매하여 현금 유입을 가져올 것이라고 합리적으로 기대할 수 있다.

〈사례 2〉의 외상으로 판매하였으므로 받을 권리(외상매출금)를 확보하였으므로 자산이다.

- 받을 권리가 호텔에게 있으니 호텔이 지배하고 있다.
- 판매 사실이 이전에 발생하였으므로 과거의 거래나 사건의 결과이다.
- 가까운 미래에 현금 유입을 기대할 수 있다.

 ■ 자산이란?
과거의 거래나 사건의 결과로 현재 기업실체에 의해 지배되고 미래에 경제적 효익을 창출할 것으로 기대되는 자원이다.

## 2. 부채

부채(liability)는 과거의 거래나 사건의 결과로 현재 기업실체가 부담하고 있고 미래에 자원의 유출 또는 사용이 예상되는 의무로부터 발생하는 미래 경제적 효익의 희생이다. 즉 부채는 기업실체가 현재 시점에 부담하는 경제적 의무이다.

여기서 의무란 일정한 방법으로 실행하거나 수행할 책무 또는 책임을 말하는데 현재의 의무가 발생하려면 기업실체가 자산을 이미 인수하였거나 자산을 취득하겠다는 취소불능계약을 체결한 경우에 발생한다. 따라서 미래의 일정시점에서 자산을 취득한다는 결정이나 단순한 약정은 현재의 의무라 할 수 없다.

> **참고**
> • 취소불능계약이란?
> 취소불능계약은 의무불이행 시 상당한 위약금을 지급해야 하는 등 자원의 유출을 피할 수 없는 계약을 말한다.

부채가 발생하는 이유는 여러 가지가 있다. 부채가 발생하는 이유를 예로 들면 다음과 같다.

- 계약이나 법령에 의해 법적 강제력으로 발생하는 경우(취소불능계약)
- 상관습이나 관행에 의해 발생하는 경우(외상구입 등)
- 거래상대방과의 원활한 관계를 유지하기 위한 정책 등(제품보증기간 후에 발생하는 하자에 대해서도 보수해 주기로 정한 경우 품질보증기간이 경과한 후에 지출될 것으로 예상되는 금액)

호텔의 경우, 식음 재료를 구입하고 지급하지 않은 금액, 여행사로부터 미리 받은 객실 대금, 연회행사를 계약하고 미리 받은 현금, 금융기관으로부터 빌린 현금, 고객으로부터 수취한 객실요금 중 부가가치세 등이 부채에 해당된다. 부채의 특징을 살펴보면 다음과 같다.

### ① 미래 경제적 효익의 희생

기업실체가 현재의 의무를 이행하기 위해서는 일반적으로 미래에 경제적 효익의 희생이 수반된다. 현재의 의무는 주로 현금 또는 기타 자산의 이전, 용역의 제공, 다른 의무로의 대체 또는 자본으로의 전환 등의 방법으로 소멸된다. 아울러, 기업실체의 의무는 채권자의 권리의 포기 또는 상실 등에 의해 소멸되기도 하는데, 권리자의 포기나 상실이 있기 전까지 부채로 인식해야 한다.

### ② 과거의 거래나 사건의 결과로 발생

부채는 과거의 거래나 사건의 결과로 국한하여 미래에 발생할 의무를 배제하고 있다. 신용(외상)으로 재화를 구입하였거나 용역을 제공받은 경우 매입채무가 발생하며, 은행으로부터 돈을 빌린 경우에는 상환의무가 발생한다. 그러나 미래에 발생이 예상되는 대규모 수선비의 경우와 같이 장래에 자원의 유출 또는 사용이 기대된다 하더라도 과거의 거래나 사건으로부터 기인하지 않은 의무는 부채의 정의를 충족하지 못한다.

### ③ 상환 금액과 상환시기를 어느 정도 정확하게 측정가능

일반적으로 부채금액은 확정되어 있지만 제품보증을 위한 충당부채와 같이 그 측정에 추정을 요하는 경우도 있다. 따라서 부채의 정의를 만족하기 위해서는 금액이 반드시 확정되어야 함을 의미하는 것은 아니다.

■ 부채란?

부채는 과거의 거래나 사건의 결과로 현재 기업실체가 부담하고 있고 미래에 자원의 유출 또는 사용이 예상되는 의무로부터 발생하는 미래의 경제적 효익의 희생이다.

## 3. 자본

자본(equity)은 기업실체의 자산 총액에서 부채 총액을 차감한 잔여액 또는 순자산을 의미한다. 여기서 순자산은 자산 총액에서 부채 총액을 차감한 잔액이다.

$$\text{자본} = \text{자산} - \text{부채}$$

기업(주식회사)이 청산할 때에는 부채를 우선적으로 변제한다. 부채 청산 후 남은 자산은 주주의 몫인데 주주들은 자신이 소유한 주식비율로서 이를 배분한다. 이러한 이유로 자본을 '소유주의 잔여청구권', '소유주 지분', '주주지분'이라 한다. 또한, 자본이라는 용어는 타인자본, 즉 부채를 포함하는 개념으로 쓰이기도 하나, 회계학에서의 자본은 자기자본만을 의미한다.

자본은 주식의 발행과 소각, 영업활동에 의해 증가 또는 감소하는데 이에 대한 내용은 후술하기로 한다.

■ 자본이란?

자본은 기업실체의 자산 총액에서 부채 총액을 차감한 잔여액 또는 순자산을 의미한다.

## 4. 수익

수익(revenues)은 기업실체의 경영활동과 관련된 재화의 판매 또는 용역의 제공 등에 대한 대가로 발생하는 자산의 유입 또는 부채의 감소이다. 즉 수익은 기업의 주된 영업활동인 재화의 판매 또는 용역의 제공 등을 말하며, 수익 발생에 대한 결과로서 자산의 유입 또는 부채의 감소가 동반된다.

호텔은 객실과 식음료 등을 고객에게 제공하는 것을 주된 영업활동으로 하고 있다. 따라서 호텔이 객실과 식음료를 판매하고 이에 대한 대가로 현금수취하거나 신용(외상)으로 판매하는 경우 현금을 수취할 수 있는 권리를 확보하게 된다. 아울러 고객에게 미리 대금을 받아두었을 경우, 객실이나 식음료를 제공함으로써 부채가 감소하게 된다.

다음 사례를 통하여 수익이 발생하면서 자산이 증가하거나 부채가 감소하는 경우를 살펴보자.

> <사례 3> 호텔은 여행사에 객실을 100,000원에 판매하고 현금 100,000원을 받았다.
>
> <사례 4> 호텔은 여행사에 객실을 100,000원에 판매하고 현금 50,000원을 받았으며, 50,000원은 다음 달 1일에 받기로 하였다.
>
> <사례 5> 호텔은 여행사에 객실을 100,000원에 판매하고 이전에 받아 놓은 50,000원을 제외하고 현금 50,000원을 받았다.

〈사례 3〉, 〈사례 4〉, 〈사례 5〉의 수익은 100,000원이다.

〈사례 3〉은 수익 발생으로 현금이라는 자산이 100,000원 증가하였다.

〈사례 4〉는 수익 발생으로 현금이라는 자산 50,000과 받을 권리(자산) 50,000원, 즉 자산 100,000원을 확보하였다.

〈사례 5〉는 수익 발생으로 자산 50,000과 부채 감소 50,000원이 발생하였다. 세 가지 사례 모두 순자산이 100,000원 증가하였다.

순자산은 총자산에서 부채를 차감한 개념이므로 〈사례 3〉, 〈사례 4〉, 〈사례 5〉 모두 순자산 100,000원씩 증가하였다. 〈사례 5〉의 경우 자산 50,000원이 증가하고 부채 50,000원이 증가하여 순자산 100,000원이 증가하게 된다.

한편 회계에서 수익을 뜻하는 '수입'은 일상생활에서의 의미와 상이하다. 회계에서의 수입은 현금 유입을 지칭한다. 아울러, 이익(profit)은 수익에서 비용을 차감한 금액을 말하며, 수익과 이득(gains; 차익이라고도 함) 역시 그 의미가 상이한데 수익은 기업의 주된 영업활동으로 인한 순자산의 증가를 의미하고 이득은 부수적 활동으로 인한 순자산의 증가를 말한다.

- **수익**: 기업실체의 경영활동과 관련된 재화의 판매 또는 용역의 제공 등에 대한 대가로 발생하는 자산의 유입 또는 부채의 감소
- **이익**: 수익에서 비용을 차감한 금액
- **이득**: 부수적 활동으로 인한 순자산의 증가

## 5. 비용

비용(expenses)은 수익을 창출하는 과정에서 발생하는 경제적 효익의 사용 또는 유출됨으로써 자산이 감소하거나 부채가 증가한다. 즉 비용의 발생은 자산의 감소나 부채의 증가와 동시에 이루어진다. 이로 인해 비용의 발생은 결과적으로 순자산(자본)의 감소를 가져온다.

예를 들어 베이커리에서 케이크를 판매하여 수익이 발생했다면 케이크라는 자산이 감소하게 된다. 즉 케이크가 판매되지 않았을 때는 자산이지만 판매로 수익을 창출하면서 케이크(자산)가 감소하게 되므로 순자산이 감소하게 된다. 아울러, 종업원 급여와 같이 비용이 발생되었지만 지급이 되지

않았다면 부채의 증가가 된다.

한편 수익과 이득을 구분할 수 있듯이 비용과 차손(손실)을 구분할 수 있다. 손실은 비용과 달리 부수적 활동으로 인한 순자산의 감소를 말한다. 화재나 재해로 인한 손실로 보유하고 있던 상품이 소실된다면 이는 손실에 해당한다.

- 비용(expenses)은 수익을 창출하는 과정에서 발생하는 경제적 효익의 사용 또는 유출됨으로써 자산이 감소하거나 부채가 증가하는 것이다.
- 손실은 부수적 활동으로 인한 순자산의 감소이다.

## ④ 복식부기와 거래의 이중성

## 1. 복식부기

정보이용자는 기업의 경영활동에 대한 정보가 필요하며, 기업은 이를 정보이용자에게 전달해야 한다. 기업의 경영활동으로 회계상 거래는 가계경제와 달리 다양하고 복잡하다. 기업의 다양한 회계상 거래는 한 가지 항목의 증감만 나타내는 단식부기로는 이를 기록하고 요약하는 데 한계가 있다.

이를 극복하기 위해 도입된 회계시스템이 복식부기제도(double-entry bookkeeping system)이다. 복식부기는 회계상 거래를 체계적으로 기록·분류·요약·보고할 수 있는 시스템으로 회계상 거래를 기록하고 이해하는 데 기초를 제공한다.

복식부기는 일정한 원칙에 따라 회계상 거래를 왼쪽인 차변과 오른쪽인 대변으로 나누어 이중으로 장부에 기입하는 장부기입법이다. 이렇게 오른쪽과 왼쪽에 각각에 기록하므로 복식(double-entry)이라 한다. 아울러, 복식부기시스템으로 회계상 거래를 기록함으로써 자산·부채·자본·수익·비용의 발생과 증감을 동시에 나타낼 수 있다.

예를 들어, 호텔에서 은행에 100,000,000원을 빌렸다면 현금 100,000,000원을 왼쪽에, 차입금 100,000,000원을 오른쪽에 기록한다.

현금 100,000,000 / 차입금 100,000,000

 **알아두기**

■ 복식부기란?

일정한 원칙에 따라 회계상 거래를 왼쪽인 차변과 오른쪽인 대변으로 나누어 이중으로 장부에 기입하는 장부기입법이다.

또한 회계상 거래가 동일한 금액으로 기록되어 왼쪽(차변)과 오른쪽(대변)의 합계 금액이 일치하므로 대차평균의 원리(principle of equilibrium)가 적용된다.

아울러, 복식부기에 의해 회계상 거래를 처리하면 차변과 대변의 합계금액을 통해 자동적으로 오류가 발견될 수 있는데 이를 자기검증기능 또는 오류의 자동적 발견이라 한다.

**참고**

• 일식부기의 기원은?

복식부기에 관한 최초의 저서는 **1494**년 이탈리아의 파치올리(**Pacioli**)에 의해 소개되었으며, 우리나라는 **12**세기경 고려 중기시대에 '사개송도부기법(송도부기)'이라는 복식부기 시스템이 있었다고 한다. 이탈리아의 복식부기는 산업혁명과 기업의 출현으로 현재의 기업회계로 발전하였다.

## 2. 계정

회계상 거래 발생으로 자산, 부채, 자본이 증감하거나 수익, 비용이 발생하거나 소멸하게 된다. 자산·부채·자본·수익·비용의 변동내용을 체계적이고 명료하게 기록하고 계산하기 위한 장소가 필요한데 이를 계정(account : a/c)이라 한다.

계정은 자산·부채·자본·수익·비용을 세부항목별로 증가와 감소를 기록하고 계산하는 기본단위이다. 회계(accounting)는 바로 '계정(account)에 기입한다'는 뜻이다.

자산·부채·자본·수익·비용의 모든 계정이 모아져 하나의 장부를 구성하는데, 이를 총계정원장(general ledger)이라 한다.

아울러, 앞서 살펴본 바와 같이 현금이나 외상매출금 등과 같은 각 계정의 명칭을 계정과목(title of account)라 하고, 계정기입을 위해 설정된 기입장소를 '계정계좌' 또는 '계좌'라 한다.

〈표준식〉 현금계정

| 일자 | 적요 | 분면 | 금액 | 일자 | 적요 | 분면 | 금액 |
|---|---|---|---|---|---|---|---|
|  |  |  |  |  |  |  |  |

〈잔액식〉 현금계정

| 일자 | 적요 | 분면 | 차변 | 대변 | 차 또는 대 | 잔액 |
|---|---|---|---|---|---|---|
|  |  |  |  |  |  |  |

회계 학습을 하면서 장부에 기입하는 것(전기)을 연습하는 경우, 아래와 같은 'T 계정'을 사용한다.

T를 중심으로 왼쪽을 차변계좌 오른쪽을 대변계좌라 하며, 이를 줄여 차

변(debit: Dr)과 대변(credit: Cr)으로 부른다. 차변과 대변 어느 한쪽은 증가를 나타내고 다른 한쪽은 감소를 나타낸다. 차변과 대변의 증가나 감소는 자산·부채·자본·수익·비용에 따라 상이한데 이는 계정기입원칙에서 살펴보자.

| 계정 과목 | |
|---|---|
| 왼쪽<br>차변(借邊)<br>Dr(debit) | 오른쪽<br>대변(貸邊)<br>Cr(credit) |

한편, 계정의 왼편에 기입하는 것을 차변기입, 오른쪽에 기입하는 것을 대변기입이라 하는데 차기(借記) 또는 대기(貸記) 라고도 한다. 계정에 기입할 때는 금액도 함께 기록하는데 각 계정의 차변금액 합계와 대변금액 합계의 차액을 계정잔액(account balance)이라 하며, 차변의 합계액이 크면 그 차액을 차변잔액(debit balance), 대변의 합계액이 크면 그 차액을 대변잔액(credit balance)이라 한다. 즉 잔액은 대변과 차변 합계액의 차이이며, 차변잔액은 대변합계액을 초과하는 금액을 말한다.

예를 들어 차변합계 100원, 대변합계가 50원일 경우 차변잔액 50원이 되며, 차변합계가 50원, 대변합계가 100원이면 대변잔액 50원이 된다.

- **계정**: 자산·부채·자본·수익·비용을 세부 항목별로 증가와 감소를 기록하고 계산하는 기본 단위
- **계정과목**: 현금·상품·건물 등과 같은 자산·부채·자본·수익·비용의 항목
- **계정계좌(계좌)**: 계정마다 장부상에 설정되는 계산 장소로 왼쪽이 차변, 오른쪽이 대변
- **계정잔액**: 차변금액 합계와 대변금액 합계의 차액
  - 차변잔액: 차변합계 > 대변합계 경우 그 차액
  - 대변잔액: 차변합계 < 대변합계 경우 그 차액

## 3. 거래의 이중성과 대차평균의 원리

거래의 이중성은 회계상 거래가 발생하면 차변과 대변이 같은 금액으로 변동한다는 것이다. 차변에 자산 100원이 증가하면 대변에 같은 100원의 자산이 감소하거나 부채가 100원 증가하는 등 항상 차변과 대변은 같은 금액으로 변동된다.

즉, 하나의 회계상 거래는 차변과 대변에 대해 이중적으로 인식한다. 이로 인해 회계상 거래를 명확하게 기록할 수 있게 된다. 사례와 같이 하나의 회계상 거래는 원인과 결과로 구분하거나 증가하는 것과 감소하는 것으로 구분하기도 하는데 회계상 거래로 인해 재무상태가 변화한다.

> <사례 6> 호텔이 은행으로부터 현금 1,000,000원을 6개월 후 상환하기로 하고 차입하다.
> ① 현금 1,000,000원이 증가(자산 증가): 현금 계정의 차변기입
> ② 단기차입금 1,000,000원이 증가(부채 증가): 단기차입금 계정의 대변기입

한편, 거래의 이중성으로 모든 회계상 거래가 차변과 대변에 동일한 금액으로 기록된다면 모든 계정의 차변 합계액과 대변 합계액은 일치하게 된다.

이를 대차평균의 원리(principle of equilibrium)라 한다. 대차평균의 원리는 거래의 이중성과 함께 복식부기의 가장 중요한 기본원리 중 하나이다.

> **알아두기**
> ■ 대차평균의 원리란?
> 차변기입액 합계는 대변기입액 합계와 같다.

아울러, 복식부기에 의해 회계상 거래를 기록하면 거래의 이중성과 대차 평균의 원리에 의해 회계 처리의 오류를 자동적으로 발견할 수 있다. 즉 회계상 거래를 거래의 이중성에 따라 차변과 대변에 동일하게 기록하게 된다면 대변과 차변의 금액 합계는 항상 일치하게 되어 있다. 만약 대차금액의 합계가 일치하지 않는다면 이는 회계기록에 오류가 있는 것이다.

이와 같이 복식부기의 거래의 이중성에 의해 회계기록의 오류를 스스로 발견할 수 있어 복식부기는 자기검증기능이 있다.

## 5 회계등식과 계정기입원칙

## 1. 회계등식

재무상태표는 일정시점 기업의 경제적 자원인 자산, 경제적 의무인 부채 그리고 자본에 대한 정보를 제공하는 재무제표이다.

다음은 계정식 재무상태표이다. 재무상태표 차변에는 자산, 대변에는 부채와 자본이 표시되는데 각 계정의 잔액이 표시되며, 자산계정의 합계액과 부채·자본계정의 합계액은 일치한다.

**재무상태표**
3월 31일 현재

(주)김가 레스토랑         (단위: 원)

| 자산 | | 부채 및 자본 | |
|---|---|---|---|
| 현 금 | 1,500,000 | 부 채(빌린 돈) | 1,000,000 |
| 집기비품 | 500,000 | 자 본(자기 돈) | 1,000,000 |
| 합 계 | 2,000,000 | 합 계 | 2,000,000 |

위와 같이, 재무상태는 자산 합계와 부채와 자본의 합계는 반드시 일치하는데 이를 회계등식 또는 재무상태표 등식(대차대조표 등식)이라 한다.

 ■ 회계(재무상태표) 등식

$$자산 = 부채 + 자본$$

거래의 이중성에 의해서도 설명될 수 있지만 회계등식은 계정기입원칙, 분개 등 회계 원리에서 가장 많이 활용되는 등식으로 이를 이해하고 응용하면 계정기입원칙과 분개, 전기 등 거래를 기록하는 원리를 이해할 수 있다.

tip ...........

◆ 재무상태표에서 자산을 왼쪽에 표시하는 이유는?
간혹, 자산을 왼쪽에 부채와 자본을 오른쪽에 표시하는지 궁금해 하는 학생들이 있다. 이는 과거로부터 전해오는 관습이 정착화된 것이며, 회계정보를 이용하는 이들의 약속이라 할 수 있다. 교차로의 신호등 체계와 같은 이유라 생각하고 이해하면 된다.

## 2. 계정기입원칙

회계상 거래를 계정에 기입할 때는 계정기입원칙에 따라 차변과 대변에 기록한다. 회계상 거래가 발생하면 거래의 이중성에 따라 차변과 대변이 같은 금액으로 변동하는데 자산·부채·자본·수익·비용을 차변에 기록할 것인지 대변에 기록할 것인지는 계정기입원칙에 의한다.

계정기입원칙은 분개의 법칙이라고도 하는데 다음과 같다.

| 차 변 | 대 변 |
|---|---|
| 자산 증가 | 자산 감소 |
| 부채 감소 | 부채 증가 |
| 자본 감소 | 자본 증가 |
| 비용 발생 | 수익 발생 |

**알아두기** ■ 계정기입원칙
- 자산계정: 증가는 차변, 감소는 대변 기입
- 부채계정: 증가는 대변, 감소는 차변 기입
- 자본계정: 증가는 대변, 감소는 차변 기입
- 비용계정: 발생(증가)는 차변, 감소(소멸)는 대변 기입
- 수익계정: 발생(증가)는 대변, 감소(소멸)는 차변 기입

다음 사례와 같이 하나의 거래는 거래의 이중성으로 인해 두 가지 요소로 나누어지며, 계정기입원칙에 따라 자산의 감소는 대변, 부채의 감소는 차변에 기입한다.

<사례 7> 호텔이 은행에 빌린 현금 1,000,000원을 상환하다.
① 현금 1,000,000원이 감소(자산 감소): 현금 계정의 대변기입
② 차입금 1,000,000원이 감소(부채 감소): 단기차입금 계정의 차변기입

아울러, 현금이라는 자산의 감소는 오른쪽인 대변에 기입하고 차입금이라는 부채의 감소는 왼쪽인 차변에 기입한다.

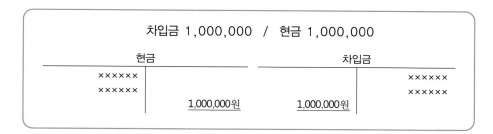

계정기입원칙을 이해하려면 회계등식(재무상태표 등식)과 재무상태표를 떠올리면 된다.

회계등식을 보면 자산은 등호의 왼쪽, 부채와 자본은 등호의 오른쪽에 있다.

재무상태표 역시 자산은 왼쪽, 부채와 자본은 오른쪽에 표시하고 있다. 현금이 증가하면 왼쪽에 기재하고 감소하면 오른쪽에 기재한다. 따라서 현금계정의 잔액은 차변잔액이 된다. 부채와 자본계정은 증가 시 대변, 감소 시 차변에 기입되어 잔액은 대변잔액이 된다.

따라서 재무상태표에 기재된 자산·부채·자본은 각 계정의 잔액을 나타낸다.

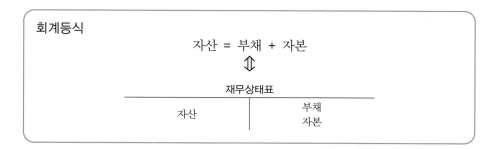

회계등식과 재무상태표의 차변과 대변을 토대로 거래요소를 계정으로 표시하면 자산의 증가는 차변, 가산의 감소는 대변, 부채 증가는 대변, 부채 감소는 차변, 자본 증가는 대변, 자본 감소는 차변, 수익 발생은 대변, 비용 발생은 차변에 기록한다.

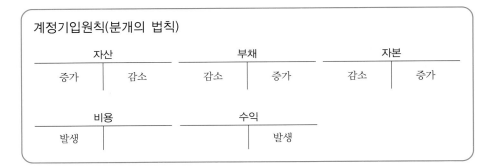

계정기입원칙(분개의 법칙)

| 자산 | | 부채 | | 자본 | |
|---|---|---|---|---|---|
| 증가 | 감소 | 감소 | 증가 | 감소 | 증가 |

| 비용 | | 수익 | |
|---|---|---|---|
| 발생 | | | 발생 |

**tip** ·········································································

◆ 계정기입원칙 이해하기

계정기입원칙을 쉽게 이해하려면 재무상태표나 회계등식을 떠올리며 다음과
같이 이해하면 된다.

- 자산은 (재무상태표) 왼쪽에 있으므로 증가하면 왼쪽, 감소하면 오른쪽
- 부채는 (재무상태표) 오른쪽에 있으므로 증가하면 오른쪽, 감소하면 왼쪽
- 자본은 (재무상태표) 오른쪽에 있으므로 증가하면 오른쪽, 감소하면 왼쪽
- 수익이 발생하면 현금이 유입되므로(자산의 증가는 왼쪽) 수익의 발생은 오른쪽
- 비용이 발생하면 현금이 유출되므로(자산의 감소는 오른쪽) 비용의 발생은 왼쪽

## 3. 거래요소의 분석

기업의 경영활동으로 발생하는 회계거래로 인해 기업의 재무상태는 증감
한다. 회계거래로 인한 거래의 8요소는 자산 증가, 자산 감소, 부채 증가, 부
채 감소, 자본 증가, 자본 감소, 수익 발생, 비용 발생을 말하는데 자본의 증
감과 관련된 거래는 상대적으로 거래빈도가 낮다.

거래 8요소는 거래의 이중성과 계정기입원칙을 토대로 차변요소와 대변요
소로 나누어지며, 8가지 거래요소는 계정기입원칙에 따라 차변과 대변으로

나누어 기입하면 된다. 거래의 8요소를 차변기입과 대변기입으로 구분하여 이들 요소 간 결합을 표시하면 다음과 같다.

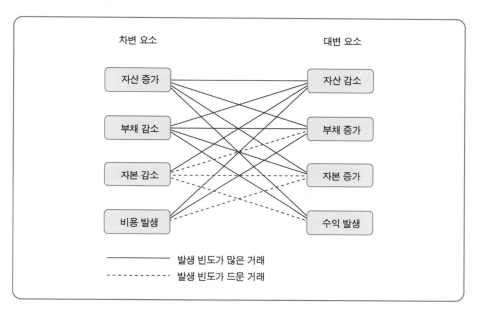

[그림 2-1] 거래요소의 결합

거래요소 결합에 대한 분석은 두 가지 단계로 나눌 수 있다.

- **거래요소 파악**: 회계상 거래를 거래의 이중성에 따라 두 가지 이상의 요소로 구분
- **차변과 대변 파악**: 계정기입원칙에 의거 각 거래요소를 차변과 대변에 각각 기록

사례를 통해 거래요소를 분석하고 계정기입원칙에 입각하여 차변 요소와 대변 요소를 알아보기로 하자. 이를 통하여 자산, 부채, 자본, 수익, 비용의

개념을 명확히 하고 거래의 이중성과 계정기입원칙에 대한 이해는 분개, 전기, 수정분개를 이해하기 위해 반드시 익혀두어야 한다.

① 자산 증가, 자산 감소의 결합

- 상품 500원을 현금으로 구입하다.
  거래요소는 상품은 증가, 현금 감소이다.
  상품과 현금은 모두 자산이다.
  따라서 자산 증가는 차변, 자산 감소는 대변이다.

| 차변요소 | | 대변요소 |
|---|---|---|
| 자산(상품) 증가 | / | 자산(현금) 감소 |

② 자산 증가, 부채 증가의 결합

- 은행으로부터 500원을 빌리다.
  거래요소는 부채의 증가와 자산의 증가이다.
  은행에 빌려서 상환의무가 발생하니 부채의 증가이고, 현금이 증가하니 자산의 증가이다.
  따라서 부채 증가는 대변, 현금(자산) 증가는 차변이다.

| 차변요소 | | 대변요소 |
|---|---|---|
| 자산(현금) 증가 | / | 부채(차입금) 증가 |

③ 자산 증가, 자본 증가의 결합

- 주식 발행하고 주주로부터 500원을 받다.
  거래요소는 주식 발행과 현금 증가이다.

주식 발행은 자본이고, 현금은 자산이다.

따라서 자산 증가는 차변, 자본 증가는 대변이다.

| 차변요소 | | 대변요소 |
|---|---|---|
| 자산(현금) 증가 | / | 자본(자본금) 증가 |

④ 자산 증가, 수익 발생의 결합

• 상품을 판매하고 여행사로부터 500원을 받다.

　거래요소는 상품 판매와 현금 증가이다.

　상품 판매는 수익 발생, 현금 수취는 자산 증가이다.

　따라서 자산 증가는 차변, 수익 발생은 대변이다.

| 차변요소 | | 대변요소 |
|---|---|---|
| 자산(현금) 증가 | / | 수익(매출) 발생 |

⑤ 부채 감소, 자산 감소의 결합

• 은행으로부터 빌린 500원을 상환하다.

　거래요소는 은행으로부터 빌린 돈을 상환한 것과 현금이 감소한 것이다.

　빌린 돈을 갚아 부채(차입금)가 감소, 현금을 지급하여 자산 감소이다.

　따라서 부채 감소는 차변, 자산 감소는 대변이다.

| 차변요소 | | 대변요소 |
|---|---|---|
| 부채(차입금) 감소 | / | 자산(현금) 감소 |

⑥ 부채 감소, 부채 증가의 결합

- 은행으로부터 빌린 500원을 만기가 되어 장기차입금으로 3년 연장하다. 거래요소는 기존의 부채 감소와 장기차입금의 증가이다.
  두 가지 다 부채이며, 기존 부채는 감소하고 새로운 장기차입금(부채)은 증가이다.
  따라서 기존 부채 감소는 차변, 장기차입금은 대변이다.

| 차변요소 | | 대변요소 |
|---|---|---|
| 부채(단기차입금) 감소 | / | 부채(장기차입금) 증가 |

⑦ 부채 감소, 수익 발생의 결합

- 미리 받은 이자 500원을 선수이자로 처리하였는데 기간이 경과하여 임대료 수익으로 처리하다.
  결산시점에 나타나는 거래 중 하나로 거래요소는 미리 받은 이자(선수이자)는 부채인데 기간이 경과하였으니 수익(이자수익) 발생, 동시에 미리 받은 이자인 부채(선수이자) 감소이다.
  따라서 부채 감소는 차변, 수익 발생은 대변이다.

| 차변요소 | | 대변요소 |
|---|---|---|
| 부채(선수이자) 감소 | / | 수익(임대료) 발생 |

⑧ 비용 발생, 자산 감소의 결합

- 종업원에게 급여 500원을 지급하다.
  거래요소는 종업원의 급여 발생과 현금 감소이다.

급여는 비용이므로 비용 발생과 자산 감소이다.

따라서 비용(급여)의 발생은 차변, 자산(현금)의 감소는 대변이다.

| 차변요소 | | 대변요소 |
|---|---|---|
| 비용(급여) 발생 | / | 자산(현금) 감소 |

⑨ 비용 발생, 부채 증가의 결합

• 사무실 공간 임차료 500원을 지급하지 못하다.

거래요소는 사무실 임차료 비용이 발생한 것과 임차료를 지급해야 하는 부채 증가이다.

따라서 비용 발생은 차변, 부채 증가는 대변이다.

| 차변요소 | | 대변요소 |
|---|---|---|
| 비용(임차료) 발생 | / | 부채(미지급임차료) 증가 |

**tip**

◆ 계정기입원칙 이해하기

- 거래요소에 대한 이해는 자산·부채·자본·수익·비용에 대한 이해가 선행 되어야 한다.

- 증가한 것과 감소한 것, 의무와 권리, 수익과 비용, 원인과 결과 등 두 가지 이상의 거래요소를 도출한 후 계정기입원칙을 적용한다.

- 차변요소와 대변요소의 구분은 회계등식과 재무상태표를 활용하면 계정기입 원칙을 이해하기 쉽다. 또한, 명확한 거래요소를 확정한 후 반대편 요소를 추정하면 된다.

**〈예제 2-1〉** **다음 거래를 거래요소별로 구분하고 차변과 대변에 기입하시오.**

① 상품 20,000원을 외상으로 구입하다.

② 상품을 30,000원에 판매하고 현금으로 받다.

③ 건물을 20,000원에 구입하면서 현금 10,000원을 지급하고 나머지는 외상으로 하다.

④ 보험료 1년분 1,200원을 미리 지급하다.

⑤ 현금 10,000원을 6개월 후에 받기로 하고 빌려주었다.

⑥ 사무실 공간을 6개월간 빌려주기로 하고 10,000원을 미리 받았다.

⑦ 건물 외상 대금 10,000원을 현금으로 지급하다.

⑧ 빌려주었던 10,000원을 돌려받았다.

〈풀이〉

① 자산 증가 / 부채 증가
자산(상품)이 증가하여 차변이며, 외상구입으로 부채가 증가하여 대변요소이다.

② 자산 증가 / 수익 발생
상품을 판매는 수익이 발생하여 대변요소이며, 자산(현금)이 증가하여 차변요소이다.

③ 자산 증가 / 자산 감소
　　　　　　　부채 증가
거래요소는 세 가지로 구분된다. 건물 자산의 증가, 현금 자산의 감소, 미지급으로 부채 증가이다. 자산 증가는 차변, 자산 감소는 대변, 부채 증가는 대변이다.

④ 자산 증가 / 자산 감소

거래요소는 보험료를 미리 지급한 것과 현금이 감소한 것이다. 비용인 보험료를 미리 지급하여 경제적 효익이 발생하는 자산(선급 보험료) 증가이며, 현금 자산 감소이다. 따라서 자산의 증가는 차변, 자산 감소는 대변이다.

⑤ 자산 증가 / 자산 감소

거래요소는 현금 자산의 감소와 받을 권리인 자산의 증가이다. 자산 증가는 차변, 자산 감소는 대변이다.

⑥ 자산 증가 / 부채 증가

거래요소는 현금자산의 증가와 임대료 수익을 미리 받았으므로 경제적 효익 (현금 유입의 방지)이 희생되어 부채(선수임대료)가 증가한 것이다. 따라서 자산증가는 차변, 부채 증가는 대변이다.

⑦ 부채 감소 / 자산 감소

거래요소는 건물 외상 대금을 갚은 것과 이로 인해 부채(미지급금)가 감소이다. 따라서 부채 감소는 차변, 자산 감소는 대변이다.

⑧ 자산 증가 / 자산 감소

거래요소는 현금이 증가와 받을 권리인 자산(대여금)의 감소이다. 따라서 자산 증가는 차변, 자산 감소는 대변이다.

1. 회계기준이란 무엇인가?

2. 회계원칙의 특징은 무엇인가?

3. 회계의 기본적 가정 세 가지에 대하여 설명하시오.

4. 재무제표 구성요소를 밝히고 이를 설명하시오.

5. 복식부기란 무엇인가?

**6.** 계정이란 무엇인가?

---------------------------------------------------------
---------------------------------------------------------
---------------------------------------------------------

**7.** 거래의 이중성이란 무엇인가?

---------------------------------------------------------
---------------------------------------------------------
---------------------------------------------------------

**8.** 대차평균의 원리란 무엇인가?

---------------------------------------------------------
---------------------------------------------------------
---------------------------------------------------------

**9.** 회계등식을 설명하시오.

---------------------------------------------------------
---------------------------------------------------------
---------------------------------------------------------

**10.** 계정기입의 원칙을 설명하시오.

---------------------------------------------------------
---------------------------------------------------------
---------------------------------------------------------

**11.** 재무보고란 무엇인가?

---------------------------------------------------------
---------------------------------------------------------
---------------------------------------------------------

**12.** 재무제표의 종류는?

----------------------------------------

----------------------------------------

----------------------------------------

**13.** 재무제표의 특성과 한계점은 무엇인가?

----------------------------------------

----------------------------------------

----------------------------------------

# 연습문제

## 〈선택형〉

**1.** 다음 중 회계기준에 대한 설명으로 맞지 않는 것은?

① 회계실무를 이끌어가는 지도 원리이다.

② 회계 이해관계자들의 합의에 의해 형성되며 이해조정적 성격을 가진다.

③ 재무제표를 작성할 때 반드시 준수해야 하는 지침이다.

④ 우리나라의 회계실무와 관습에 근거한 불변의 진리다.

**2.** 일반기업회계기준에서 회계의 기본적 가정이 아닌 것은?

① 기업실체의 가정      ② 계속기업의 가정

③ 회계기간의 가정      ④ 화폐측정의 가정

**3.** 회계의 대상과 주체와 관련된 회계의 기본 가정은 무엇인가?

① 기업실체의 가정      ② 계속기업의 가정

③ 회계기간의 가정      ④ 화폐측정의 가정

**4.** 유형자산을 평가할 때 역사적 원가로 평가하는 것과 관련된 회계의 기본 가정은 무엇인가?

① 기업실체의 가정      ② 계속기업의 가정

③ 회계기간의 가정      ④ 화폐측정의 가정

5. 다음 중 재무제표 구성요소로 알맞지 않는 것은 무엇인가?

① 자산                   ② 비용

③ 수익                   ④ 결손금


6. 다음 자산에 대한 설명으로 틀린 것은?

① 기업 소유의 건물은 자산이다.

② 기업실체가 해당 자산을 소유하고 있어야 한다.

③ 과거의 거래나 사건의 결과로 발생한 것이어야 한다.

④ 미래 현금의 유입이나 부채의 감소를 가져온다.


7. 다음 재무제표 요소의 설명으로 틀린 것은?

① 자산은 미래에 경제적 효익을 창출할 것으로 기대되는 자원이다.

② 부채는 금액이 반드시 확정되어야 한다.

③ 자본은 자산에서 부채를 차감한 잔액이다.

④ 수익은 자산의 유입 또는 부채의 감소를 동반한다.


8. 다음 중 부채가 아닌 것은?

① 재료를 구입하고 지급하지 않은 금액

② 여행사로부터 미리 받은 객실 대금

③ 종업업과 체결한 연봉

④ 연회행사를 계약하고 미리 받은 대금


9. 다음 중 자본과 가장 관계없는 것은?

① 소유주의 잔여청구권      ② 순자산

③ 타인자본               ④ 소유주 지분

**10.** 다음 중 수익에 대한 설명으로 가장 부적합한 것은?

① 경영활동과 관련된 재화의 판매 또는 용역의 제공이다.

② 수익은 자산의 유입 또는 부채의 감소를 동반한다.

③ 외상으로 상품을 판매하는 것은 수익이 아니다.

④ 수익은 이득과 의미가 상이한 개념이다.

**11.** 다음 복식부기의 설명으로 맞지 않는 것은?

① 단일 항목을 가감하는 형식으로 장부를 기입한다.

② 거래의 이중성을 토대로 한다.

③ 대차평균의 원리가 적용된다.

④ 자기검증기능이 있다.

**12.** 다음 계정과 관련된 설명으로 틀린 것은?

① 계정은 재무제표 요소를 기록하고 계산하는 기본단위이다.

② 모든 계정을 모아놓은 장부를 총계정원장이라 한다.

③ 계정의 왼편에 기록하는 것은 대변기입이라 한다.

④ 대변합계액이 차변합계액보다 크면 그 차액을 대변잔액이라 한다.

**13.** 다음 중 계정기입의 원칙을 설명한 것으로서 틀린 것은?

① 수익의 발생은 대변

② 자산의 감소는 대변

③ 부채의 증가는 차변

④ 비용의 발생은 차변

**14.** 다음 중 거래요소의 결합관계로 적절하지 못한 것은?

|  | 차 변 | 대 변 |
|---|---|---|
| ① | 자산의 증가 | 자산의 감소 |
| ② | 부채의 감소 | 부채의 증가 |
| ③ | 자산의 증가 | 수익의 발생 |
| ④ | 비용의 발생 | 자본의 감소 |

**15.** 다음 중 재무제표의 종류가 아닌 것은?

① 재무상태표      ② 현금흐름표

③ 자본변동표      ④ 사업보고서

**16.** 다음 중 재무제표를 통해 제공되는 정보의 특징이 아닌 것은?

① 대부분 과거에 발생한 거래나 사건에 대한 정보를 나타낸다.

② 제공되는 회계정보는 정확하게 측정된 금액이다.

③ 특정 기업실체에 관한 정보를 제공한다.

④ 화폐단위로 측정된 정보를 주로 제공한다.

〈풀이형〉

**1.** 다음을 거래의 8개 요소로 구분하고 차변과 대변에 기입하라.

① 주식 1,000,000원을 발행하고 영업을 개시하다.

② 은행으로부터 현금 2,000,000원을 차입하다.

③ 판매용 상품 100,000원을 구입하다.

④ 1년간 임대료 1,000,000원을 미리 수령하다.

⑤ 컴퓨터 10대를 1,000,000원에 구입하고 500,000원은 현금으로 지급, 나머지는 1달 후에 지급하기로 하다.

⑥ 다음 달 15일에 지면 광고를 하기로 하고 대금 500,000원을 미리 지급하다.

⑦ 고객에게 객실요금 100,000원을 미리 받다.

⑧ 객실요금을 미리 수취한 고객에게 객실을 판매하다.

⑨ 종업원에게 급여 200,000원을 지급하다.

⑩ 거래처에 1,000,000원을 빌려주다.


**2. 다음은 일등 호텔의 거래내용이다. 차변과 대변에 거래요소를 기입하라.**

5월  1일: 현금 1,000,000원을 출자받아 영업을 개시하다.

5월  2일: 건물을 200,000원에 구입하다.

5월  8일: 건물 화재보험료 1년분 120,000원을 미리 지급하다.

5월 15일: A기업에 단체여행을 300,000원에 제공하였으나 대금은 다음에 받기로 하다.

5월 20일: A기업에 외상대금 중 200,000원을 받다.

5월 21일: B학교에 단체여행을 의뢰받고 50,000원을 받다.

5월 25일: B학교에 100,000원에 단체여행을 제공하고 미리 수취한 50,000원을 제외한 50,000원을 현금으로 받다.

5월 27일: 사무실을 빌려주기로 하고 전세보증금 30,000원을 받다.

5월 29일: 거래처에 50,000원을 빌려주다.

5월 31일: 5월분 급여 30,000원을 지급하다.

**3.** 다음을 거래의 8요소로 구분하고 차변과 대변에 기입하라.

① 은행으로부터 현금 5,000원을 빌리다.

② 거래처에서 상품 2,000원을 구입하면서 대금은 10일 후에 주기로 하다.

③ 거래처에 상품 외상대금 2,000원을 지급하다.

④ 1개월간 사무실을 빌려준 대가로 1,000원을 받다.

⑤ 사무용 컴퓨터를 500원에 구입하다.

⑥ 다음 달 신문에 게재할 광고비 1,000원을 미리 지급하다.

⑦ 상품을 판매하고 현금 4,000원을 받다.

⑧ 은행에 이자비용 500원을 지급하다.

⑨ 소모품 1,500원을 외상으로 구입하다.

⑩ 은행에 빌린 5,000원을 상환하다.

〈선택형〉

1. ④

   우리나라 회계기준은 한국회계기준원에서 제정하며, 경제적 환경 변화에 따라 진보하고 변화한다.

2. ④

   「일반기업회계기준」에서는 기업실체, 계속기업 및 기간별 보고를 들고 있다.

3. ①

   기업실체의 가정은 기업을 소유주와는 독립적으로 존재하는 회계단위로 간주하고 이 회계단위의 관점에서 그 경제활동에 대한 재무정보를 측정, 보고한다는 것이다.

4. ②

   계속기업의 가정은 기업이 장기간 존속한다고 가정하므로 유형자산은 시가가 아닌 역사적 원가로 평가하는 것에 대한 타당성을 제공한다.

5. ④

   재무제표 구성요소는 자산, 부채, 자본, 수익, 비용이다.

6. ②

   현재 기업실체에 의해 지배되면 된다. 반드시 기업실체가 해당 자산을 소유하고 있어야 하는 것은 아니다.

7. ②

   부채는 금액이 반드시 확정되어야 하는 것은 아니다. 제품보증을 위한 충당부채와 같이 그 측정에 추정을 요하는 경우도 있다.

8. ③

종업원과 체결한 연봉은 부채가 아니다. 부채는 과거의 거래나 사건의 결과로 발생해야 한다.

9. ③

회계에서 타인자본은 부채를 말한다.

10. ③

현행회계는 발생주의를 채택하고 있어 외상으로 상품을 판매하는 경우도 수익으로 인식한다.

11. ①

단식부기는 단일 항목을 가감하는 형식으로 장부를 기입한다.

12. ③

계정의 왼편에 기록하는 것은 대변기입이 아니라 차변기입이다. 왼편은 차변, 오른편은 대변이다.

13. ③

부채의 증가는 대변요소이다.

14. ④

자본의 감소는 차변요소이다.

15. ④

재무제표는 재무상태표, 손익계산서, 현금흐름표, 자본변동표로 구성되며 주석을 포함한다.

16. ②

재무제표는 추정에 의한 측정치를 포함한다.

## 〈풀이형〉

1. ① 자산 증가 / 자본 증가
   주식의 발행은 자본 증가이고, 현금 수취는 자산 증가이다. 자산 증가는 차변, 자본 증가는 대변이다.

   ② 자산 증가 / 부채 증가
   은행으로부터 현금 2,000,000원을 차입하였으므로 현금이 증가하고 부채 증가이다. 자산 증가는 차변, 부채 증가는 대변이다.

   ③ 자산 증가 / 자산 감소
   판매용 상품이 증가하고, 현금 감소이다. 상품이란 자산이 증가하고, 현금(자산) 감소이다. 자산 증가는 차변, 자산 감소는 대변이다.

   ④ 자산 증가 / 부채 증가
   현금을 수취하여 자산 증가이고 미리 받았으므로 부채 증가이다. 자산 증가는 차변, 부채 증가는 대변이다.

   ⑤ 자산 증가 / 자산 감소
   　　　　　　　부채 증가
   컴퓨터가 1,000,000원(자산) 증가, 현금 500,000원(자산) 감소, 500,000원은 지불해야 하는 의무(부채) 이므로 자산의 증가는 차변, 자산의 감소와 부채의 증가는 대변이다.

   ⑥ 자산 증가 / 자산 감소
   현금을 지급하였으니 자산 감소, 광고비를 미리 지급하여 광고게재 시 현금 유출을 방지하니 자산 증가이다. 자산 증가는 차변, 자산 감소는 대변이다.

   ⑦ 자산 증가 / 부채 증가
   현금(자산)이 증가하고, 미리 받았으므로 객실을 판매하더라도 미리 받은 만큼은 현금을 받지 못한다. 즉, 현금 유입이 감소하니 부채 증가이다. 자산 증가는 차변, 부채 증가는 대변이다.

⑧ 부채 감소 / 수익발생

　객실요금을 미리 수취한 고객에게 객실을 판매였으니 의무가 감소하여 부채감소, 객실을 제공하니 수익의 발생이다. 부채 감소는 차변, 수익 발생은 대변이다.

⑨ 비용 발생 / 자산 감소

　종업원 급여는 비용 발생이고, 현금(자산) 감소이다. 비용 발생은 차변, 자산 감소는 대변이다.

⑩ 자산 증가 / 자산 감소

　1,000,000원을 빌려주어 현금(자산)이 감소이고, 동시에 받을 권리(자산)가 증가했다. 자산 감소는 대변, 자산증가는 차변이다.

2. 5월　1일: 자산 증가 / 자본 증가

　　　　　출자란 주식을 발행한 것이니 자본의 증가이고, 현금(자산) 증가이다. 자산의 증가는 차변, 자본의 증가는 대변이다.

5월　2일: 자산 증가 / 자산 감소

　　　　　건물(자산)이 증가하고, 현금(자산)이 감소했다. 자산의 증가는 차변, 자산의 감소는 대변이다.

5월　8일: 자산 증가 / 자산 감소

　　　　　건물 화재보험료 1년분을 미리 지급했으므로 자산 증가, 현금 감소이다. 자산 증가는 차변, 자산 감소는 대변이다.

5월 15일: 자산 증가 / 수익 발생

　　　　　단체여행을 제공하였으니 수익 발생, 대금 받을 권리가 있으니 자산 증가이다. 수익 발생은 대변, 자산 증가는 차변이다.

5월 20일: 자산 증가 / 자산 감소

　　　　　현금 수취는 자산 증가, 현금을 받아 받을 권리인 자산 감소이다. 자산증가는 차변, 자산 감소는 대변이다.

5월 21일: 자산 증가 / 부채 증가

　　　　　현금 수취는 자산 증가, 미리 받아 의무가 발생했으니 부채 증가이다. 자산 증가는 차변, 부채 증가는 대변이다.

**5월 25일: 자산 증가 / 수익 발생**
**부채 감소**

100,000원 상당의 단체여행을 제공했으니 수익발생, 의무인 부채가 감소(미리 수취한 50,000원), 현금 50,000원을 받아 자산 증가이다. 수익 발생은 대변, 자산 증가와 부채 감소는 차변이다.

**5월 27일: 자산 증가 / 부채 증가**

현금(자산) 증가, 전세 기간이 끝나면 상황의무가 있으니 부채 증가이다. 자산 증가는 차변, 부채 증가는 대변이다.

**5월 29일: 자산 증가 / 자산 감소**

현금(자산) 감소이고 받을 권리가 있으니 자산 증가이다. 자산 증가는 차변, 자산 감소는 대변이다.

**5월 31일: 비용 발생 / 자산 감소**

급여(비용) 발생, 현금(자산) 감소이다. 비용 발생은 차변, 자산 감소는 대변이다.

3. **① 자산 증가 / 부채 증가**

은행으로부터 현금 5,000원을 빌렸으니 부채가 증가하고 현금이 증가하였다. 자산(현금) 증가는 차변, 부채(차입금) 증가는 대변이다.

**② 자산 증가 / 부채 증가**

상품 2,000원이 증가하여 자산(상품)이 증가하고 대금을 갚아야 하는 의무인 부채(외상매입금) 증가이다. 자산 증가는 차변, 부채 증가는 대변이다.

**③ 부채 감소 / 자산 감소**

외상 대금을 지급하여 부채(외상매입금) 감소이고 자산(현금)을 지급하여 자산(현금) 감소이다. 부채(외상매입금) 감소는 차변, 자산(현금) 감소는 대변이다.

④ 자산 증가 / 수익 발생
타인에게 재화나 용역을 제공하는 것은 수익의 발생, 현금을 수취하여
자산 증가이다. 자산(현금) 증가는 차변, 수익(임대료) 발생은 대변이다.

⑤ 자산 증가 / 자산 감소
컴퓨터를 구입하여 자산 증가이고 현금으로 지급하여 자산 감소이다.
자산(비품) 증가는 차변, 자산(현금) 감소는 대변이다.

⑥ 자산 증가 / 자산 감소
현금을 지급하였으니 자산 감소, 광고비를 미리 지급하여 광고 게재
시 현금 유출을 방지하니 자산 증가이다. 자산 증가는 차변, 자산 감소
는 대변이다.

⑦ 자산 증가 / 수익 발생
재화나 용역(서비스)를 제공하니 수익 발생, 현금을 수취하였으니 자
산 증가이다. 자산 증가는 차변, 수익 발생은 대변이다.

⑧ 비용 발생 / 자산 감소
이자 비용이 발생하여 현금을 지급하였으니 비용 발생과 자산 감소이
다. 비용(이자비용) 발생은 차변, 자산(현금) 감소는 대변이다.

⑨ 자산 증가 / 부채 증가
소모품을 구입하여 자산 증가이고 그 대가를 지급해야 하는 의무가
발생하여 부채 증가이다. 자산 증가는 차변, 부채 증가는 대변이다.

⑩ 부채 감소 / 자산 감소
빌린 돈을 갚아 부채(차입금) 감소이고, 현금(자산)이 감소했다. 자산
감소는 대변, 부채 감소는 차변이다.

# Hospitality
## Accounting Principles

호스피탈리티 회계원리

Chapter

**3**

# 재무상태표

# Chapter 3
# 재무상태표

## ① 재무상태표 개요

## 1. 재무상태표의 의의

재무상태표(statement of financial position)는 일정시점 현재 기업이 보유하고 있는 경제적 자원인 자산과 경제적 의무인 부채, 그리고 자본에 대한 정보를 제공하는 재무보고서이다.

재무상태표는 대차대조표(balance sheet)라고도 하며, 일정시점 기업의 재무상태를 나타내는 정태적 보고서라 할 수 있다.

기업의 재무상태를 나타내는 자산, 부채 및 자본은 경영활동 수행과 더불어 항상 변화한다. 따라서 기업의 재무상태를 나타내기 위해서는 일정시점을 지정하여야 한다. 재무상태표를 정태적 보고서라 하는 이유는 기업의 재무상태를 일정시점에 파악하기 때문이다.

대부분의 기업은 회계기간 말(결산일)을 기준으로 재무상태표를 작성한다. 물론 기업에 따라 분기, 반기 재무상태표를 작성하기도 한다.

■ 재무상태표

재무상태표는 일정시점 현재 기업이 보유하고 있는 경제적 자원인 자산과 경제적 의무인 부채, 그리고 자본에 대한 정보를 제공하는 재무보고서이다.

## 2. 재무상태표의 유용성과 한계점

### 1) 재무상태표의 유용성

재무상태표는 재무보고의 주요 수단으로 정보이용자에게 일정시점 기업의 경제적 자원인 자산, 경제적 의무인 부채 그리고 자본에 정보를 제공하는 재무보고서이다. 재무상태표의 유용성은 다음과 같다.

#### ① 재무상태표는 기업의 유동성에 대한 정보를 제공

유동성이란 특정 자산이 현금으로 전환되어 가까운 미래(1년 이내)에 상환해야 하는 부채(유동부채)의 지급 능력을 의미한다. 유동성이 크다는 것은 이에 대한 지급 능력이 높다는 것을 의미하므로 유동성이 클수록 도산가능성은 줄어든다. 기업이 당장 상환해야 하는 부채가 이를 감당할 수 있는 자산보다 많다면 기업은 위험에 직면할 수 있다.

재무상태표는 자산, 부채, 자본을 나타내어 기업의 유동성에 대한 정보를 제공한다.

#### ② 재무상태표는 기업의 재무적 융통성에 대한 정보를 제공

재무상태표는 기업의 자본조달 원천인 자본구조를 나타내고 있다. 재무적 융통성이란 기업이 예상치 못했던 자금 수요가 발생하는 경우 이에 대한 기업의 대응 능력을 의미한다. 재무적 융통성이 크다는 것은 기업의 장기지급능력과 안정성이 있다는 것을 의미한다. 만약 기업의 부채 비중이 너무 높다면 추가적인 자금 수요가 발생하는 경우 부채를 통한 자금조달은 어려워 곤란을 겪을 수 있다.

### ③ 재무상태표는 수익성에 대한 정보를 제공

손익계산서의 매출이나 이익 등의 구성 요소와 재무상태표의 요소를 결합시켜 기업의 수익성 및 효율성을 평가할 수 있다.

## 2) 재무상태표의 한계점

재무상태표는 앞서 살펴본 바와 같이 의사결정에 유용한 정보를 제공함에도 불구하고 회계정보가 갖추어야 할 특성과 제약 조건으로 한계점이 있다. 이를 간략히 살펴보면 다음과 같다.

### ① 재무상태표는 대체로 현행시장가치 미반영

재무상태표의 많은 항목들은 역사적 원가주의에 입각하여 기재되므로 모든 항목이 현행시장가치를 반영한다고 할 수 없다. 역사적 원가주의란 자산의 취득 당시의 원가로 기재하고 그 이후에도 해당 자산이 처분될 때까지 취득 당시의 원가로 계상하는 것을 말한다. 호텔의 경우, 토지나 건물의 시가 상승에도 불구하고 취득 당시의 가액이 반영되어 해당 항목의 시장가치를 의미한다고 할 수 없다.

### ② 재무상태표에 포함되지 않는 자원도 존재

기업에는 탁월한 경영자, 우수한 인적자원, 기술력 등 측정이 어려운 자원이 있다. 이러한 자원은 미래 경제적 효익을 창출하기 위해 사용되는 자원임에도 불구하고 재무상태에 포함되지 않는다.

# 3. 재무상태표 형식과 등식

## 1) 재무상태표의 형식

재무상태표는 일정시점(결산일) 현재 자산, 부채와 자본을 나타내고 있다. 재무상태표는 보고식과 계정식으로 작성할 수 있는데 계정식은 차변과 대변으로 나누어 보고하는 형식이고, 보고식은 자산, 부채, 자본을 일렬로 작성하는 방식을 말한다.

아울러 재무상태표 상단에는 재무상태표라는 재무보고서의 명칭, 보고기간 종료일, 기업명과 금액 단위를 나타내야 한다. 계정식 재무상태표는 다음과 같다.

**재무상태표**
20**년 12월 31일 현재

(주)김가 레스토랑                                   (단위: 원)

| 자산 | 부채 |
|---|---|
| 유동자산 | 유동부채 |
|   당좌자산 |   비유동부채 |
|   재고자산 | 자본 |
| 비유동자산 |   자본금 |
|   투자자산 |   자본잉여금 |
|   유형자산 |   자본조정 |
|   무형자산 |   기타포괄손익누계액 |
|   기타비유동자산 |   이익잉여금 |

## 2) 재무상태표 등식

재무상태표 등식은 회계등식이라고도 한다. 회계등식은 자산은 부채와 자본의 합계와 같다는 것인데 자산 각 계정의 차변 잔액 합계는 부채와 자본의 대변 잔액 합계와 같다는 의미이다.

(주)김가 레스토랑의 창업 사례를 통해 회계등식의 의미를 살펴보자.

(주)김가 레스토랑 창업사례

3월 2일: 레스토랑을 창업하기 위해 자기 돈 1,000,000원과 은행에서 1,000,000원
        을 빌렸다.

3월 31일: 집기비품 500,000원을 구입하다.

3월 2일 김가 레스토랑은 자기 돈(자본) 1,000,000원과 은행에서 빌린 돈
(부채) 1,000,000원으로 현금 2,000,000원을 보유하고 있으며, 3월 31일은 현
금 1,500,000원과 집기 비품 500,000원을 소유하고 있다. 3월 2일과 3월 31일
기준으로 재무상태표를 개략적으로 나타내면 다음과 같다.

**재무상태표**
3월 2일 현재

(주)김가 레스토랑          (단위: 원)

| 자산 | | 부채 및 자본 | |
|---|---|---|---|
| 현 금 | 2,000,000 | 부 채(빌린 돈) | 1,000,000 |
| | | 자 본(자기 돈) | 1,000,000 |
| 합 계 | 2,000,000 | 합 계 | 2,000,000 |

**재무상태표**
3월 31일 현재

(주)김가 레스토랑          (단위: 원)

| 자산 | | 부채 및 자본 | |
|---|---|---|---|
| 현금 | 1,500,000 | 부채(빌린 돈) | 1,000,000 |
| 집기비품 | 500,000 | 자본(자기 돈) | 1,000,000 |
| 합계 | 2,000,000 | 합계 | 2,000,000 |

3월 2일과 3월 31일 (주)김가 레스토랑의 재무상태표는 간략하게 표시된 것이다. 이를 토대로 재무상태표 회계등식이 어떤 의미인지 살펴보자.

### ① 재무상태표의 대변(부채 및 자본)은 자금의 조달 원천(조달 방법)

기업은 경영활동을 위해 자금이 필요하다. 이러한 자금을 빌려서 조달하면 부채라 하는데 부채를 채권자자본 또는 타인자본(他人資本)이라 하고, 자본을 자기자본 또는 소유주 지분이라 한다. 재무 분야에서는 자본을 자기자본이라 하고, 부채를 타인자본이라 한다.

### ② 재무상태표의 차변(자산)은 조달된 자금의 운용 상태

조달된 자금은 영업활동을 위해 필요한 원재료, 상품, 비품 등을 구입하거나 현금으로 보유한다. 즉, 조달된 자금이 투자되어 있는 상태를 나타낸다. 자산의 운용은 산업, 업종, 기업의 특성에 따라 상이하다. 예를 들어 호텔은 건물, 토지 등의 물리적 실체가 있는 자산이 필요할 것이고, 외식업은 여행사보다 원재료 등의 판매를 위해 보유하고 있는 자산의 비율이 높다.

### ③ 기업의 거래로 자산 내역과 금액이 변화

기업의 경영활동은 사례와 달리 영업을 중지하지 않는 한 수십 내지 수백 건의 거래가 발생한다. 따라서 기업의 재무상태는 매 순간 변한다고 해도 과언이 아니다. 이러한 이유로 일정시점을 기준으로 재무상태를 파악하여 정보이용자에게 제공한다.

### ④ 자산의 합계와 부채 및 자본의 합계는 항상 일치

만약 은행에 빌린 돈 300,000원을 갚는다면 자산은 현금 1,200,000원과 비품 500,000원으로 자산은 1,700,000원이 된다. 부채는 300,000원이 감소하여 700,000원이 되며, 자본(1,000,000원)과 부채의 합계는 1,700,000원이 된다. (주)김가 레스토랑의 3월 2일과 3월 31일 왼쪽(자산)과 오른쪽(부채와 자본)의 합계는 항상 같다.

# 4. 재무상태표의 작성기준과 구조

## 1) 재무상태표 작성 기준

기업회계기준에서는 재무상태표의 작성에 몇 가지 기준을 제시하고 있는데 이는 다음과 같다.

### ① 구분과 통합의 표시

자산, 부채, 자본 중 중요한 항목은 재무상태표 본문에 별도 항목(계정과목)으로 구분하여 표시한다. 중요하지 않은 항목은 성격 또는 기능이 유사한 항목에 통합하여 표시할 수 있으며, 통합할 적절한 항목이 없는 경우에는 기타항목으로 통합하여 표시할 수 있다.

### ② 자산과 부채의 총액 표시

자산, 부채, 자본은 총액으로 기재함을 원칙으로 하며 자산 항목과 부채자본을 상계함으로써 그 전부 또는 일부를 재무상태표에서 제외하면 안 된다. 다만, 기업이 채권과 채무를 상계할 수 있는 법적 구속력 있는 권리를 가지고 있고, 채권과 채무를 순액기준으로 결제하거나 채권과 채무를 동시에 결제할 의도가 있다면 상계하여 표시한다.

### ③ 자산과 부채의 유동성과 비유동성 구분

자산은 1년을 기준으로 유동자산과 비유동자산으로 분류한다. 다만 1년을 초과하더라도 정상적인 영업주기 내에 실현된다면 이를 유동자산으로 분류한다. 여기서 정상영업주기(normal operating cycle)란 투입될 재화와 용역을 취득한 시점부터 제품의 판매로 인한 현금의 회수완료시점까지 소요되는 기간을 말한다. 부채도 1년 또는 정상영업주기를 기준으로 유동부채와 비유동부채로 구분한다.

④ 유동성 배열법

자산, 부채는 유동성이 높은 항목(계정)부터 배열한다. 따라서 자산은 현금화하기 용이한 항목(계정)부터 배열하고 부채는 상환시기가 가까운 유동부채부터 배열한다.

⑤ 잉여금의 구분

자본거래에서 발생한 자본잉여금과 손익거래에서 발생한 이익잉여금을 구분 표시한다.

⑥ 미결산항목 표시금지

가지급금, 가수금 등과 같은 미결산항목 또는 비망계정이 있는 경우는 재무상태표에 그대로 표시하지 않고 적절한 계정으로 대체하여야 한다.

■ 정상영업주기란?

투입될 재화와 용역을 취득한 시점부터 제품의 판매로 인한 현금의 회수완료시점까지 소요되는 기간을 말한다.

## 2) 재무상태표의 기본구조

재무상태표의 구성요소인 자산, 부채, 자본은 각각 다음과 같이 구분한다.

- 자산은 유동자산과 비유동자산으로 구분한다.
- 유동자산은 당좌자산과 재고자산으로 구분하고, 비유동자산은 투자자산, 유형자산, 무형자산, 기타비유동자산으로 구분한다.
- 부채는 유동부채와 비유동부채로 구분한다.
- 자본은 자본금, 자본잉여금, 자본조정, 기타포괄손익누계액 및 이익잉여금(또는 결손금)으로 구분한다.

| 자산 | 부채 및 자본 |
|---|---|
| 자산<br>　유동자산<br>　　- 당좌자산<br>　　- 재고자산<br><br>　비유동자산<br>　　- 투자자산<br>　　- 유형자산<br>　　- 무형자산<br>　　- 기타비유동자산<br><br><br>자산합계 | 부채<br>　　- 유동부채<br>　　- 비유동부채<br>부채합계<br><br>자본<br>　　- 자본금<br>　　- 자본잉여금<br>　　- 자본조정<br>　　- 기타포괄손익누계액 및 이익잉여금<br>자본합계<br><br>부채 및 자본 합계 |

## ② 자산의 분류와 계정과목

## 1. 자산의 구분

　자산(資産, assets)은 과거의 거래나 사건의 결과로 현재 기업실체에 의해 지배되고 미래에 경제적 효익을 창출할 것으로 기대되는 자원이다. 자산은 유동자산과 비유동자산으로 구분한다.

　유동자산(current assets)은 1년 또는 기업의 정상영업주기 중에서 긴 기간 내에 현금으로 전환, 판매, 또는 소비할 의도가 있거나 단기매매목적으로 보유하는 자산 등을 말한다. 정상영업주기(normal operating cycle)란 투입될 재화와 용역을 취득한 시점부터 제품의 판매로 인한 현금의 회수완료시점까지 소요되는 기간을 말한다.

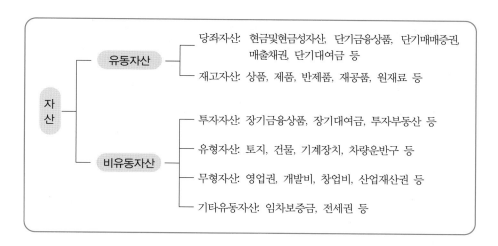

 ■ 자산의 구분
- 자산: 유동자산과 비유동자산으로 구분
- 유동자산: 당좌자산과 재고자산으로 구분
- 비유동자산: 투자자산, 유형자산, 무형자산, 기타비유동자산으로 구분

## 2. 유동자산

유동자산은 현금화 용이성에 따라 당좌자산(quick assets)과 재고자산(inventories)으로 구분된다.

- 당좌자산: 유동자산 중에서 판매과정을 거치지 않고 1년 이내 혹은 영업순환기간(business or accounting cycle) 내에 현금화가 될 수 있는 자산(화폐성자산)
- 재고자산: 기업이 정상적인 영업활동 과정에서 판매를 위하여 보유하거나 생산과정에 있는 자산 및 생산 또는 서비스 제공과정에 투입될 원재료나 소모품의 형태로 존재하는 자산

## 1) 당좌자산

당좌자산(quick asset)은 유동자산 중에서 판매과정을 거치지 않고 1년 이내 혹은 영업순환기간(business or accounting cycle) 내에 현금화가 될 수 있는 자산으로 화폐성자산이다.

당좌자산으로는 현금및현금성자산, 매출채권, 대여금, 단기대여금, 미수금, 미수수익, 선급금, 선급비용, 기타당좌자산 등이 있으며, 주요 항목(계정과목)을 살펴보면 다음과 같다.

### ① 현금및현금성자산

현금및현금성자산은 현금, 요구불예금, 현금성자산을 말하는데 자산 중 유동성이 가장 높으며 통화와 통화대용증권을 말한다.

- **통화**: 지폐, 동전
- **통화대용증권**: 은행발행 자기앞수표, 타인발행 당좌수표, 송금환, 만기가 도래한 공·사채의 이자표, 배당금 지급통지표 등

요구불예금은 만기가 없는 입출금이 자유로운 예금으로 보통예금과 당좌예금 등이다.

- **보통예금**: 만기가 없는 입출금이 자유로운 통장식 은행예금
- **당좌예금**: 은행과의 당좌거래 약정에 의해 현금을 예입하고 당좌수표를 발행함으로써 언제든지 현금을 인출할 수 있는 예금

현금성자산은 큰 거래비용 없이 현금으로 전환이 용이하고 이자율변동에 따른 가치변동의 위험이 중요하지 않은 유가증권 및 단기금융상품으로서

취득 당시 만기(또는 상환일)가 3개월 이내에 도래하는 것을 말한다.

### ② 단기금융상품

단기금융상품은 결산일로부터 1년 이내 만기가 도래하는 금융상품(정기예금, 정기적금, 양도성예금증서, 어음관리계좌, 환매채, 기업어음 등)을 말한다. 취득 당시 만기가 3개월 이내인 경우는 현금및현금성자산에 포함되고 단기금융상품은 결산일로부터 만기가 1년 이내인 것을 말한다.

### ③ 단기매매증권

단기매매증권은 단기간 내 매매차익을 목적으로 보유한 유가증권으로 당좌자산에 해당된다.

### ④ 매출채권

매출채권은 기업의 주된 영업활동(일반적 상거래)인 상품 매출, 또는 제품 매출로 획득한 금전적인 권리를 말한다. 여기서 기업의 주된 영업활동(일반적인 상거래)은 기업의 목적을 달성하기 위하여 계속적이고 반복적 영업활동에서 발생하는 거래를 말한다.

**알아두기**
■ **주된 영업활동(일반적인 상거래)**
기업의 목적을 달성하기 위하여 계속적이고 반복적 영업활동에서 발생하는 거래

예를 들어, 호텔은 식음 판매가 주된 영업활동이며, 이러한 활동은 계속적이고 반복적인 활동이다. 따라서 식음 판매 시 외상으로 판매된다면 이는 매출채권이다.

매출채권은 외상매출금과 받을어음으로 구성되어 있으며, 매출채권은 재무상태표에 표시되는 통합항목이다.

외상매출금은 상품, 제품, 원료 등 영업의 주거래 대상인 물품을 신용판매하거나 용역제공에 의해 발생하는 영업상의 미수채권을 말한다. 받을어음은 상품 및 제품, 서비스의 제공 등 매출에 대한 대가로 받은 타인 발행의 상업어음을 말한다.

- **외상매출금**: 주된 영업활동과 관련하여 판매한 상품 또는 제품 등의 외상대금
- **받 을 어 음**: 주된 영업활동과 관련하여 상품 또는 제품 등을 판매하고 받은 어음

**참고**

약속어음은 발행자가 증서에 기재된 금액을 일정시점에 지급한다는 내용이 기재되는데 기업은 당좌거래를 통하여 은행이 지급하는 것이 일반적이다. 호텔이 서비스를 제공한 대가로 여행사로부터 어음을 받았다면 호텔의 입장에서는 받을어음이라는 자산이 되고, 여행사의 입장에서는 지급어음이라는 부채가 된다.
어음에 기재된 지급일 이전에 여행사는 은행에 현금을 입금해야 하고 호텔은 지급일에 지급장소(은행)에 어음을 제시하면 은행은 여행사의 예금에서 이를 지출한다. 만약, 여행사가 지급기일에 예금하지 않아 어음제시에도 불구하고 현금을 지급하지 못할 경우 부도 처리된다.

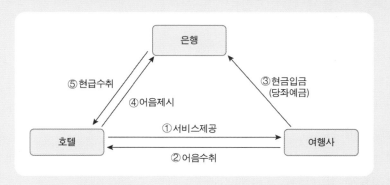

### ⑤ 단기대여금

대여금은 금전대차거래에 따라 차용증서 등을 받고 타인에게 빌려준 금전이다. 만기가 회계기간 종료일로부터 1년 이내에 도래하는 것은 단기대여금, 결산일을 기준으로 1년 이후에 만기가 도래하는 것은 장기대여금이라 한다. 따라서 장기대여금은 비유동자산에 속한다.

### ⑥ 미수금

미수금은 기업의 주된 영업활동(일반적 상거래) 이외의 거래에서 발생한 외상대금이다. 예를 들어 호텔에서 사용하던 버스를 처분하고 일부를 미수취한 경우 미수금으로 처리한다. 호텔에서 버스 처분은 일상적인 거래가 아니므로 미수금으로 처리한다. 아울러, 어음으로 받더라도 받을어음이 아니라 미수금이다.

### ⑦ 미수수익

미수수익은 당기에 속하는 수익 중 차기에 회수 예정인 것으로 미수임대료, 미수이자 등을 말하는데 재무상태표에 표시되는 통합항목이다. 예를 들어 아래 그림과 같이 호텔이 타 기업에 금전을 빌려주는 대가로 이자를 받기로 하였는데 해당기간의 이자를 결산일 이후에 받기로 한 경우, 결산일에는 현금대여로 인한 이자수익을 인식하여야 하는데 이를 미수이자라 한다. 미수수익은 발생주의 회계와 밀접한 관련이 있으며, 일반적으로 기말 결산 시에 회계처리 된다. 발생주의는 다음에 살펴보기로 하자.

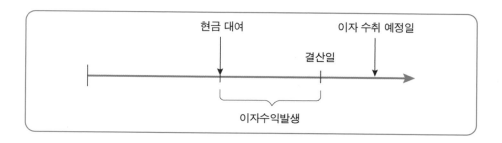

⑧ 선급금

선급금은 상품, 원재료 등의 매입을 위하여 미리 지급한 금전을 말한다.

⑨ 선급비용

선급비용은 당기에 지급한 비용 중 차기 비용에 해당하는 부분으로 선급보험료, 선급이자, 선급임차료 등을 말하며, 재무상태표에 표시되는 통합항목이다. 예를 들어 아래 그림과 같이 호텔이 보험료를 지급하였는데 결산일 현재 만료되지 않은 기간이 있다면 이는 차기의 비용에 해당된다. 이 경우, 결산일에는 차기의 비용으로 지급한 부분만큼을 선급보험료로 인식하여야 한다. 선급비용은 발생주의 회계와 밀접한 관련이 있으며, 일반적으로 기말 결산 시에 회계처리 된다.

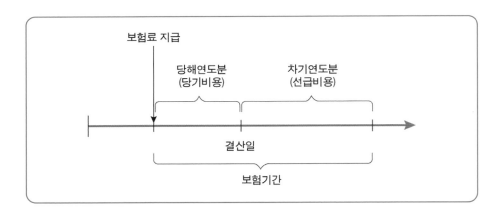

⑩ 가지급금

가지급금은 금전을 지급하였으나 그 내용(금액)이 확정되지 않았을 때 확정 때까지 쓰는 임시 계정과목이다. 예를 들어 호텔 직원이 여비로 금전을 받아 출장을 간 경우 정산 시까지 가지급금으로 기록한다.

> ■ 당좌자산이란?
> 유동자산 중에서 판매과정을 거치지 않고 1년 이내 혹은 영업순환기간 내에 현금화가 될 수 있는 자산으로 화폐성자산을 말한다.

## 2) 재고자산

재고자산(inventory assets)은 생산 또는 판매를 위해 대기하고 있는 자산으로 생산과 판매과정을 거쳐야 현금으로 전환되는 자산이다.

재고자산에는 상품, 제품, 반제품, 재공품, 원재료, 저장품 등이 속한다.

### ① 상품

상품은 판매를 목적으로 구입한 상품, 미착상품, 적송품 등을 말한다.

미착상품이란 소유권은 기업에게 귀속되었으나 기업에 도착하지 않은 상품이다. 적송품이란 위탁매출을 위하여 발송한 상품을 말한다. 예를 들어 출판사에서 서점에 책을 위탁 판매하는 경우가 그 예다.

### ② 제품

제품은 판매를 목적으로 기업 내에서 제조한 생산품, 부산물 등이다. 상품과 제품의 공통점은 완성품이라는 점이다. 차이점은 상품은 외부에서 구입한 것이고 제품은 자체 생산한 것이다.

부산물은 제품의 생산이나 제조과정에서 발생하는 것으로 목적으로 하는 제품과 비교하여 중요성이 떨어지나 판매 가능한 것 또는 가공한 후 판매 가능한 것을 말한다.

### ③ 반제품

반제품은 이미 상당한 가공을 끝내고 저장 중에 있는 중간제품과 부분품 등이다. 판매 가능하다는 점이 재공품과 구별되는 점이다.

중간제품은 목적으로 하는 완성품의 공정에 사용되거나 판매 가능한 것을 말하며, 부분품은 파괴하거나 본래의 사용 가치를 감소시키지 않고서는 보통 분해할 수 없는 낱개 물품으로 볼트, 너트 등이 그 예다.

### ④ 재공품

재공품은 제품 또는 반제품의 제조를 위하여 제조과정에 있는 것을 말한다.

### ⑤ 원재료

원재료는 제품을 생산에 사용할 목적으로 외부에서 구입한 재화 중에서 아직 제조과정에 투입되지 않은 원료, 재료, 부재료, 매입부분품, 미착원재료 등을 말한다. 원재료는 제조과정에 투입 즉시 재공품이 된다.

### ⑥ 저장품

저장품은 소모품, 수선용 부분품 및 기타 저장품 등을 말한다.

■ 재고자산이란?
생산 또는 판매를 위해 대기하고 있는 자산으로 생산과 판매과정을 거쳐야 현금으로 전환되는 자산이다.

〈표 3-1〉 유동자산의 분류와 계정과목

| 구 분 | 내 용 |
|---|---|
| 유동자산 | 1년 또는 기업의 정상영업주기 중 긴 기간 내에 현금으로 전환, 판매, 또는 소비할 의도가 있거나 단기매매목적으로 보유하는 자산 |

| 당좌자산 | 판매과정을 거치지 않고 1년 이내 혹은 영업순환기간 내에 현금화가 될 수 있는 자산 |
|---|---|
| 현금및현금성자산 | 통화와 통화대용증권(현금, 요구불예금 등) |
| 단기금융상품 | 1년 이내 만기가 도래하는 금융상품 |
| 단기매매증권 | 단기간 내의 매매차익을 목적으로 보유한 유가증권 |
| 매출채권 | 일반적 상거래인 상품 매출, 또는 제품 매출을 하고 획득한 금전적인 권리 (외상매출금, 받을어음) |
| 단기대여금 | 1년 이내 돌려받기로 하고 빌려준 금전 |
| 미수금 | 주된 영업활동(일반적 상거래) 이외의 거래에서 발생한 외상대금 |
| 미수수익 | 당기에 속하는 수익 중 차기에 회수 예정인 것(미수임대료, 미수이자 등) |
| 선급금 | 상품 원재료 등의 매입을 위하여 미리 지급한 금전 |
| 선급비용 | 당기에 지급한 비용 중 차기 비용에 해당하는 부분으로 선급 보험료, 선급 이자, 선급임차료 등 |
| 가지급금 | 금전을 지급하였으나 그 내용(금액)이 확정되지 않았을 때 확정 때까지 쓰는 임시 계정과목 |
| 재고자산 | 생산 또는 판매를 위해 대기하고 있는 자산으로 생산과 판매과정을 거쳐야 현금으로 전환되는 자산 |
| 상품 | 판매를 목적으로 구입한 상품, 미착상품, 적송품 등 |
| 제품 | 판매를 목적으로 기업 내에서 제조한 생산품, 부산물 등 |
| 반제품 | 이미 상당한 가공을 끝내고 저장 중에 있는 중간제품과 부분품 등 |
| 재공품 | 제품 또는 반제품의 제조를 위하여 재공과정에 있는 것 |
| 원재료 | 원료, 재료, 부재료, 매입부분품, 미착원재료 등 |
| 저장품 | 소모품, 수선용 부분품 및 기타 저장품 등 |

# 3. 비유동자산

비유동자산(non-current assets)은 생산이나 판매 등 주된 영업활동에 장기간 사용할 목적으로 보유하거나 장기적인 자금 증식 목적으로 보유하는 자산이다. 아울러 1년 또는 정상영업주기 이내에 현금화할 목적이 아닌 영업활동이나 자금 증식을 위해 장기적으로 보유하는 자산이다.

비유동자산은 성격과 기능에 따라 투자자산(investments), 유형자산(tangible assets), 무형자산(intangible assets), 기타비유동자산(other non-current assets)으로 구분된다.

## 1) 투자자산

투자자산(investments)은 기업이 장기적인 투자수익이나 타 기업 지배목적 등의 부수적인 기업 활동의 결과로 보유하는 자산이다. 기업이 소유하는 자산이기는 하나 기업 본래의 목적이 아닌 타 기업의 통제 또는 지배, 유휴자금의 이식과 활용을 목적으로 자금을 투하한 것을 말한다. 따라서 기업이 목적으로 하는 영업활동을 위해 장기간 사용하는 유형자산이나 무형자산 등 다른 비유동자산과는 성격이 다르다.

장기금융상품, 투자유가증권, 투자부동산, 장기대여금 등이 이에 속한다.

### ① 장기금융상품

장기금융상품은 만기일이 1년 이후에 도래하는 장기성 예금, 정기적금 등을 말한다.

### ② 장기대여금

장기대여금은 타인에게 빌려준 금전으로 만기가 결산일로부터 1년 이후에 도래하는 것을 말한다.

### ③ 투자부동산

투자부동산은 투자 목적으로 보유하고 있는 토지, 건물 등을 말한다.

 ■ 투자자산이란?

기업이 장기적인 투자수익이나 타 기업 지배목적 등의 부수적인 기업 활동의 결과로 보유하는 자산이다.

## 2) 유형자산

유형자산(tangible assets)은 재화의 생산, 용역의 제공, 타인에 대한 임대 또는 자체적으로 사용할 목적으로 보유하는 물리적 형체를 갖춘 자산이다. 즉, 영업활동에 장기간 사용할 목적으로 취득한 물리적 실체가 있는 자산으로서 1년을 초과하여 사용할 것이 예상되는 자산이다. 토지, 건물, 구축물, 기계장치, 선박·차량운반구, 건설중인자산 등이 포함된다.

### ① 토지

토지는 영업을 위하여 소유하고 있는 대지, 임야, 전답, 잡종지 등을 말한다. 따라서 전매 목적의 토지나 비업무용 토지는 재고자산(주된 영업이 부동산업일 경우)이나 투자자산으로 분류된다. 여기서 전매란 이익을 추구하기 위해 구입한 부동산을 다시 처분하는 행위이다.

### ② 건물

건물은 기업이 영업에 사용할 목적으로 소유하고 있는 건축물과 영속적 부속 설비로서 건물과 냉난방, 전기, 통신 및 기타의 건물부속 설비가 포함된다.

### ③ 구축물

구축물은 토지에 부착된 토목설비 또는 공작물로서 교량, 부교, 궤도, 저수지, 갱도, 굴뚝, 정원설비 등이 이에 속한다.

### ④ 기계장치

기계장치는 영업활동에 활용할 목적으로 보유하는 기계장치, 운송설비 및 이들의 부속설비를 말한다. 기계는 동력을 받아 외부의 대상물에 작업을 가하는 설비이며, 장치는 대상물을 내부에 수용하여 이것을 변질, 변형, 분해, 운동시키는 설비의 단위를 말한다.

⑤ 차량운반구

차량운반구는 영업활동에 활용할 목적으로 보유하는 승용차, 버스, 트럭, 오토바이 등을 말한다.

⑥ 비품

영업활동에 사용할 목적으로 보유하는 컴퓨터, 복사기, 책상 등을 말한다.

⑦ 건설중인자산

건설중인자산은 유형자산의 건설을 위해 재료비, 노무비 및 경비 등이 지출되었으나 건설이 완료되지 아니한 경우에 일시적으로 처리하는 계정과목이다.

■ 유형자산이란?
　재화의 생산, 용역의 제공, 타인에 대한 임대 또는 자체적으로 사용할 목적으로 보유하는 물리적 형체를 갖춘 자산이다.

## 3) 무형자산

무형자산(intangible assets)은 재화의 생산이나 용역의 제공, 타인에 대한 임대 또는 관리에 사용할 목적으로 기업이 보유하는 자산이다. 물리적 형체가 없는 미래 경제적 효익을 가져오는 비화폐성자산을 말한다. 무형자산에는 영업권, 개발비, 산업재산권, 라이선스와 프랜차이즈, 저작권, 컴퓨터소프트웨어, 임차권리금, 광업권 및 어업권 등이 포함된다.

① 영업권

영업권은 특정 기업이 동종의 타 기업에 비하여 더 많은 초과이익을 낼 수 있는 무형자산이다. 인수합병 시 기업의 순자산가치 외에 영업 노하우, 브랜드 인지도 등의 무형자산을 말한다.

### ② 개발비

개발비는 신제품이나 신기술 개발단계에서 발생한 지출로 미래 경제적 효익의 유입 가능성이 매우 높고 취득원가를 신뢰성 있게 측정할 수 있는 것을 말한다.

### ③ 산업재산권

산업재산권은 산업상 이용가치를 갖는 발명 등에 관한 권리로 특허권, 실용신안권, 상표권 및 의장권 등을 말한다.

### ④ 창업비

회사 설립에 소요된 비용과 개업 준비기간에 발생한 비용을 말한다.

**알아두기**

■ 무형자산이란?

재화의 생산이나 용역의 제공, 타인에 대한 임대 또는 관리에 사용할 목적으로 기업이 보유하는 물리적 형체가 없는 자산이다.

## 4) 기타비유동자산

기타비유동자산(other non-current assets)은 비유동자산 중 투자자산, 유형자산 및 무형자산으로 분류할 수 없는 자산으로 임차보증금, 장기매출채권 및 장기미수금 등을 말한다.

### ① 임차보증금

임차보증금은 타인의 부동산 또는 동산을 월세 등의 조건으로 사용하기 위하여 지급하는 보증금을 말한다.

### ② 전세권

전세권은 타인의 부동산 사용을 위하여 임대인에게 지급한 전세금을 말한다.

### ③ 장기매출채권

장기매출채권은 매출채권 중 유동자산에 속하지 않는 1년 이상된 것을 말한다.

### ④ 장기미수금

장기미수금은 일반적 상거래 이외에 발생한 외상대금으로 만기가 결산일로부터 1년 이후에 도래하는 것을 말한다.

**■ 기타비유동자산이란?**

비유동자산 중 투자자산, 유형자산 및 무형자산으로 분류할 수 없는 자산으로 임차보증금, 장기매출채권 및 장기미수금 등을 말한다.

〈표 3-2〉 비유동자산의 분류와 계정과목

| 구 분 | 내 용 |
|---|---|
| 비유동자산 | 생산이나 판매 등 주된 영업활동에 장기간 사용할 목적으로 보유하거나 장기적인 자금 증식 목적으로 보유하는 자산 |
| 투자자산 | 기업이 장기적인 투자수익이나 타 기업 지배목적 등의 부수적인 기업활동의 결과로 보유하는 자산 |
| 장기금융상품 | 만기일이 1년 이후에 도래하는 장기성 예금, 정기적금 등 |

| 장기대여금 | 타인에게 빌려준 금전으로 만기가 결산일로부터 1년 이후에 도래하는 것 |
|---|---|
| 투자부동산 | 투자 목적으로 보유하고 있는 토지, 건물 등 |
| **유형자산** | 재화의 생산, 용역의 제공, 타인에 대한 임대 또는 자체적으로 사용할 목적으로 보유하는 물리적 형체를 갖춘 자산 |
| 토지 | 영업을 위하여 소유하고 있는 대지, 임야, 전답, 잡종지 등 |
| 건물 | 기업이 영업을 목적으로 소유하고 있는 건물과 냉난방, 전기, 통신 및 기타의 건물부속 설비 |
| 구축물 | 토지에 부착된 토목설비 또는 공작물로서 교량, 부교, 궤도, 저수지 등 |
| 기계장치 | 영업활동에 활용할 목적으로 보유하는 기계장치, 운송설비 및 이들의 부속설비 |
| 차량운반구 | 영업활동에 활용할 목적으로 보유하는 승용차, 버스 등 |
| 비품 | 영업활동에 사용할 목적으로 보유하는 컴퓨터, 복사기, 책상 등 |
| 건설중인자산 | 완성되지 않은 유형자산에 투입된 재료비, 노무비 및 경비 등을 나타내기 위한 일시적 계정과목 |
| **무형자산** | 물리적 형체가 없는 미래 경제적 효익을 가져오는 비화폐성자산 |
| 영업권 | 합병 등을 통하여 유상으로 취득한 무형의 권리 |
| 개발비 | 판매를 목적으로 기업 내에서 제조한 생산품, 부산물 등 |
| 산업재산권 | 특허권, 실용신안권, 상표권 등과 같이 일정기간 동안 독점적·배타적 권리 |
| 창업비 | 회사 설립에 소요된 비용과 개업 준비기간에 발생한 비용 |
| **기타비유동자산** | 비유동자산 중 투자자산, 유형자산 및 무형자산으로 분류할 수 없는 자산으로 임차보증금, 장기매출채권 및 장기미수금 등 |
| 임차보증금 | 타인의 부동산 또는 동산을 월세 등의 조건으로 사용하기 위하여 지급하는 보증금 |
| 전세권 | 판매를 목적으로 기업 내에서 제조한 생산품, 부산물 등 |
| 장기매출채권 | 매출채권 중 유동자산에 속하지 않는 1년 이상된 것 |
| 장기미수금 | 일반적 상거래 이외에 발생한 외상대금으로 만기가 결산일로부터 1년 이후에 도래하는 것 |

## 3 부채

## 1. 부채의 구분

부채(liability)는 과거의 거래나 사건의 결과로 현재 기업실체가 부담하고 있고 미래에 자원의 유출 또는 사용이 예상되는 의무로부터 발생하는 미래의 경제적 효익의 희생이다.

부채는 유동성에 따라 유동부채와 비유동부채로 구분한다.

유동부채(current liabilities)는 1년 또는 기업의 정상적인 영업주기 중에서 긴 기간 내에 상환되거나 이행되어야 하는 의무이며, 비유동부채(non-current liabilities)는 1년 또는 기업의 정상영업주기 중에서 긴 기간 이후에 상환되거나 이행되어야 하는 의무이다.

- **유 동 부 채**: 1년 또는 기업의 정상영업주기 중에서 긴 기간 내에 상환되거나 이행되어야 하는 의무
- **비유동부채**: 1년 또는 기업의 정상영업주기 중에서 긴 기간 이후에 상환되거나 이행되어야 하는 의무

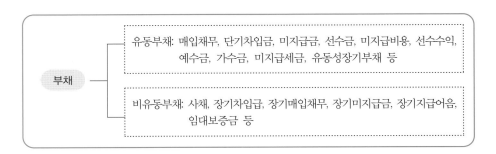

부채

유동부채: 매입채무, 단기차입금, 미지급금, 선수금, 미지급비용, 선수수익, 예수금, 가수금, 미지급세금, 유동성장기부채 등

비유동부채: 사채, 장기차입금, 장기매입채무, 장기미지급금, 장기지급어음, 임대보증금 등

## 2. 유동부채

유동부채(current liabilities)는 1년 또는 기업의 정상영업주기 중에서 긴 기간 내에 상환되거나 이행되어야 하는 의무이다. 정상영업주기(normal operating cycle)란 투입될 재화와 용역을 취득한 시점부터 제품의 판매로 인한 현금의 회수완료시점까지 소요되는 기간을 말한다. 기업회계기준에서는 다음을 유동부채로 분류하고 있다.

- 기업의 정상적인 영업주기 내에 상환 등을 통하여 소멸할 것이 예상되는 매입채무와 미지급비용 등의 부채
- 결산일로부터 1년 이내에 상환되어야 하는 단기차입금 등의 부채
- 보고기간 후 1년 이상 결제를 연기할 수 있는 무조건의 권리를 가지고 있지 않은 부채

### tip

◆ 상반되는 자산과 부채 계정과목

자산과 부채 항목(계정과목)은 상반되는 개념을 가지고 있는 항목이 다수 있다. 자산 항목과 부채 항목을 대비시켜 익히면 용이하다.

| 자산 | 부채 |
|---|---|
| 외상매출금 | 외상매입금 |
| 받을어음 | 지급어음 |
| 매출채권 | 매입채무 |
| 대여금 | 차입금 |
| 미수금 | 미지급금 |
| 미수수익 | 선수수익 |
| 선급금 | 선수금 |
| 선급비용 | 미지급비용 |
| 가지급금 | 가수금 |

### ① 매입채무

매입채무는 기업의 주된 영업활동(일반적 상거래)과 관련한 상품 또는 원재료 매입으로 발생한 지급의무를 말한다. 매입채무는 재무제표에 표시되는 통합항목으로 외상매입금과 지급어음으로 구성되어 있다.

외상매입금은 기업의 일반적 상거래로 상품·원재료 등을 매입하고 지급하지 않은 외상대금을 말한다. 지급어음은 기업의 주된 영업활동(일반적인 상거래)인 상품·원재료 등을 매입하고 이에 대한 대가로 어음을 발행하고 지급한 어음을 말한다.

- **외상매입금**: 일반적 상거래인 상품, 제품, 원재료 등을 매입하고 지급하지 않은 외상대금
- **지급어음**: 일반적인 상거래의 대가로 지급한 어음

### ② 단기차입금

단기차입금이란 금융기관이나 타인으로부터 빌린 금전으로 지급기일이 재무상태표일로부터 1년 이내에 도래하는 것이다. 아울러, 지급기일이 재무상태표일로부터 1년 이후에 도래하는 것을 장기차입금이라 하며 비유동부채에 속한다.

### ③ 미지급금

미지급금은 일반적 상거래 이외의 거래에서 발생한 채무를 말한다. 일반적 상거래 이외의 거래는 해당기업의 주된 영업활동과 관련이 없는 거래를 말한다. 예를 들어 호텔은 객실과 식음판매를 주된 영업활동이며, 중고 승용차 구입은 주된 영업활동과 관련이 없는 거래이다. 따라서 중고 자동차를 구입하고 지급하지 않은 외상대금은 미지급금이다.

외상매입금과 미지급금은 부채라는 점에서 동일하나, 외상매입금은 일반적 상거래에서 발생한 부채이며, 미지급금은 일반적 상거래가 아닌 비품, 기계장치 등의 비일상적 거래에서 발생하는 부채이다.

④ 선수금

선수금은 미래에 상품, 제품, 원재료 등을 판매 또는 제공하기로 약정하고 미리 기업이나 고객으로부터 판매대금의 전부 또는 일부를 받았을 경우를 선수금이라 한다. 예를 들어 호텔이 여행사로부터 객실을 제공하기로 하고 금전을 미리 받거나, 여행사가 고객으로부터 여행상품을 제공하기로 하고 금전을 미리 받은 경우 선수금에 속한다.

⑤ 미지급비용

미지급비용은 당기에 기간비용이 발생하였으나 지급기일이 도래하지 않아 지급되지 않은 임차료, 이자 등을 말한다.

예를 들어 아래 그림과 같이 현금을 차입한 대가로 지급해야 하는 이자비용이 발생하였으나 재무제표일 현재 지급예정일이 도래하지 않아 이자는 지급되지 않았다. 해당 기간에 비용이 발생하였으므로 이자는 비용으로 인식해야 하며, 결산일 현재 해당기간에 발생한 이자에 대해서는 지급해야 할 의무가 존재하고 있다. 이때 사용하는 항목은 미지급이자이며, 미지급비용에 속한다. 미지급비용 역시 미수수익과 같이 발생주의 회계와 관련이 있으며, 일반적으로 기말결산 시점에 회계처리 된다.

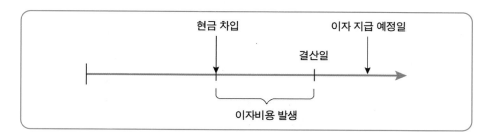

한편, 미지급비용과 미지급금의 차이점은 미지급비용은 지급기일이 도래하지 않아 지급이 되지 않은 것이며 미지급금은 지급기일이 도래한 것으로서 지급되지 않았다는 점이다.

⑥ 선수수익

선수수익은 기업이 일정기간 동안 계속적으로 용역을 제공하기로 약정하고 당기에 받은 수익 중 차기에 속하는 금액을 말한다. 즉, 차기에 속하는 수익부분만큼은 미리 받아 차기에 용역을 제공하더라도 미리 받은 금액만큼 현금 유입이 감소한다.

예를 들어 아래 그림과 같이 기업이 이자기간에 해당하는 이자를 미리 받은 경우 결산시점에 당해 연도분은 당기에 이자수익으로 인식하지만 미리 받은 차기 수익부분은 미리 받았으므로 부채에 해당된다.

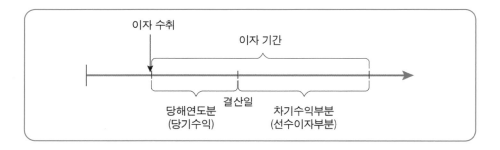

⑦ 예수금

예수금은 최종적으로 제3자에게 지급해야 할 금액을 거래처나 종사원 등으로부터 미리 받아 일시적으로 보관중인 금액을 말한다.

⑧ 가수금

가수금은 금전을 수취하였으나 그 내용이 확정되지 않았을 때 임시적으로 사용하는 계정과목이다.

⑨ 미지급세금

미지급세금은 당기사업년도 소득에 대하여 회사가 납부하여야 할 법인세 부담액 중 아직 납부하지 않은 것을 말한다.

⑩ 유동성장기부채

유동성장기부채는 장기차입금 등 비유동부채 중에서 1년 이내 만기가 도래하는 것을 말한다. 예를 들어 아래 그림과 같이 2년 만기로 금전을 차입하였다면 당해 연도 재무상태표일(01년 12월 31일) 현재 만기가 1년 이후에 도래하므로 비유동부채로 장기차입금이다. 그러나 02년도 재무재표일인 12월 31일에는 차입금 상환일이 1년 이내에 도래한다. 따라서 전기에는 비유동부채에서 당기에는 유동부채로 전환되며, 이를 유동성장기부채라 한다.

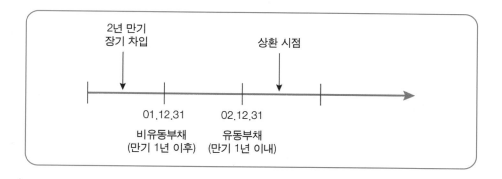

# 3. 비유동부채

비유동부채(non-current liabilities)는 재무상태표일로부터 1년 이후에 지급기일이 도래하는 부채로 회사채, 장기차입금, 임대보증금, 장기차입금, 장기미지급금 등이 있다.

### ① 사채

사채는 주식회사가 확정채무임을 표시한 증권을 발행하고 계약에 따라 일정한 이자를 지급하며, 만기에 원금을 상환할 것을 약정하고 차입한 채무를 말한다.

### ② 장기차입금

장기차입금은 상환기일이 1년 이후에 도래하는 차입금이며, 금융기관으로부터의 장기차입금, 관계회사 장기차입금, 주주·임원·종업원 장기차입금 등을 포함한다.

### ③ 장기매입채무

장기성매입채무는 유동부채에 속하지 아니하는 일반적 상거래에서 발생한 장기의 외상매입금 및 지급어음을 말한다.

### ④ 장기미지급금

장기미지급금은 일반적인 상거래 외의 거래에서 발생한 외상대금으로 만기가 1년 이후에 도래하는 것을 말한다.

### ⑤ 임대보증금

임대보증금은 타인(임차인)에게 동산이나 부동산을 임대하는 임대차계약을 체결하고 임대인이 임차인으로부터 받은 보증금을 말한다.

⟨표 3-3⟩ 부채의 분류와 계정과목

| 구　　분 | 내　　용 |
|---|---|
| **유동부채** | 1년 또는 기업의 정상영업주기 중에서 긴 기간 내에 상환되거나 이행되어야 하는 의무 |
| 매입채무 | 기업의 주된 영업활동과 관련한 상품 또는 원재료 매입으로 발생한 지급의무로 외상매입금과 지급어음 |

| | |
|---|---|
| 단기차입금 | 금융기관이나 타인으로부터 빌린 금전으로 지급기일이 재무상태표일로부터 1년 이내에 도래하는 것 |
| 미지급금 | 일반적 상거래 이외의 거래에서 발생한 채무 |
| 선수금 | 미래에 상품, 제품, 원재료 등을 판매 또는 제공하기로 약정하고 미리 받은 금전 |
| 미지급비용 | 당기에 기간비용이 발생하였으나 지급기일이 도래하지 않아 지급되지 않은 미지급임차료, 미지급이자 등 |
| 선수수익 | 기업이 일정기간 동안 계속적으로 용역을 제공하기로 약정하고 당기에 받은 수익 중 차기에 속하는 금액으로 선수임대료, 선수이자 등 |
| 예수금 | 최종적으로 제3자에게 지급해야 할 금액을 거래처나 종사원 등으로부터 미리 받아 일시적으로 보관 중인 금액 |
| 가수금 | 금전을 수취하였으나 그 내용이 확정되지 않았을 때 임시적으로 사용하는 계정과목 |
| 미지급세금 | 미지급세금은 당기사업년도 소득에 대하여 회사가 납부하여야 할 법인세 부담액 중 아직 납부하지 않은 것 |
| 유동성장기부채 | 장기차입금 등 비유동부채 중에서 1년 이내 만기가 도래하는 것 |
| **비유동부채** | 재무상태표일로부터 1년 이후에 지급기일이 도래하는 부채 |
| 사채 | 기업이 증권을 발행하고 계약에 따라 일정한 이자를 지급하고, 만기에 원금을 상환할 것을 약정하고 차입한 채무 |
| 장기차입금 | 상환기일이 1년 이후에 도래하는 차입금 |
| 장기매입채무 | 유동부채에 속하지 아니하는 일반적 상거래에서 발생한 장기의 외상매입금 및 지급어음 |
| 장기미지급금 | 일반적인 상거래 외의 거래에서 발생한 외상대금으로 만기가 1년 이후에 도래하는 것 |
| 임대보증금 | 타인(임차인)에게 동산이나 부동산을 임대하는 임대차계약을 체결하고 임대인이 임차인으로부터 받은 보증금 |

## ④ 자본

## 1. 자본의 구분

자본(owner's equity)은 기업실체의 자산 총액에서 부채 총액을 차감한 잔여액 또는 순자산을 의미한다. 여기서 순자산은 자산 총액에서 부채 총액을 차감한 잔액이다.

자본은 자본금(capital stock), 자본잉여금(capital surplus), 자본조정(capital adjustment), 기타포괄손익누계액(accumulated other comprehensive income), 이익잉여금(retained earnings)으로 구분하며 다음과 같다.

- 자 본 금: 주식의 발행에 의해 불입되는 것으로 발행주식의 액면 총액

- 자본잉여금: 자본거래의 결과로 생겨난 잉여금

- 이익잉여금: 영업활동이나 재무활동 등 기업의 이익창출활동에 의해 획득한 이익으로 기업 밖으로 유출되거나 자본금계정 및 자본잉여금 계정으로 대체되지 않고 기업내부에 유보되어 있는 금액

- 기타포괄손익누계액: 일정기간 주주와의 자본거래를 제외한 모든 거래나 사건에서 발생한 순자산의 변동을 포괄손익이라 하며 이 중에서 당기순이익에 포함되지 않는 항목

- 자 본 조 정: 최종 납입된 자본으로 볼 수 없거나, 자본의 차감성격으로 자본금이나 자본잉여금으로 분류하기 곤란한 것

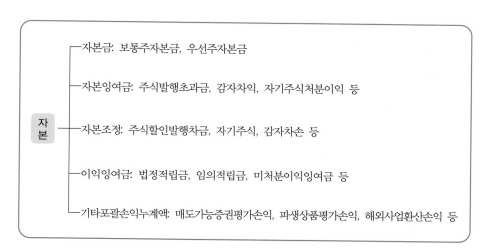

자본
- 자본금: 보통주자본금, 우선주자본금
- 자본잉여금: 주식발행초과금, 감자차익, 자기주식처분이익 등
- 자본조정: 주식할인발행차금, 자기주식, 감자차손 등
- 이익잉여금: 법정적립금, 임의적립금, 미처분이익잉여금 등
- 기타포괄손익누계액: 매도가능증권평가손익, 파생상품평가손익, 해외사업환산손익 등

## 2. 자본금

자본금(capital stock)은 정관에서 확정된 자본금 중 발행이 완료된 주식의 액면가액 총액이다. 즉, 자본금은 주주가 회사에 실제로 납입한 주금액 중에서 액면가액에 해당하는 부분으로 발행주식의 액면총액으로서 상법의 규정에 의하여 그 증감이 엄격하게 통제되는 법정자본의 성격을 가진다. 자본금은 보통주자본금과 우선주자본금으로 구분한다.

자본금 = 액면금액 × 발행 주식수

**참고**
- 보통주: 우선주에 대한 상대적인 의미에서 표준이 되는 주식
- 우선주: 주주의 권리 중 이익배당 등에 관한 주주권의 행사에 보통주보다 우선적인 지위를 갖는 주식

## 3. 자본잉여금

자본잉여금(capital surplus)은 주식의 발행, 증자, 감자와 같은 자본거래에서 발생한 잉여금으로 주식발행초과금, 감자차익, 자기주식처분이익 등이 있다.

### ① 주식발행초과금

주식발행초과금은 주식발행으로 주주에게 받은 금전이 주식의 액면금액을 초과하는 부분을 말한다.

### ② 감자차익

감자차익은 자본을 감소시킬 때(감자 시) 주식의 취득가액이 액면가액보다 낮은 경우 그 차액을 말한다.

### ③ 자기주식처분이익

자기주식처분이익은 자기주식을 처분할 때 자기주식의 처분금액이 취득금액보다 높은 경우 그 차액을 말한다.

**참고**

주식의 발행유형은 다음과 같다.

| 구분 | 발행금액과 액면금액 간의 관계 | 비고 |
|---|---|---|
| 액면발행 | 발행금액 = 액면금액 | 자본금 |
| 할증발행 | 발행금액 > 액면금액 | 차액은 주식발행초과금(자본잉여금) |
| 할인발행 | 발행금액 < 액면금액 | 차액은 주식할인발행차금(자본조정) |

# 4. 자본조정

자본조정(capital adjustment)은 성격상 자본거래에 해당하지만 최종 납입된 자본으로 볼 수 없거나 자본의 가감적 특성으로 인해 자본금이나 자본잉여금으로 분류할 수 없는 항목을 말한다. 자본조정은 주식할인발행차금, 자기주식, 감자차손 등이 있다.

### ① 주식할인발행차금

주식할인발행차금은 신주를 액면가액 이하로 할인 발행한 경우 액면미달금액을 말한다. 이때, 자본금은 발행된 주식의 액면가액으로 표시되고 주식할인발행차금은 자본에서 차감하는 형식으로 자본조정항목으로 표시된다.

### ② 자기주식

자기주식은 회사가 발행한 주식을 그 회사가 다시 취득한 경우 그 주식을 말한다. 자기주식을 취득하였을 경우에는 그 금액을 취득원가로 자본조정항목에 기록한다.

### ③ 감자차손

감자차손은 소각된 주식의 액면가액보다 감자(주식을 감소시킬 때)에 따른 지급대가가 많은 경우 그 차액을 말한다. 감자차손은 감자차익에서 우선적으로 차감하고 나머지는 자본조정항목으로 계상한다.

# 5. 이익잉여금

이익잉여금(retained earnings)은 영업활동이나 재무활동 등 기업의 이익창출활동에 의해 획득한 이익으로 기업 밖으로 유출되거나 자본금계정 및 자본잉여금 계정으로 대체되지 않고 기업내부에 유보되어 있는 금액을 말한다. 이익잉여금은 유보이익이라고도 하는데 이는 이익의 발생분 중 배당금을 차감한 후 기업이 내부에 유보시키고 있는 금액이라는 의미를 가지고 있다. 이익잉여금은 이익준비금, 기타법정적립금, 임의적립금, 미처분이익잉여금(또는 미처리결손금)으로 구분하며, 다음과 같다.

### ① 이익준비금

이익준비금은 상법의 규정에 의하여 기업이 매 결산기에 금전에 의한 이익배당액의 10% 이상의 금액을 자본금의 50%에 달할 때까지 적립하여야 하는 법정적립금을 말한다.

### ② 기타법정적립금

기타법정적립금은 상법 이외의 규정에 따라 적립되는 이익잉여금으로서 조세특례제한법에 의한 기업합리화 적립금과 상장법인재무관리규정에 의한 재무구조개선적립금 등을 말한다.

### ③ 임의적립금

임의적립금은 정관의 규정 또는 주주총회의 결의에 의하여 회사가 임의로 이익 가운데서 일부를 기업 내부에 유보시키는 적립금을 말한다.

### ④ 미처분이익잉여금

미처분이익잉여금은 회사의 이익잉여금 중에서 사외 유출되거나 다른 적립금으로 대체되지 않고 남아 있는 금액을 말한다.

## 6. 기타포괄손익누계액

기타포괄손익누계액(accumulated other comprehensive income)은 재무상태표일 현재의 기타포괄손익의 잔액으로 당기순이익에 포함되지 않는 평가손

익의 누계액이다. 매도가능증권평가손익, 파생상품평가손익, 해외사업환산
손익 등을 말한다.

### ① 매도가능증권평가손익

매도가능증권평가손익은 매도가능증권을 공정가치로 평가할 때 장부가
액과 공정가치와의 차액을 말한다.

### ② 파생상품평가손익

파생상품평가손익은 현금흐름 위험회피를 목적으로 투자한 파생상품을
기말에 공정가치로 평가할 때 발생하는 평가손익을 말한다.

### ③ 해외산업환산손익

해외산업환산손익은 외화표시 자산과 부채를 현행 환율에 따라 원화로
환산하는 경우에 발생된 환산손익을 말한다.

> **tip**
>
> 계정과목은 회계순환과정(분개, 수정분개)에서 매우 중요하다. 한 번에 익히는 것
> 은 쉽지 않으며 분개나 수정분개를 하며 반복하여 계정과목을 익히는 것이 좋다.

〈표 3-4〉 자본의 분류와 계정과목

| 구　　　분 | 내　　　용 |
|---|---|
| **자본금** | 발행주식의 액면 총액으로 보통주자본금, 우선주자본금 |
| **자본잉여금** | 주식의 발행, 증자, 감자와 같은 자본거래에서 발생한 잉여금 |
| 주식발행초과금 | 주식발행으로 주주에게 받은 금전이 주식의 액면금액을 초과하는 부분 |
| 감자차익 | 자본을 감소시킬 때(감자 시) 주식의 취득 가액이 액면가액보다 낮은 경우 그 차액 |

| | |
|---|---|
| 자기주식처분이익 | 자기주식을 처분할 때 자기주식의 처분금액이 취득금액보다 높은 경우 그 차액 |
| **자본조정** | 성격상 자본거래에 해당하지만 최종 납입된 자본으로 볼 수 없거나 자본의 가감적 특성으로 인해 자본금이나 자본잉여금으로 분류할 수 없는 항목 |
| 주식할인발행차금 | 신주를 액면가액 이하로 할인 발행한 경우 액면미달금액 |
| 자기주식 | 회사가 발행한 주식을 그 회사가 다시 취득한 경우 |
| 감자차손 | 소각된 주식의 액면가액보다 감자(주식을 감소시킬 때)에 따른 지급대가가 많은 경우 그 차액 |
| **이익잉여금** | 이익창출활동에 의해 획득한 이익으로 기업 밖으로 유출되거나 자본금 및 자본잉여금 계정으로 대체되지 않고 기업내부에 유보되어 있는 금액 |
| 이익준비금 | 이익배당액의 10% 이상의 금액을 자본금의 50%에 달할 때까지 적립하여야 하는 법정적립금 |
| 기타법정적립금 | 상법 외의 규정에 따라 적립되는 이익잉여금으로 기업합리화적립금, 재무구조개선적립금 등 |
| 임의적립금 | 정관의 규정 또는 주주총회의 결의에 의하여 회사가 임의로 이익 가운데서 일부를 기업 내부에 유보시키는 적립금 |
| 미처분이익잉여금 | 회사의 이익잉여금 중에서 사외 유출되거나 다른 적립금으로 대체되지 않고 남아 있는 금액 |
| **기타포괄손익누계액** | 재무상태일 현재의 기타포괄손익의 잔액으로 당기순이익에 포함되지 않는 평가손익의 누계액 |
| 매도가능증권평가손익 | 매도가능증권을 공정가치로 평가할 때 장부가액과 공정가치와의 차액 |
| 파생상품평가손익 | 현금흐름 위험회피를 목적으로 투자한 파생상품을 기말에 공정가치로 평가할 때 발생하는 평가손익 |
| 해외산업환산손익 | 외화표시 자산과 부채를 현행 환율에 따라 원화로 환산하는 경우에 발생된 환산손익 |

1. 재무제표란 무엇인가?

   -----------------------------------------------------------------
   -----------------------------------------------------------------
   -----------------------------------------------------------------

2. 재무상태표의 유용성과 한계점에 대하여 설명하시오.

   -----------------------------------------------------------------
   -----------------------------------------------------------------
   -----------------------------------------------------------------

3. 계정식 재무상태표란?

   -----------------------------------------------------------------
   -----------------------------------------------------------------
   -----------------------------------------------------------------

4. 정상영업주기란?

   -----------------------------------------------------------------
   -----------------------------------------------------------------
   -----------------------------------------------------------------

5. 재무상태표 작성 기준은 무엇인가?

   -----------------------------------------------------------------
   -----------------------------------------------------------------
   -----------------------------------------------------------------

**6.** 자산과 부채를 유동성과 비유동성으로 구분하는 기준은 무엇인가?

-------------------------------------------------------------
-------------------------------------------------------------
-------------------------------------------------------------

**7.** 유동자산을 구분하고 이를 설명하시오.

-------------------------------------------------------------
-------------------------------------------------------------
-------------------------------------------------------------

**8.** 비유동자산을 구분하고 이를 설명하시오.

-------------------------------------------------------------
-------------------------------------------------------------
-------------------------------------------------------------

**9.** 부채를 구분하고 이를 설명하시오.

-------------------------------------------------------------
-------------------------------------------------------------
-------------------------------------------------------------

**10.** 자본을 구분하고 이를 설명하시오.

-------------------------------------------------------------
-------------------------------------------------------------
-------------------------------------------------------------

**11.** 외상매입금과 미지급금을 구분하여 설명하시오.

---

**12.** 선수금과 선급금을 구분하여 설명하시오.

---

## 〈선택형〉

**1. 재무상태표의 설명으로 적절하지 않은 것은?**

① 경제적 자원인 자산과 경제적 의무인 부채, 그리고 자본에 대한 정보를 제공하는 재무보고서이다.

② 일정시점 기업의 재무상태를 나타내는 정태적 보고서이다.

③ 계정식 재무상태표의 차변은 조달된 자본의 운용을 나타낸다.

④ 현재시점 기업의 현행가치를 반영한 정보이다.

**2. 재무상태표의 유용성이 아닌 것은?**

① 손익계산서와 재무상태표의 구성요소를 결합시켜 효율성을 평가할 수 있다.

② 재무상태표는 기업의 재무적 융통성에 대한 정보를 제공한다.

③ 재무상태표는 기업의 유동성에 대한 정보를 제공한다.

④ 재무상태표는 경영성과에 대한 구체적인 정보를 제공한다.

**3. 재무상태표의 요소에 대한 설명 중 적절하지 않은 것은?**

① 재무상태표의 요소는 자산, 부채, 자본, 수익, 비용이다.

② 자산은 과거의 거래나 사건의 결과로서 현재 기업실체에 의해 지배되고 미래에 경제적 효익을 창출할 것으로 기대되는 자원이다.

③ 부채는 과거의 거래나 사건의 결과로서 현재 기업실체가 부담하고 미래에 자원의 유출 또는 사용이 예상되는 의무이다.

④ 자본은 잔여지분 또는 주주지분이라 한다.

4. 재무상태표의 작성기준으로 적절하지 않은 것은?

　① 중요한 항목은 재무상태표 본문에 별도 항목으로 구분하여 표시한다.

　② 자산 항목과 부채 자본을 상계하여 그 일부를 제외하면 안 된다.

　③ 자본거래와 손익거래에서 발생한 이익잉여금은 통합표시한다.

　④ 자산과 부채는 유동성이 높은 항목부터 배열한다.

5. 재무상태표의 구조에 대한 설명으로 적절하지 않은 것은?

　① 자산은 유동자산과 비유동자산으로 구분한다.

　② 비유동자산은 유형자산과 무형자산으로 구분한다.

　③ 부채는 유동부채와 비유동부채로 구분한다.

　④ 유동자산은 당좌자산과 재고자산으로 구분한다.

6. 다음 중 판매과정을 거치지 않고 1년 이내 혹은 영업순환기간 내에 현금화가 될 수 있는 자산은?

　① 투자자산　　　　　　　② 재고자산

　③ 당좌자산　　　　　　　④ 유형자산

7. 큰 거래비용 없이 현금으로 전환이 용이하고 이자율변동에 따른 가치변동의 위험이 중요하지 않은 유가증권 및 단기금융상품은 무엇인가?

　① 현금성자산　　　　　　② 단기금융상품

　③ 단기매매증권　　　　　④ 매출채권

8. 다음 중 성격이 다른 하나는?

　① 지폐　　　　　　　　　② 자기앞수표

　③ 타인발행 자기앞수표　　④ 송금환

9. 기업의 주된 영업활동(일반적 상거래) 이외의 거래에서 발생한 외상대금은?
   ① 미수수익　　　　　　　　② 외상매출금
   ③ 미수금　　　　　　　　　④ 선급금

10. 이미 상당한 가공을 끝내고 저장 중에 있는 중간제품과 부분품은?
    ① 제품　　　　　　　　　　② 반제품
    ③ 재공품　　　　　　　　　④ 저장품

11. 다음 중 비유동자산의 설명으로 적절하지 않은 것은?
    ① 투자자산은 장기적인 투자수익을 위해 보유하는 자산이다.
    ② 유형자산은 영업활동을 위해 장기간 사용할 목적으로 취득한 자산이다.
    ③ 타 기업을 지배할 목적으로 보유하는 자산은 기타비유동자산이다.
    ④ 토지, 건물, 구축물, 기계장치, 선박·차량운반구는 유형자산이다.

12. 다음 중 무형자산이 아닌 것은?
    ① 영업권　　　　　　　　　② 개발비
    ③ 창업비　　　　　　　　　④ 전세권

13. 다음 중 부채에 대한 설명 중 틀린 것은?
    ① 매입채무는 기업의 주된 영업활동과 관련한 상품매입으로 발생한 지급의무이다.
    ② 지급어음은 일반적인 상거래의 대가로 지급한 어음이다.
    ③ 미지급금은 일반적 상거래 이외의 거래에서 발생한 채무이다.
    ④ 대여금은 금융기관이나 타인으로부터 빌린 금전이다.

**14.** 다음 중 자본에 대한 설명 중 틀린 것은?

① 자본은 기업실체의 자산 총액에서 부채 총액을 차감한 잔여액이다.

② 자본금은 주식의 발행에 의해 불입되는 것으로 발행주식의 시가 총액이다.

③ 자본잉여금은 자본거래의 결과로 생겨난 잉여금이다.

④ 이익잉여금은 영업활동이나 재무활동 등 기업의 이익창출활동에 의해 획득한 이익이다.

**15.** 자본을 감소시킬 때 주식의 취득 가액이 액면가액보다 낮은 경우 그 차액은?

① 주식발행초과금    ② 감자차익

③ 자본조정    ④ 자기주식처분이익

**16.** 다음 중 성격이 다른 하나는?

① 주식할인발행차금    ② 자기주식

③ 감자차손    ④ 기타법정적립금

1. ④
   재무상태표의 많은 항목들은 역사적 원가주의에 입각하여 기재되므로 모든 항목이 현행시장가치를 반영한다고 할 수 없다.

2. ④
   재무제표 중 경영성과를 나타내는 보고서는 손익계산서이다.

3. ①
   수익과 비용은 손익계산서 요소이다.

4. ③
   자본거래에서 발생한 자본잉여금과 손익거래에서 발생한 이익잉여금을 구분 표시한다.

5. ②
   비유동자산은 투자자산, 유형자산, 무형자산, 기타비유동자산으로 구분한다.

6. ③
   당좌자산은 유동자산 중에서 판매과정을 거치지 않고 1년 이내 혹은 영업순환기간 내에 현금화가 될 수 있는 자산으로 화폐성자산이다.

7. ①
   현금성자산은 큰 거래비용 없이 현금으로 전환이 용이하고 이자율변동에 따른 가치변동의 위험이 중요하지 않은 유가증권 및 단기금융상품으로서 취득 당시 만기(또는 상환일)가 3개월 이내에 도래하는 것을 말한다.

8. ①
   지폐는 통화이고 자기앞수표, 타인발행 당좌수표, 송금환은 통화대용증권이다.

9. ③

　기업의 주된 영업활동(일반적 상거래) 이외의 거래에서 발생한 외상대금은 미수금이다.

10. ②

　반제품은 이미 상당한 가공을 끝내고 저장 중에 있는 중간제품과 부분품으로 판매가능하다.

11. ③

　타 기업을 지배할 목적으로 보유하는 자산은 투자자산이다.

12. ④

　전세권은 타인의 부동산 사용을 위하여 임대인에게 지급한 전세금으로 기타비유동자산이다.

13. ④

　금융기관이나 타인으로부터 빌린 금전은 차입금이다.

14. ②

　자본금은 주식의 발행에 의해 불입되는 것으로 발행주식의 액면 총액이다.

15. ②

　자본을 감소시킬 때 주식의 취득 가액이 액면가액보다 낮은 경우 그 차액을 감자차익이라 한다.

16. ④

　기타 법정적립금은 상법 이외의 규정에 따라 적립되는 이익잉여금으로 이익잉여금 항목이며, 나머지는 자본 조정항목이다.

# Hospitality
## Accounting Principles

호스피탈리티 회계원리

Chapter

**4**

## 손익계산서

# Chapter 4
# 손익계산서

## ① 손익계산서의 개요

## 1. 손익계산서의 의의

손익계산서(statement of income)는 일정기간 동안 기업의 경영성과를 나타내는 재무보고서이다. 여기서 경영성과란 기업의 경영활동 결과로 나타난 경제적 성과를 말한다.

기업은 목적달성을 위해 경영활동을 계속적으로 수행하여 수익을 창출하고 수익창출을 위해 희생된 비용과 대응시켜 이익을 산출한다. 결국 경영성과는 이익의 크기로 귀결되며, 이러한 이익 정보는 기업의 현금 흐름을 예측하는 데 유용한 정보를 제공한다.

재무상태가 일정시점을 기준으로 재무상태를 파악하는데 손익계산서는 일정기간의 경영성과를 나타낸다. 이러한 점에서 재무상태표가 축량(縮量, stock)이라면 손익계산서는 유량(流量, flow)의 개념이라 할 수 있다.

알아
두기 ■ 손익계산서

손익계산서는 일정기간 동안 기업의 경영성과를 나타내는 재무보고서이다.

# 2. 손익계산서의 유용성과 한계점

## 1) 손익계산서의 유용성

손익계산서는 일정기간 동안 기업의 경영성과에 대한 정보를 제공하는 재무보고서이다. 손익계산서는 당해 회계기간의 경영성과를 나타낼 뿐만 아니라 기업의 미래현금흐름과 수익창출능력 등의 예측에 유용한 정보를 제공한다. 손익계산서의 유용성을 살펴보면 다음과 같다.

### ① 기업의 당기 경영활동에 대한 성과 측정

손익계산서는 기업실체의 경영성과를 평가하는 유용한 정보를 제공한다. 또한 경영자는 주주로부터 위임받은 자원에 대한 수탁책임을 완수하였는지, 그리고 얼마나 효율적으로 기업실체를 경영하였는지를 판단할 수 있는 정보를 제공해 준다.

### ② 미래 순이익흐름예측에 유용한 정보를 제공

손익계산서의 이익 구성요소는 매출총이익, 영업이익, 법인세비용차감전순이익 등 성격에 따라 구분표시 되어 나타내고 있다. 즉, 이익은 수익과 비용을 그 원천별로 분류하여 대응시켜 수익성의 정도와 변동요인을 파악할 수 있다.

따라서 투자자 등 정보이용자는 기업실체의 미래 이익을 예측하는 데 유용하다.

③ 기업의 경영계획이나 배당정책수립 자료로 이용

손익계산서는 기업의 경영활동으로부터 발생하는 수익과 비용을 발생원천별로 제시하여 기업실체의 미래 이익을 예측할 수 있다. 기업은 예측된 미래 이익을 토대로 기업의 영업활동, 재무활동 및 투자활동과 관련된 의사결정을 할 수 있다. 아울러, 순이익의 크기를 토대로 배당과 관련된 의사결정을 할 수 있다.

## 2) 손익계산서의 한계점

손익계산서는 앞서 살펴본 바와 같이 경영자 및 외부정보이용자에게 의사결정에 유용한 정보를 제공함에도 불구하고 회계정보가 갖추어야 할 특성과 제약 조건으로 한계점이 있다. 이를 간략히 살펴보면 다음과 같다.

### ① 심리적 이익의 무시

손익계산서 상의 회계적 이익은 일반적으로 인정된 회계원칙에 따라 측정된 화폐적 이익이므로 인적자원과 같이 화폐로 평가하기 어려운 항목이나 비유동자산에 대한 가격변동의 영향 등에 의한 이익은 반영되지 않았다.

### ② 정확한 이익 파악의 어려움

회계적 이익은 회계처리방법에 따라 달라질 수 있다. 원가 배분(유형자산의 감가상각법)이나 대손추정에 따라 손익의 차이가 발생하며, 물가상승 시 재고자산을 평가함에 있어 선입선출법과 후입선출법의 차이에 따라 이익은 상이하게 나타날 수 있다.

# 3. 손익계산서의 형식

손익계산서는 일정기간 동안 수익과 비용을 나타낸다. 손익보고서 양식은 계정식과 보고식으로 구분할 수 있다. 계정식은 차변과 대변으로 나누어 보고하는 형식이며, 보고식 손익계산서는 수익과 비용을 일렬로 작성하는 방식을 말한다.

　다음은 (주)김가 레스토랑의 계정식 손익계산서이다. 손익계산서 상단에는 손익계산서라는 재무보고서의 명칭, 보고기간, 기업명과 금액 단위를 나타내야 한다. 재무상태표는 일정시점의 재무상태를 나타내고, 손익계산서는 일정기간 동안의 경영성과를 나타낸다.

| 손익계산서 | | 손익계산서 | |
|---|---|---|---|
| ××년 ×월 ×일부터 | | ××년 ×월 ×일부터 | |
| ××년 ×월 ×일까지 | | ××년 ×월 ×일까지 | |
| (주)김가 레스토랑 | (단위:원) | (주)김가 레스토랑 | (단위:원) |
| 비용 | 수익 | 비용 | 수익 |
| 이익 | | | 손실 |

　계정식 보고서는 복식부기의 원리를 이해하는 데 용이해서 많이 사용되고 있다. 계정식 보고서의 왼쪽(차변)에는 비용, 오른쪽(대변)에는 수익이 표시된다.

　만약 수익이 비용보다 크다면 그 차액만큼이 이익이며, 비용이 수익보다 크다면 그 차액만큼이 손실이다. 이를 수식으로 나타내면 다음과 같으며, 손익계산서 등식이라 한다.

- 당기순이익(수익 > 비용일 때) = 수익 − 비용
- 당기순손실(수익 < 비용일 때) = 비용 − 수익

　한편, 일반기업회계기준에서는 손익계산서는 보고식을 사용하도록 규정하고 있다.

손익계산서는 다음과 같이 기능별로 구분표시 하는데 제조업, 판매업 및 건설업 외의 업종에 속하는 기업은 매출총손익의 구분표시를 생략할 수 있다. 따라서 숙박업, 여행알선업 등 관광 관련업은 매출총손익의 구분표시를 생략할 수 있다.

| 〈중단사업이 없을 경우〉 | 〈중단사업이 있을 경우〉 |
|---|---|
| **손익계산서**<br>××년 ×월 ×일부터<br>××년 ×월 ×일까지<br>(주)김가 레스토랑　　　(단위:원)<br><br>① 매출액<br>② 매출원가<br>③ 매출총이익<br>④ 판매비와관리비<br>⑤ 영업손익<br>⑥ 영업외수익<br>⑦ 영업외비용<br>⑧ 법인세비용차감전순이익<br>⑨ 법인세비용<br>⑩ 당기순이익 | **손익계산서**<br>××년 ×월 ×일부터<br>××년 ×월 ×일까지<br>(주)김가 레스토랑　　　(단위:원)<br><br>① 매출액<br>② 매출원가<br>③ 매출총이익<br>④ 판매비와관리비<br>⑤ 영업손익<br>⑥ 영업외수익<br>⑦ 영업외비용<br>⑧ 법인세비용차감전계속사업손익<br>⑨ 계속사업손익법인세비용<br>⑩ 계속사업손익<br>⑪ 중단사업손익(법인세효과차감후)<br>⑫ 당기순이익 |

 ■ 손익계산서 등식

- 당기순이익(수익 > 비용일 때) = 수익 - 비용

- 당기순손실(수익 < 비용일 때) = 비용 - 수익

# 4. 손익계산서의 작성기준

기업회계기준에서는 손익계산서 작성에 몇 가지 기준을 제시하고 있는데 이는 다음과 같다.

## 1) 발생주의 회계(발생주의 원칙)

손익계산서는 일정기간 동안 수익과 비용을 집계하여 경영성과를 나타낸다. 발생주의 원칙은 수익과 비용을 인식하는 기간과 관련되어 있다. 수익과 비용은 그것이 발생한 기간에 인식되어야 기간별 기업의 경영성과가 정확하게 보고된다. 즉, 일정기간 기업의 경영성과를 명확하게 표시하기 위해서는 수익과 비용이 기간별로 정확하게 인식되어야 한다.

발생주의 기준은 기업실체의 경제적 거래나 사건에 대해 관련된 수익과 비용을 그 현금 유출입이 있는 기간이 아니라 당해 거래나 사건이 발생한 기간에 인식하는 것을 말한다.

반면 현금주의는 고객으로부터 현금을 수취한 시점인 현금 유입기간에 수익을 인식하고, 현금을 지출한 시점에 비용을 인식하는 방법이다. 발생주의 회계와 현금주의 회계의 주된 차이는 수익과 비용을 인식하는 시점이 다르다는 데 있다.

예를 들어 다음과 같이 5기에 상품 구입을 위한 현금 지출이 발생하고 6기에 상품 판매로 현금을 수취하였다.

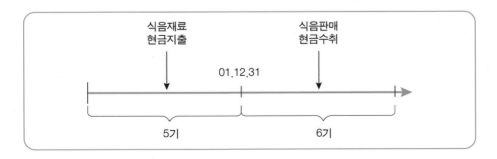

위 거래를 발생주의와 현금주의를 기준으로 수익과 비용을 인식하는 시기를 나타내면 다음과 같다.

| 발생주의 | | 현금주의 | |
|---|---|---|---|
| 수 익 | 비 용 | 수 익 | 비 용 |
| 6기 | 6기 | 6기 | 5기 |

현금주의를 기준으로 수익과 비용을 인식한다면 수익의 인식시기와 수익을 창출하는 데 발생한 비용이 적절히 대응되지 않는다. 아울러 상품 후 다음 기에 현금이 수취된다면 수익을 인식하는 기간이 불필요하게 연장된다.

현행회계에서는 발생주의를 채택하고 있어 수익과 비용은 발생한 기간에 인식된다. 아울러 발생주의 회계는 발생과 이연의 개념을 포함하는데 발생과 이연의 개념은 다음과 같다.

발생이란 미수수익과 같이 미래에 수취할 금액에 대한 자산을 관련된 부채나 수익과 함께 인식하거나(미수임대료 등), 또는 미지급비용과 같이 미래에 지급할 금액에 대한 부채를 관련된 자산이나 비용과 함께 인식하는 회계과정(미지급 임차료 등)을 말한다.

이연이란 선수수익과 같이 미래에 수익을 인식하기 위해 현재의 현금 유입액을 부채로 인식하거나(선수임대료 등), 선급비용과 같이 미래에 비용을 인식하기 위해 현재의 현금 유출액을 자산으로 인식하는 회계과정(선급이자비용 등)을 말한다.

발생과 이연에 대해서는 다음에 자세히 살펴보기로 하자.

■ 발생주의 기준
발생주의는 기업실체의 경제적 거래나 사건에 대해 관련된 수익과 비용을 그 현금 유출입이 있는 기간이 아니라 당해 거래나 사건이 발생한 기간에 인식하는 것

## 2) 실현주의(수익인식)

현금흐름표를 제외한 재무제표는 발생기준에 따라 작성된다. 따라서 손익계산서의 수익과 비용도 당해 거래나 사건이 발생한 기간에 인식하여 보고한다.

수익은 기업실체의 경영활동과 관련된 재화의 판매 또는 용역의 제공 등에 대한 대가로 발생하며, 수익의 발생으로 자산의 유입 또는 부채의 감소가 동반된다.

수익창출과정(수익가득과정)은 여러 단계를 거친다.

예를 들어 케이크를 생산·판매하는 베이커리와 식음을 판매하는 음식점의 수익가득과정은 다음과 같이 나타낼 수 있다.

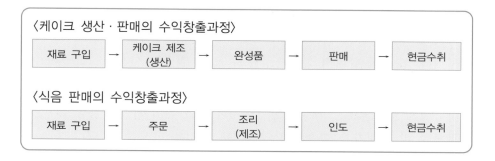

케이크를 판매하여 수익을 창출하는 과정은 일반 제조업과 수익가득과정이 유사하다고 볼 수 있으나, 식음 판매는 주문과 동시에 생산과 판매 및 현금수취가 이루어진다고 볼 수 있다. 이와 같이 생산하는 재화나 용역에 따라 수익을 창출하는 과정은 상이할 수 있다.

수익은 다음 요건을 충족하는 시점에 인식된다.

- 실현되었거나 또는 실현가능한 시점
- 가득과정의 완료

### ① 실현되었거나 또는 실현가능한 시점

수익은 실현되었거나 또는 실현가능한 시점에서 인식한다. 수익이 실현되었다는 것은 제품, 상품 또는 기타 자산이 현금 또는 현금청구권과 교환되었음을 말한다. 수익이 실현가능하다는 것은 수익의 발생과정에서 수취 또는 보유한 자산이 일정액의 현금 또는 현금청구권으로 즉시 전환될 수 있음을 의미한다.

### ② 가득과정의 완료

수익은 그 가득과정이 완료되어야 인식한다. 기업실체의 수익 창출활동은 재화의 생산 또는 인도, 용역의 제공 등으로 나타나며, 수익 창출에 따른 경제적 효익을 이용할 수 있다고 주장하기에 충분한 정도의 활동을 수행하였을 때 가득과정이 완료되었다고 본다.

이와 같이 수익은 실현되었거나 실현가능하고 가득과정이 완료되는 시점에서 현금 수취를 합리적으로 측정할 수 있는 결정적 사건(critical event)이 일어난 시점에 수익을 인식한다.

따라서 수익의 획득은 수익창출과정의 완료를 의미하며, 수익창출과정이 완료되면 비록 대가가 회수되지 않았어도 수익을 인식할 수 있다. 아울러 수익창출 과정에 따라 실현주의는 다양하게 적용되는데 판매기준, 진행기준, 회수기준 등이 있다.

■ 실현주의

수익창출과정이 실현되었거나 실현가능하고, 수익가득과정으로 현금 수취를 합리적으로 측정할 수 있는 결정적 사건(critical event)이 일어난 시점에 수익을 인식하는 것

**참고**

- 수익 인식 시기
    - 판매기준: 상품 또는 용역이 판매
    - 진행기준: 용역의 제공정도에 따라 수익을 인식하는 것(건설업 등)
    - 회수기준: 현금회수의 불확실성이 높은 경우에 적용

## 3) 수익·비용 대응의 원칙

　손익계산서는 일정기간 동안 경영성과를 명확하게 보고하는 재무보고서이다. 경영성과를 명확하게 보고하기 위해 일정기간 발생한 수익에서 비용을 차감하여 손익을 산출한다. 따라서 정보이용자들은 기업이 일정기간 획득한 수익(성과)의 크기는 물론 이러한 성과를 얻기 위하여 투입한 비용(노력)의 크기에도 관심을 가진다.

　기업회계기준에서는 수익과 비용을 그 발생원천에 따라 명확하게 분류하고 각 수익항목과 이와 관련되는 비용항목을 대응 표시하도록 하고 있다. 비용을 인식하는 경우에는 발생주의와 수익비용대응의 원칙이 동시에 적용된다. 수익·비용대응의 원칙(principle of matching costs with revenues)이란 성과(수익)와 노력(비용) 간의 인과관계를 연결시키고자 수익을 창출하기 위하여 발생한 비용을 관련수익이 인식되는 기간에 인식한다.

　이와 같이 비용의 인식은 수익의 인식과 연결되어 있다. 비용을 수익에 대응하는 방식은 다음과 같다.

- 수익과 비용의 인과관계에 의한 대응
- 수익과 직접적 인과관계가 없는 비용발생 시 즉시 비용화
- 비용의 지속적 발생 시 합리적인 배분

### ① 수익과 비용의 인과관계에 의한 대응

수익과 직접 관련하여 발생한 비용은 동일한 거래나 사건에서 발생하는 수익을 인식할 때 대응하여 인식한다. 매출에 대응하여 인식하는 매출원가가 그 예다.

### ② 수익과 직접적 인과관계가 없는 비용발생 시 즉시 비용화

수익과 직접 대응할 수 없는 비용은 재화 및 용역의 사용으로 현금이 지출되거나 부채가 발생하는 회계기간에 인식한다. 판매비와 관리비가 그 예다.

### ③ 비용의 지속적 발생 시 합리적인 배분

수익창출과 직접적인 인과관계를 파악할 수 없고 일시적으로 발생한 경우가 아닌 경우에는 여러 회계기간에 걸쳐 비용으로 인식한다. 자산으로부터 효익이 여러 회계기간에 걸쳐 기대되는 경우, 이와 관련하여 발생한 특정 성격의 비용은 체계적이고 합리적인 배분절차에 따라 각 회계기간에 배분하는 과정을 거쳐 인식한다. 유형자산의 감가상각비와 무형자산의 상각비 등이 그 예다.

■ **수익비용 대응의 원칙**
수익을 창출하기 위하여 발생한 비용을 관련수익이 인식되는 기간에 인식하는 것

## 4) 총액주의

손익계산서는 일정기간 동안의 경영성과를 나타내기 위해서 수익과 비용은 총액에 의하여 기재함을 원칙으로 한다. 따라서 수익항목과 비용항목을

직접 상계함으로써 일부나 전부를 손익계산서에서 제외해서는 안 된다.

예를 들어 이자수익과 이자비용을 비교해서 큰 항목만을 그 차액만큼 표시해서는 안 된다.

■ **총액주의**

비용과 수익의 발생액을 서로 상계시켜 잔액만을 표시하거나 동일한 수익 및 비용에 속하는 항목끼리 서로 합하여 기재해서는 안 된다.

## 5) 구분계산의 원칙

구분계산의 원칙은 손익계산서의 손익을 매출총손익, 영업손익, 법인세비용차감전순손익과 당기순손익으로 구분하여 계산한다는 원칙이다. 다만, 제조업, 판매업 및 건설업 이외의 기업에 있어서는 매출총손익의 구분표시를 생략할 수 있으며, 재무상태표의 구분표시 원칙과는 다르다.

손익을 구분 표시함으로써 정보이용자는 주된 영업활동의 결과, 영업이외의 활동 결과 등을 구분하여 이해할 수 있어 보다 목적적합한 정보가 될 수 있다.

기업회계기준에서는 손익계산서를 작성할 때(중단사업이 없는 경우) 다음과 같이 단계별 이익을 산정하도록 규정하고 있다.

- 매출총손익 = 매출액 − 매출원가
- 영업손익 = 매출총손익 − 판매비와 관리비
- 법인세비용차감전순손익 = 영업손익 + 영업외수익 − 영업외비용
- 당기순이익 = 법인세비용차감전순이익 − 법인세비용
- 주당순이익 = 보통주 당기순이익/가중평균 사외유통 보통주식수

■ **구분계산의 원칙**

구분계산의 원칙은 손익계산서의 손익을 매출총손익, 영업손익, 법인세비용차감전순손익과 당기순손익으로 구분하여 계산한다는 원칙

**참고**

• **주당순이익(EPS: Earnings Per Share)**

주당순이익은 보통주 1당 당기순이익을 의미한다. 기업회계기준에서는 주당순이익을 손익계산서 하단에 주기의 형태로 표시하고 그 산출근거를 주석으로 기재하도록 규정하고 있다.

## 5. 손익계산서의 기본구조

손익계산서는 구분계산의 원칙에 의해 손익을 매출총손익, 영업손익, 법인세비용차감전순손익과 당기순손익으로 구분하여 계산하고 있다.

매출총손익은 매출액에서 매출원가를 차감한 금액으로 매출과 직접적인 상관관계가 있는 비용인 매출원가를 차감한 손익이다. 영업손익은 매출총이익에서 판매비와 관리비를 차감한 금액으로 영업과 관련된 손익을 나타낸다. 아울러 당기순손익은 기업에서 발생한 모든 수익과 비용을 대응시켜 손익을 나타낸다.

손익계산서의 구조는 중단사업이 없을 경우와 중단사업이 있을 경우가 상이한데 중단사업이 없을 때를 기준으로 살펴보면 다음과 같다.

<표 4-1> 손익계산서의 기본구조

| 구 분 | 내 용 |
|---|---|
| ① 매출액 | 기업의 주된 영업활동에서 발생한 제품, 상품, 용역 등의 총매출액에서 매출할인, 매출환입, 매출에누리 등을 차감한 금액 |
| ② 매출원가 | 제품, 상품 등의 매출액에 대응되는 원가로서 판매된 제품이나 상품 등에 대한 제조원가 또는 매입원가 |
| ③ 매출총이익 | 매출액에서 매출원가를 차감한 금액 |
| ④ 판매비와관리비 | 제품, 상품, 용역 등의 판매활동과 기업의 관리활동에서 발생하는 비용으로서 매출원가에 속하지 아니하는 모든 영업비용 |
| ⑤ 영업손익 | 매출총이익에서 판매비와 관리비를 차감한 금액 |
| ⑥ 영업외수익 | 기업의 주된 영업활동이 아닌 활동으로부터 발생한 수익 |
| ⑦ 영업외비용 | 기업의 주된 영업활동이 아닌 활동으로부터 발생한 비용 |
| ⑧ 법인세비용차감전순이익 | 영업손익에서 영업외수익을 가산하고 영업외비용을 차감한 금액 |
| ⑨ 법인세비용 | 계속사업손익에 대응하여 발생한 법인세비용 |
| ⑩ 당기순이익 | 법인세비용차감전순이익에서 법인세를 차감한 금액 |

## 2 수익의 분류와 계정과목

## 1. 수익의 구분

수익(revenues)은 기업실체의 경영활동과 관련된 재화의 판매 또는 용역의 제공 등에 대한 대가로 발생하는 자산의 유입 또는 부채의 감소이다. 즉 수익은 기업이 목적으로 하는 재화의 판매 또는 용역의 제공하는 것을 말한다. 예를 들어 호텔이 객실이나 식음을 판매하거나 여행사가 여행상품 등을 판매하는 것을 수익이라 하며, 이에 대한 대가로 자산의 유입이나 부채의 감소가 동반됨을 말한다.

수익은 매출액과 영업외수익으로 구분한다. 매출액은 기업의 주된 영업활동으로 발생하는 수익이며, 영업외수익은 주된 영업활동 외의 활동에서 발생하는 수익이다.

- 매  출  액: 기업의 주된 영업활동에서 발생하는 수익으로 상품(제품) 매출, 매출환입 및 에누리, 매출할인 등
- 영업외수익: 기업의 주된 영업활동외의 활동에서 발생하는 수익으로 이자수익, 임대료, 배당금수익, 단기매매증권평가이익 등

## 2. 매출액

매출액(sales)은 기업의 주된 영업활동에서 발생하는 수익으로 총매출액(gross sales)에서 매출환입액, 에누리액 및 매출할인을 공제한 순매출액(net sales)을 말한다. 즉 매출액은 상품이나 제품의 매출 또는 용역의 제공에 따른 수입금액으로서 반제품, 부산품, 잔폐물 등을 포함한 총매출액에서 매출환입액, 에누리액 및 매출할인을 공제한 순매출액을 말한다.

(순)매출 = 총매출 − 매출환입 및 에누리 − 매출할인

① 매출환입 및 에누리

구입한 상품이나 원재료 중 하자나 파손이 발견되어 해당 물품을 반품하거나 원래의 매입가액에서 값을 깎는 것이다.

② 매출할인

상품이나 구매자가 외상매입대금을 조기에 지급하여 약정에 따라 할인

받는 것을 말한다.

매출액은 업종 또는 부문별로 구분 표시할 수 있으며, 반제품매출액, 부산물매출액, 작업폐물매출액, 수출액, 장기할부매출액 등이 중요한 경우에는 이를 구분하여 표시할 수 있다.

판매수익은 재화의 소유에 따른 위험과 효익의 대부분이 구매자에게 이전되고, 그 대가로 기업에 귀속되는 경제적 효익의 유입가능성이 매우 높으며, 수익과 거래원가 및 비용을 신뢰성 있게 측정할 수 있을 때 인식한다. 용역수익은 거래 전체의 수익금액과 진행률, 원가 등을 신뢰성 있게 측정할 수 있을 때 인식한다.

■ **매출액**

매출액은 총매출액에서 매출환입액, 에누리액 및 매출할인을 공제한 순매출액으로 기업의 주된 영업활동에서 발생하는 수익이다.

**참고**

• 여행사의 매출: 항공권 · 철도승차권의 판매대행 수수료, 여행상품의 판매수익, 숙박업소의 예약 소개 등을 통한 알선 수수료 등
• 호텔의 매출: 객실 수익, 식음료 수익, 부대시설 사용수익, 임대수익 등

## 3. 영업외수익

영업외수익(non-operating income) 주된 영업활동 이외의 기업의 부수적 활동에서 발생하는 경상적 수익을 영업외수익이라고 한다.

영업외수익으로는 이자수익, 배당금수익(주식배당액은 제외한다), 임대

료, 단기투자자산처분이익, 단기투자자산평가이익, 유형자산처분이익 등을 포함하며 이를 요약하면 다음과 같다.

① 이자수익

이자수익은 은행 등 금융기관의 예금이나 대여금에서 발생한 이자를 말한다.

② 배당금수익

배당금수익은 주식, 출자금 등의 장·단기투자자산에 투자한 결과로 받은 배당금을 말한다.

③ 임대료

임대료는 임대를 주업으로 하지 않는 기업이 부동산이나 동산을 임대하고(빌려주고) 이에 대한 대가로 수취하는 금액을 말한다.

④ 단기매매증권평가이익

단기매매증권평가이익은 보유 중인 단기매매증권의 공정가액이 장보가액보다 클 때 그 차액을 말한다.

⑤ 단기매매증권처분이익

단기매매증권평가이익은 보유 중인 단기매매증권을 처분할 때 처분가액이 장보가액보다 클 때 그 차액을 말한다.

⑥ 투자자산처분이익

투자자산처분이익은 투자목적으로 보유하고 있는 투자자산을 처분할 때 수취금액이 장부가액을 초과하는 금액을 말한다.

⑦ 유형자산처분이익

유형자산처분이익은 유형자산을 처분할 때 처분가액이 장부가액보다 클 때 그 차액을 말한다.

⑧ 채무면제이익

채무면제이익은 기업이 주주, 채권자 등 타인으로부터 기업의 채무를 면제받음으로써 발생한 이익을 말한다.

⑨ 자산수증이익

자산수증이익은 기업이 주주, 채권자 등 타인으로부터 무상으로 현금이나 기타의 자산을 증여받음으로써 발생한 이익을 말한다.

⑩ 보험금수익

보험금수익은 보험에 가입된 자산이 피해를 입었을 때 수령하는 보험금액을 말한다.

〈표 4-2〉 영업외수익의 종류

| 구 분 | 내 용 |
|---|---|
| **영업외수익** | 제품, 상품, 용역 등의 판매활동과 기업의 관리활동에서 발생하는 비용으로서 매출원가에 속하지 아니하는 모든 영업비용 |
| 이자수익 | 은행 등 금융기관의 예금이나 대여금에서 발생한 이자 |
| 배당금수익 | 주식, 출자금 등의 장·단기투자자산에 투자한 결과로 받은 배당금 |
| 임대료 | 임대를 주업으로 하지 않는 기업이 부동산이나 동산을 임대해주고(빌려주고) 이에 대한 대가로 수취하는 금액 |
| 단기매매증권평가이익 | 보유 중인 단기매매증권의 공정가액이 장보가액보다 클 때 그 차액 |
| 단기매매증권처분이익 | 보유 중인 단기매매증권을 처분할 때 처분가액이 장보가액보다 클 때 그 차액 |
| 투자자산처분이익 | 투자목적으로 보유하고 있는 투자자산을 처분할 때 수취금액이 장부가액을 초과하는 금액 |
| 유형자산처분이익 | 유형자산을 처분할 때 처분가액이 장부가액보다 클 때 그 차액 |
| 채무면제이익 | 기업이 주주, 채권자 등 타인으로부터 기업의 채무를 면제받음으로써 발생한 이익 |
| 자산수증이익 | 기업이 주주, 채권자 등 타인으로부터 무상으로 현금이나 기타의 자산을 증여받음으로써 발생한 이익 |
| 보험금수익 | 보험에 가입된 자산이 피해를 입었을 때 수령하는 보험금액 |

## ③ 비용의 분류와 계정과목

## 1. 비용의 구분

비용(expenses)은 수익을 창출하는 과정에서 발생하는 경제적 효익의 사용 또는 유출됨으로써 자산이 감소하거나 부채가 증가함을 말한다. 이로 인해 비용의 발생은 순자산(자본)의 감소를 가져온다. 아울러 비용의 인식은 자산의 감소나 부채의 증가와 동시에 이루진다.

비용은 매출원가, 판매비와관리비 및 영업외비용 등으로 구분되며 다음과 같다.

- 매출원가: 매출액에 직접 대응되는 비용
- 판매비와관리비: 상품과 용역의 판매활동 또는 기업의 관리와 유지에서 발생하는 비용
- 영업외비용: 기업의 영업활동 이외에서 발생한 비용

## 2. 매출원가

매출원가(cost of goods sold)는 제품, 상품 등의 매출액에 대응되는 원가로서 판매된 제품이나 상품 등에 대한 제조원가 또는 매입원가이다. 여기서 제조원가란 기초제품재고액과 당기제품제조원가의 합계액에서 기말제품재고액을 차감하며, 매입원가는 기초상품재고액과 당기상품매입액의 합계액에서 기말상품재고액을 차감하여 각각 산출한다. 예를 들어 베이커리에서 케이크를 판매하였다면 수익이 발생함과 동시에 케이크라는 자산이 감소하게 되는데 이것이 바로 매출원가이다.

## 3. 판매비와관리비

판매비와관리비는 제품, 상품, 용역 등의 판매활동과 기업의 관리활동에서 발생하는 비용으로서 매출원가에 속하지 아니하는 모든 영업비용을 포함한다.

판매비와관리비는 당해 비용을 표시하는 적절한 항목으로 구분하여 표시하거나 일괄표시할 수 있는데 급여, 복리후생비, 임차료, 접대비, 감가상각비, 무형자산상각비, 세금과공과, 광고선전비, 대손상각비 등으로 구분할 수 있다.

### ① 급여

급여는 노동의 대가로 지급하는 임원급여, 급료, 임금 및 제 수당 등을 말한다.

### ② 복리후생비

복리후생비는 종업원의 후생을 위한 비용으로 종업원에게 지급되는 피복비, 경조사비 등을 말한다.

### ③ 여비교통비

여비교통비는 종업원의 업무와 관련된 여비와 교통비를 말한다. 출장에 따른 교통비, 식사대, 숙박료 등을 포함한다.

### ④ 임차료

임차료는 타인의 토지나 건물, 기계장치 등을 사용하며 그 사용료로 지급하는 비용을 말한다.

### ⑤ 수도광열비

수도광열비는 수도, 전기, 가스, 난방 등의 요금을 말한다.

### ⑥ 통신비

통신비는 전화, 핸드폰, 정보통신료, 우편료 등의 요금을 말한다.

### ⑦ 감가상각비

감가상각비는 토지를 제외한 유형자산의 당해연도 가치감소분(사용분)을 말한다.

### ⑧ 소모품비

소모품비는 사무용품, 소모성 비품을 구입하는 데 소요되는 비용으로 문구류, 소모공구, 소모자재 등을 말한다.

### ⑨ 차량유지비

차량유지비는 차량의 유지와 수리에 소요된 비용으로 유류대, 정기 주차료, 검사비 등을 말한다.

### ⑩ 보험료

보험료는 기업에서 각종 보험에 가입하고 납부하는 보험료를 말한다.

### ⑪ 광고선전비

광고선전비는 상품의 판매 촉진을 위해 사용되는 광고나 선전에 소요되는 비용을 말한다.

### ⑫ 대손상각비

대손상각비는 일상적인 상거래에서 발생한 매출채권이 회수불능일 때 또는 결산 시 대손추산액 범위 내에서 대손충당금을 추가 설정할 때 사용하는 계정과목을 말한다.

### ⑬ 세금과공과

세금과공과는 세금과 공과금으로 재산세, 자동차세, 벌금 및 과태료, 각종 회비 등을 말한다.

⑭ 도서인쇄비

도서인쇄비는 도서구입비, 신문, 잡지 등의 비용을 말한다.

⑮ 접대비

접대비는 영업을 목적으로 거래처와의 관계 유지를 위해 소요된 비용을 말한다.

〈표 4-3〉 판매비와관리비 계정과목

| 구 분 | 내 용 |
|---|---|
| **판매비와관리비** | 제품, 상품, 용역 등의 판매활동과 기업의 관리활동에서 발생하는 비용으로서 매출원가에 속하지 아니하는 모든 영업비용 |
| 급여 | 노동의 대가로 지급하는 임원급여, 급료, 임금 및 제 수당 등 |
| 복리후생비 | 종업원의 후생을 위한 비용으로 종업원에게 지급되는 피복비, 경조사비 등 |
| 여비교통비 | 종업원의 업무와 관련된 여비와 교통비를 말한다. 출장에 따른 교통비, 식사대, 숙박료 등 |
| 임차료 | 타인의 토지나 건물, 기계장치 등을 사용하며 그 사용료로 지급하는 비용 |
| 수도광열비 | 수도, 전기, 가스, 난방 등의 요금 |
| 통신비 | 전화, 핸드폰, 정보통신료, 우편료 등의 요금 |
| 감가상각비 | 토지를 제외한 유형자산의 당해연도 가치감소분(사용분) |
| 소모품비 | 사무용품, 소모성 비품을 구입하는 데 소요되는 비용 |
| 차량유지비 | 차량의 유지와 수리에 소요된 비용으로 유류대, 정기 주차료, 검사비 등 |
| 보험료 | 기업에서 각종 보험에 가입하고 납부하는 보험료 |
| 광고선전비 | 상품의 판매 촉진을 위해 사용되는 광고나 선전에 소요되는 비용 |
| 대손상각비 | 일상적인 상거래에서 발생한 매출채권이 회수불능일 때 또는 결산 시 대손추산액 범위 내에서 대손충당금을 추가 설정할 때 사용하는 계정과목 |
| 세금과공과 | 세금과 공과금으로 재산세, 자동차세, 벌금 및 과태료, 각종 회비 등 |
| 도서인쇄비 | 도서구입비, 신문, 잡지 등의 비용 |
| 접대비 | 영업을 목적으로 거래처와의 관계 유지를 위해 소요된 비용 |

## 4. 영업외비용

영업외비용(non-operating expenses)은 기업의 주된 영업활동으로부터 발생하는 영업비용 이외의 비용으로서 이자비용, 단기매매증권평가손실, 단기매매증권처분손실, 투자자산처분손실, 유형자산처분손실, 재해손실 등이 해당된다.

### ① 이자비용

이자비용은 장·단기차입금에 대하여 지급하는 이자를 말한다.

### ② 단기매매증권평가손실

단기매매증권평가손실은 보유 중인 단기매매증권의 공정가액이 장보가액보다 작을 때 그 차액을 말한다.

### ③ 단기매매증권처분손실

단기매매증권처분손실은 보유 중인 단기매매증권을 처분할 때 처분가액이 장보가액보다 작을 때 그 차액을 말한다.

### ④ 투자자산처분손실

투자자산처분손실은 투자목적으로 보유하고 있는 투자자산을 처분할 때 수취금액이 장부가액에 미달하는 경우 그 차액을 말한다.

### ⑤ 유형자산처분손실

유형자산처분손실은 유형자산을 처분할 때 처분가액이 장부가액보다 작을 때 그 차액을 말한다.

### ⑥ 재해손실

재해손실은 천재지변이나 예측하지 못한 사건으로 발생한 손실을 말한다.

〈표 4-4〉 영업외비용 계정과목

| 구　　분 | 내　　용 |
|---|---|
| **영업외비용** | 기업의 주된 영업활동으로부터 발생하는 영업비용 이외의 비용 |
| 이자비용 | 장·단기차입금에 대하여 지급하는 이자 |
| 단기매매증권평가손실 | 보유 중인 단기매매증권의 공정가액이 장보가액보다 작을 때 그 차액 |
| 단기매매증권처분손실 | 보유 중인 단기매매증권을 처분할 때 처분가액이 장보가액보다 작을 때 그 차액 |
| 투자자산처분손실 | 투자목적으로 보유하고 있는 투자자산을 처분할 때 수취금액이 장부가액에 미달하는 경우 그 차액 |
| 유형자산처분손실 | 유형자산을 처분할 때 처분가액이 장부가액보다 작을 때 그 차액 |
| 재해손실 | 천재지변이나 예측하지 못한 사건으로 발생한 손실 |

1. 손익계산서란 무엇인가?

2. 손익계산서의 유용성과 한계점에 대하여 설명하시오.

3. 발생주의에 대해 설명하시오.

4. 발생과 이연에 대해 설명하시오.

5. 수익인식원칙에 대해 설명하시오.

**6.** 수익비용대응의 원칙은 무엇인가?

---------------------------------------------------------

---------------------------------------------------------

---------------------------------------------------------

**7.** 손익계산서의 작성기준 중 총액주의에 대해 설명하시오.

---------------------------------------------------------

---------------------------------------------------------

---------------------------------------------------------

**8.** 구분계산의 원칙이란 무엇인가?

---------------------------------------------------------

---------------------------------------------------------

---------------------------------------------------------

**9.** 영업외비용과 판매비와 일반관리비의 다른 점은 무엇인가?

---------------------------------------------------------

---------------------------------------------------------

---------------------------------------------------------

**10.** 매출총이익과 영업손익을 비교 설명하시오.

---------------------------------------------------------

---------------------------------------------------------

---------------------------------------------------------

**11.** 손익계산서의 구조를 설명하시오.

 

**12.** 매출환입이란 무엇인가?

# 연습문제

1. **손익계산서에 대한 설명으로 적절하지 않은 것은?**

   ① 일정기간 동안 기업의 경영성과를 나타내는 재무보고서이다.

   ② 일반기업회계기준에서는 계정식 손익계산서를 사용하도록 규정하고 있다.

   ③ 계정식 손익보고서의 비용은 차변에 기록된다.

   ④ 손익계산서 상단에는 손익계산서라는 재무보고서의 명칭, 보고기간, 기업명과 금액 단위를 나타낸다.

2. **손익계산서의 유용성으로 적합하지 않은 것은?**

   ① 손익계산서는 수익성에 대한 정보를 제공한다.

   ② 손익계산서는 미래 순이익흐름예측에 유용한 정보를 제공한다.

   ③ 손익계산서는 기업의 유동성에 대한 정보를 제공한다.

   ④ 손익계산서는 기업의 경영활동으로부터 발생하는 수익과 비용을 발생 원천별로 제시하여 기업실체의 미래 이익을 예측할 수 있다.

3. **손익계산서 작성기준으로 틀린 것은?**

   ① 발생주의 원칙

   ② 실현주의

   ③ 수익 · 비용 대응의 원칙

   ④ 역사적 원가주의

4. 발생주의 원칙의 설명으로 적절하지 못한 것은?

① 수익과 비용을 인식하는 기간과 관련되어 있다.

② 수익과 비용은 당해 거래나 사건이 발생한 기간에 인식하는 것이다.

③ 미수임대료는 발생과 관련된 계정이다.

④ 미지급임차료는 이연과 관련된 계정이다.


5. 수익창출과정이 실현되었거나 실현가능하고, 수익가득과정으로 현금 수취를 합리적으로 측정할 수 있는 결정적 사건(critical event)이 일어난 시점에 수익을 인식하는 기준은 무엇인가?

① 발생주의 원칙              ② 실현주의

③ 수익 · 비용 대응의 원칙     ④ 역사적 원가주의


6. 수익 · 비용 대응의 원칙에 대한 설명으로 적절하지 못한 것은?

① 수익과 직접 관련하여 발생한 비용은 동일한 거래나 사건에서 발생하는 수익을 인식할 때 대응하여 인식한다.

② 수익과 직접 대응할 수 없는 비용은 재화 및 용역의 사용으로 현금이 지출되거나 부채가 발생하는 회계기간에 인식한다.

③ 유형자산의 감가상각비와 무형자산의 상각비는 즉시 비용화한다.

④ 수익창출과 직접적인 인과관계를 파악할 수 없고 일시적으로 발생한 경우가 아닌 경우에는 여러 회계기간에 걸쳐 비용으로 인식한다.


7. 손익계산서의 손익에 대한 기술로 틀린 것은?

① 법인세비용차감전순손익 = 매출총손익 − 영업외수익 − 영업외비용

② 매출총손익 = 매출액 − 매출원가

③ 당기순이익 = 법인세비용차감전순이익 − 법인세비용

④ 영업손익 = 매출총손익 − 판매비와관리비

8. 손익계산서상 수익에 대한 설명으로 적절하지 못한 것은?

① 수익은 기업실체의 경영활동과 관련된 재화의 판매 또는 용역의 제공 등에 대한 대가이다.

② 매출은 기업의 주된 영업활동에서 발생하는 수익이다.

③ 수익을 매출과 영업외수익으로 구분하는 것은 금액의 크기로 구분한다.

④ 수익은 자산의 유입 또는 부채의 감소가 동반된다.

9. 매출액에 대한 설명으로 적절하지 못한 것은?

① 매출액은 반제품, 부산품, 잔폐물 등을 제외한 총매출액에서 매출환입액, 에누리액 및 매출할인을 공제한 금액이다.

② 기업의 주된 영업활동에서 발생하는 수익이다.

③ 매출할인은 상품이나 구매자가 외상매입대금을 조기에 지급하여 약정에 따라 할인받는 것을 말한다.

④ 총매출액에서 매출환입액, 에누리액 및 매출할인을 공제한 금액이다.

10. 다음 중 영업외수익이 아닌 것은?

① 배당금수익            ② 임차료

③ 이자수익              ④ 유형자산처분이익

11. 다음 중 손익계산서의 비용에 대한 설명으로 적절하지 않은 것은?

① 수익을 창출하는 과정에서 발생하는 경제적 효익의 사용 또는 유출이다.

② 비용의 발생은 순자산(자본)의 감소를 가져온다.

③ 비용은 매출원가, 판매비와관리비 및 영업외비용 등으로 구분된다.

④ 계정식 손익보고서의 대변에 보고된다.

12. 다음 중 판매비와 일반관리비가 아닌 것은?

① 임원급여              ② 임차료

③ 감가상각비            ④ 이자비용

1. ②
   일반기업회계기준에서는 보고식 손익계산서를 사용하도록 규정하고 있다.

2. ③
   기업의 유동성에 대한 정보를 제공하는 재무제표는 재무상태표이다.

3. ④
   역사적 원가주의란 자산의 취득 당시의 원가로 기재하고 그 이후에도 해당 자산이 처분될 때까지 취득 당시의 원가로 계상하는 것을 말한다.

4. ④
   이연은 선수수익을 부채로 인식하고 선급비용을 자산으로 인식하는 회계과정으로 미지급임차료는 현금 지급이 되지 않은 비용이므로 발생과 관련된 개념이다.

5. ②
   실현주의는 수익창출과정이 실현되었거나 실현가능하고, 수익가득과정으로 현금 수취를 합리적으로 측정할 수 있는 결정적 사건(critical event)이 일어난 시점에 수익을 인식하는 것을 말한다.

6. ③
   유형자산의 감가상각비와 무형자산의 상각비는 자산으로부터 효익이 여러 회계기간에 걸쳐 기대되므로 체계적이고 합리적인 배분절차에 따라 각 회계기간에 배분하는 과정을 거쳐 인식한다.

7. ①
   법인세비용차감전순손익 = 영업손익 + 영업외수익 − 영업외비용

8. ③

수익을 매출과 영업외수익으로 구분하는 것은 주된 영업활동 여부이다. 주된 영업활동을 통한 수익발생은 매출이며 그 외는 영업외수익이다.

9. ①

매출액은 상품이나 제품의 매출 또는 용역의 제공에 따른 수입금액으로서 반제품, 부산품, 잔폐물 등을 포함한 총매출액에서 매출환입액, 에누리액 및 매출할인을 공제한 순매출액을 말한다.

10. ②

임차료는 영업외비용이다.

11. ④

비용은 계정식 손익보고서의 차변에 보고된다.

12. ④

이자비용은 영업외비용이다.

# Hospitality
## Accounting Principles

호스피탈리티 회계원리

Chapter

**5**

**회계**의 순환과정과 회계상 거래

# Chapter 5
## 회계의 순환과정과 회계상 거래

---

**①  회계순환과정**

## 1. 회계순환과정의 의의

회계순환과정(accounting cycle)이란 회계거래 발생으로부터 재무제표가 작성되는 일련의 회계처리과정을 말한다. 회계순환이라고도 하며, 기업은 매 회계기간마다 회계순환과정을 반복적으로 수행하고 있다.

계속기업의 가정에 따라 기업실체는 뚜렷한 반증이 없는 한 그 목적과 의무를 이행하기에 충분할 정도로 장기간 존속한다고 가정한다. 그러나 기업과 관련된 이해관계자는 의사결정을 위해 지속적으로 회계정보를 필요로 한다. 기업실체는 외부정보이용자의 의사결정에 유용한 정보를 제공하기 위해 기업실체의 존속기간을 일정기간마다 인위적 단위로 분할하여 각 기간마다 회계정보를 제공한다.

회계의 순환과정은 기업실체에서 회계기간 동안 기업 경영활동으로 발생한 거래를 기록하고 분류·요약하여 재무제표를 작성하는 제반 절차를 말하며, 회계순환과정은 회계기간마다 반복적으로 수행된다.

**알아두기** ■ 회계순환과정

회계거래 발생으로부터 재무제표가 작성되는 일련의 회계처리과정을 말한다.

## 2. 회계순환과정의 단계

회계의 순환과정은 회계기중 거래에 대한 처리 절차와 회계기말 재무제표 작성을 위한 절차로 구분할 수 있다.

회계순환과정은 기업에서 거래가 발생하면 회계상 거래인지 식별하는 절차로부터 시작된다. 회계상 거래로 확인되면 계정기입원칙에 따라 분개장이나 전표에 분개를 하고 원장으로 전기하는 과정을 거친다. 이러한 절차를 통해 회계기간 동안의 모든 거래는 장부에 기록된다.

- **거래 발생**: 회계상 거래를 식별
- **분개**: 회계상 거래를 전표나 분개장에 분개
- **전기**: 분개를 장부에 기입

회계기말에는 재무제표 작성을 위한 결산절차를 통해 한 회계기간의 순환과정을 마무리 짓는다. 결산은 회계기간 종료함에 따라 회계기간의 경영성과를 확정하고 재무상태를 명백히 하는 동시에 각종 장부를 마감하는 제반 절차를 말한다.

회계기말에는 기말기중에 처리했던 기록이 실제와 일치하는지를 확인하고 경영성과와 재무상태를 확정하는 동시에 장부를 마감한다.

한편 실무에서는 정산표를 통해 수정분개와 재무제표(손익계산서, 재무상태표)를 작성하고 장부를 마감하기도 한다.

- 수정전시산표 작성: 기중 전기된 원장으로 수정전시산표를 작성

- 수정분개 및 전기: 결산정리사항에 대한 수정분개와 전기

- 수정후시산표 작성: 수정후시산표 작성(선택적)

- 재무제표 작성: 재무상태표와 손익계산서 등 재무제표 작성

- 계정마감: 손익계산서와 재무상태표 계정마감

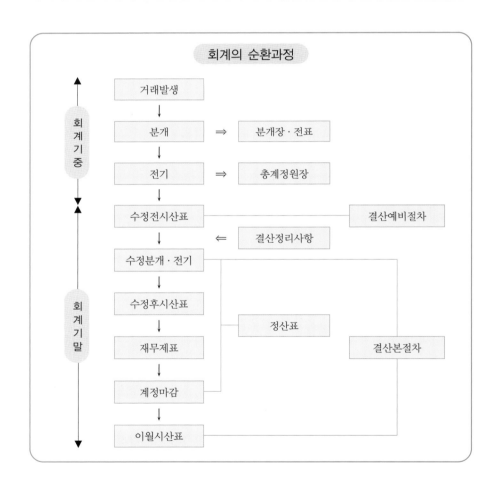

**참고**

회계순환과정은 인식과정, 측정과정, 분류과정, 요약과정을 거쳐 재무제표를 작성하는데 이를 간략히 살펴보면 다음과 같다.

- 인식과정: 회계거래인지 아닌지를 구분하는 과정
- 기록과정: 복식부기제도에 입각하여 분개장이나 전표에 기입하는 과정
- 분류과정: 총계정원장에 전기하는 과정
- 요약과정: 결산절차를 통한 재무제표 작성 과정

## ② 회계상 거래

## 1. 회계거래

회계순환단계의 첫 단계는 거래의 식별에서 시작된다. 회계상 거래는 기업의 경영활동을 수행하면서 재무상태의 변화를 가져오는 경제적 사건을 말하는데 다음의 두 조건을 충족시켜야 한다.

- 기업실체의 재무상태(자산, 부채, 자본)의 변화
- 화폐금액으로 측정가능

재무상태의 변화는 자산, 부채, 자본의 증가 또는 감소를 말하는데 앞서 살펴본 바와 같이 각 자산·부채·자본의 각 계정(항목)의 증가나 감소를 말한다. 즉 기업의 경영활동을 수행하면서 발생한 회계상 거래는 반드시 재무상태의 변화가 초래된다.

수익이나 비용의 발생 역시 재무상태의 변화를 가져온다. 수익이 발생하면 자산의 증가나 부채의 감소가 동반되고, 비용이 발생하면 자산의 감소나 부채의 증가가 동반된다.

다음 세 가지 사례를 살펴보자.

<사례 1> A호텔은 식재료를 10,000원에 구매하였다.

A호텔은 구매활동으로 인해 현금(자산)은 10,000원 감소하고 식재료(자산)는 10,000원 증가하게 된다. 자산의 총금액변화는 없었으나 자산 항목(계정)간의 변화가 발생되었으며 그 금액을 측정할 수 있다.

<사례 2> A호텔은 B거래처에 외상매입금 50,000원을 현금으로 지급하였다.

A호텔은 외상매입금을 지급함으로써 외상매입금이라는 부채가 감소하고, 현금이라는 자산이 감소하였으며 그 금액을 화폐금액으로 측정할 수 있다.

<사례 3> A호텔은 거래처인 여행사로부터 객실 10실을 예약 받았다.

A호텔은 여행사로부터 객실 예약을 받았으나 이로 인한 재무상태의 변화는 발생하지 않았다. 따라서, 회계상 거래가 아니다.

사례에서 살펴본 바와 같이 〈사례 1〉과 〈사례 2〉는 거래를 통하여 호텔의 재무상태가 변화하였으며, 그 금액을 객관적으로 측정할 수 있다. 반면, 〈사례 3〉의 경우는 재무상태의 변화가 없었으므로 회계상 거래가 아니다. 아울러, 경제적 사건 역시 회계상 거래로 볼 수 있다. 보유 중인 재고상품이 화재로 손실된 경우 재무상태의 변화가 있으므로 회계상 거래로 인식하여야 한다.

이와 같이 회계상 거래는 일상에서 발생하는 거래와 차이가 있다. 일상생활에서 거래는 각종 계약이나 약속을 포함하는 경우가 많으나 회계상 거래는 재무상태의 변화와 화폐금액으로 측정가능해야 한다. 회계상 거래와 일상 거래를 살펴보면 다음과 같다.

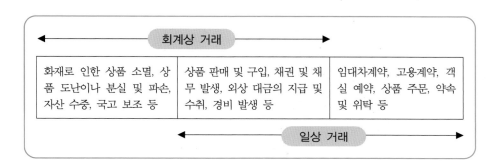

 **알아두기**

■ 회계상 거래(사건) 요건
- 기업실체의 재무상태(자산, 부채, 자본)의 변화
- 화폐금액으로 측정가능

**참고**

• 거래와 사건의 차이
  - 거래는 거래 당사자가 존재한다. 즉, 상품의 판매와 같이 거래 상대방이 존재하며, 사건은 화재의 발생과 같이 상대방이 없이 발생함을 말한다.
  - 회계에서 경제적 정보란 거래나 사건 모두를 의미하며, 재무상태의 변화와 그 변화를 화폐금액으로 측정가능하면 모두 회계의 대상이 된다.

① 상품 100,000원을 외상으로 구입하다.

② 고객에게 여행상품 예약을 받다.

③ 화재로 창고에 보관 중이던 소모품이 소실되다.

④ 종업원과 30,000,000원에 연봉계약을 체결하고 채용을 결정하다.

⑤ 주주로부터 시가 1,000,000원 상당의 토지를 무상으로 기증받다.

⑥ 현금 50,000원을 도난당하다.

⑦ 임대 계약 후 1개월이 지났으나 30,000원의 임대료를 받지 못하다.

⑧ 고객에게 30,000원의 객실을 외상으로 판매하다.

⑨ 은행에 빌린 차입금의 상환시기가 되어 이를 다시 3년간 연기하다.

⑩ 서울사무소 개소를 위해 임대차계약을 체결하다.

〈풀이〉

회계상 거래가 아닌 것은 ②, ④, ⑩이다.

① 자산이 증가하고 부채가 발생한 회계상 거래이다.

② 고객에게 여행상품에 대한 예약을 받았더라도 현금을 미리 받거나 재무상태의 변화가 동반되지 않았다. 따라서 회계거래가 아니다.

③ 화재로 창고에 보관 중이던 소모품이 소실되어 자산이 감소하여 회계상 거래이다.

④ 연봉계약 체결로 재무상태의 변화가 발생하지는 않는다.

⑤ 무상으로 토지를 기부받았지만 자산인 토지가 증가하여 회계상 거래이다.

⑥ 현금 도난은 자산감소이며 회계상 거래이다.

⑦ 임대료수익이 발생하고 미수임대료(자산)가 증가하여 회계상 거래이다.

⑧ 객실을 외상으로 판매하여 수익발생과 동시에 외상매출금이 증가하여 회계상 거래이다.

⑨ 기존의 단기차입금은 감소하고 장기차입금이 증가하여 회계상 거래이다.

⑩ 계약 체결만으로는 재무상태의 변화가 없어 회계상 거래요건을 충족시키지 못한다.

## 2. 거래의 분류

회계상 거래는 발생장소, 손익발생 여부, 현금의 유출입 등에 따라 분류할 수 있는데 다음과 같다.

- **발생장소에 따른 거래분류:** 외부거래, 내부거래
- **손익발생 여부에 따른 거래분류:** 교환거래, 손익거래, 혼합거래
- **현금 유출입에 따른 거래분류:** 현금거래, 대체거래

### ① 발생장소에 따른 거래분류

발생장소에 따라 거래를 분류하면 외부거래와 내부거래로 구분할 수 있다. 여기서 외부거래란 기업실체 이외의 상대방과의 거래를 말하며, 내부거래는 기업내부에서 계정 간 증감 변화에 따른 거래를 말한다. 외부거래와 내부거래를 살펴보면 다음과 같다.

- **외부거래:** 기업과 고객 간 거래, 기업과 공급자 간 거래, 기업과 종업원 간 거래(급여 지급 등), 기업과 채권자 간 거래 등
- **내부거래:** 기업 내부에서 대손추정, 감가상각, 원가계산 등과 회계자료를 재분류함으로써 발생되는 거래로 주로 기말결산 시점에 발생

### ② 손익발생 여부에 따른 거래분류

손익발생 여부에 따라 거래를 분류하면 교환거래, 손익거래, 혼합거래로 구분할 수 있다. 교환거래는 손익이 발생하지 않는 거래로 자산, 부채, 자본 간의 거래를 말하며, 손익거래는 자산, 부채, 자본의 증감이 반드시 수익이나 비용의 발생에 따라 일어나는 거래를 말한다. 혼합거래는 손익거래와 교환거래가 동시에 발생하는 거래를 말한다.

- **교환거래**: 현금으로 소모품 구입, 외상대금 회수 등
- **손익거래**: 종업원에 급여 지급, 이자수익 등
- **혼합거래**: 원가 500원인 상품을 600원에 판매한 경우, 장부가 1,000원
   인 자동차를 1,500원에 판매하는 경우 등

③ 현금 유출입에 따른 거래분류

현금 유출입에 따라 거래를 분류하면 현금거래, 대체거래로 분류할 수 있으며, 대체거래는 다시 일부대체거래와 전부대체거래로 분류할 수 있다. 현금거래란 거래발생 시 현금으로 입금되거나 현금으로 출금되었을 때의 거래를 말한다. 전부대체거래란 거래발생 시 발생금액 모두가 현금 유출입이 동반하지 않은 경우를 말하며, 일부대체거래는 일부는 현금 유출입, 일부는 현금 유출입이 동반되지 않는 거래를 말한다. 거래 분류에 따른 예를 살펴보면 다음과 같다.

- **현 금 거 래**: 케이크를 판매하고 대금을 모두 현금으로 받은 경우,
   식재료를 구입하고 모두 현금으로 지급한 경우 등
- **전부대체거래**: 케이크를 전액 외상으로 판매한 경우, 식재료를 전액
   외상으로 구입한 경우 등
- **일부대체거래**: 케이크를 일부는 현금을 받고 나머지는 외상으로 판매
   한 경우, 식재료를 일부는 현금으로 일부는 외상으로
   구입한 경우 등

## ③ 분개

## 1. 분개의 의의

회계순환과정의 회계 처리는 거래의 식별에서 시작된다. 회계거래는 경영활동으로 인해 재무상태의 변화를 초래하고 이를 객관적인 화폐금액으로 측정할 수 있으면 분개의 대상이 된다.

분개(journalizing, journal entry, J/E)란 회계거래를 복식부기의 원리에 따라 차변과 대변으로 나누어 기록하는 것을 말한다. 즉, 거래발생으로 어떤 계정과목이 증가하고 감소한 것을 금액과 같이 차변과 대변으로 분류하여 기록하는 것을 말한다.

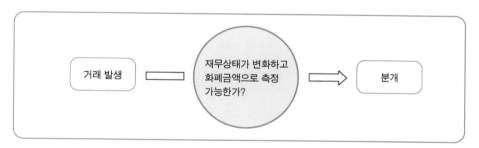

분개는 거래의 이중성과 계정기입의 원칙을 적용하여 거래내용을 차변요소와 대변요소로 구분하고 계정과목과 금액을 기록함을 말한다. 따라서 분개를 실행하기 위해서는 자산, 부채, 자본, 수익, 비용 등의 계정과목을 알아야 하고, 거래의 이중성과 계정기입원칙을 적용할 줄 알아야 한다.

분개는 회계거래를 기록하는 첫 단계로서 분개가 틀린다면 제대로 된 회계정보를 산출할 수 없다. 특히 전산프로그램이 일반화된 기업에서 분개야말로 회계의 처음이라 끝이라 해도 과언이 아니다. 분개는 회계원리에서 가장 중요한 부분이다.

■ 분개란?

회계거래를 복식부기의 원리에 따라 차변과 대변으로 나누어 계정과목
과 금액을 기록하는 것을 말한다.

**tip**

분개는 반복학습이 중요하다. 분개를 하면서 계정과목에 대한 이해도를 높이는
것이 효율적인 학습방법이다(부록에 있는 계정과목을 활용하라).

## 2. 전표와 분개장

회계거래가 발생하면 분개를 실시하는데 분개는 분개장이나 전표에 기록
한다. 분개장과 전표에 대해서 살펴보면 다음과 같다.

### 1) 분개장

분개장은 분개내용을 거래 발생순으로 연속적으로 기록하는 장부를 말한
다. 따라서 분개 내용은 분개장이라는 하나의 장부에 연속적으로 기록된다.
분개장의 양식은 기업에 따라 상이할 수 있으나 일반적으로 사용하는 분개
장은 병립식 분개장으로 다음과 같다.

| 분 개 장 ① NO. 7 | | | | |
|---|---|---|---|---|
| 일자 | 계정과목 및 적요 | 원면 | 차변 | 대변 |
| ② 5월 1일 | ③ (상품) | ④ 200 | ⑤ 100,000 | |
| | ③ (현금) | ④ 002 | | ⑤ 100,000 |
| | A사로부터 판매용 상품 구입 | | | |
| | | | | |

분개장의 분개내용을 기입하는 방법을 기술하면 다음과 같다.

① **번호(분면)**: 분개장의 면(분면, 분개장의 페이지)

② **일자**: 거래 발생일자를 기입하는 난이다.

③ **계정과목 및 적요**: 계정과목은 괄호 안에 기재하며, 차변과목은 차변에 해당하는 계정과목을 윗줄 왼쪽에 쓰고, 대변과목은 대변에 해당하는 계정과목을 두 번째 줄 오른쪽에 기입한다. 적요는 대변 계정과목 아래에 거래 내용을 간략하게 기입한다.

④ **원면**: 원면은 분개 내용을 장부에 옮겨 기록하는 전기 시 분개 내용을 옮겨 적은 장부의 면(원장의 페이지)을 기입한다.

⑤ **차변과 대변**: 차변과 대변은 해당 계정의 금액을 기입하는 난이다. 해당 계정과목의 위치에 따라 금액을 기입하면 된다. 즉 차변 과목의 경우 차변에 금액을 기입하고, 대변 과목의 경우 대변에 금액을 기입한다.

분개장은 회계거래 발생 시 분개내용을 거래 발생순으로 연속적으로 기록하여 기업에서 발생한 주요 활동의 일지 역할을 하며, 회계기록과정에서 발생할 수 있는 누락이나 오류를 방지할 수 있다.

## 2) 전표

전표는 회계거래를 기록하는 양식을 말한다. 분개전표라고도 하며, 많은 기업에서 전표를 활용하여 분개 내용을 기록하고 있다.

현재 기업은 기업 내 조직이 다양하고 규모가 커서 분개장에 모든 거래를 기록하는 데 한계가 있다. 이러한 이유로 개발된 것이 전표제도이다.

전표는 1개의 회계거래를 1개의 전표에 기록하는 것을 원칙으로 하고 있는데 전표의 뒷면에 증빙서류를 부착하는 것이 일반적이다.

기업에서 사용하는 전표제도는 1전표제, 3전표제, 5전표제가 대표적이며 다음과 같다.

- 1전표제: 분개전표
- 3전표제: 입금전표, 출금전표, 대체전표
- 5전표제: 입금전표, 출금전표, 대체전표, 매출전표, 매입전표

기업에서 널리 사용되고 있는 분개전표, 입금전표, 출금전표, 대체전표는 다음과 같다. 일반적으로 입금전표는 붉은색, 출금전표와 대체전표는 파란색으로 구분한다.

아울러, 전표의 일련번호, 거래 발생일자, 계정과목, 거래 내용(적요), 거래의 상대과목, 발생금액 등과 같은 사항이 기재된다.

**분 개 전 표**

전표번호:       ****년 5월 1일

| | | 담당 | | 과장 | | 부장 | |

| 계정과목 | 차변금액 | 계정과목 | 대변금액 |
|---|---|---|---|
| 상품 | 100,000 | 현금 | 100,000 |
| 적요 | A사로부터 판매용 상품 구입 | | |

**입 금 전 표**

전표번호:       ****년 5월 1일

| | | 담당 | 과장 | 부장 |

| 계정과목 | 적 요 | 금 액 |
|---|---|---|
| 매출 | A거래사에 상품 매출 | ₩ 5 0 0 0 0 0 0 |
| | | |
| | | |
| | 합계 | ₩ 5 0 0 0 0 0 0 |

| 출 금 전 표 | | 담당 | 과장 | 부장 |
|---|---|---|---|---|
| 전표번호: ****년 5월 1일 | | | | |

| 계정과목 | 적 요 | 금 액 |
|---|---|---|
| 상품 | | ₩ 5 0 0 0 0 0 0 |
| | | |
| | | |
| | | |
| 합계 | | ₩ 5 0 0 0 0 0 0 |

| 대 체 전 표 | | 담당 | 과장 | 부장 |
|---|---|---|---|---|
| 전표번호: ****년 5월 1일 | | | | |

| 계정과목 | 금액 | 계정과목 | 금 액 |
|---|---|---|---|
| 상품 | ₩ 5 0 0 0 0 0 0 | 외상매입금 | ₩ 5 0 0 0 0 0 0 |
| | | | |
| | | | |
| | | | |
| 합계 | ₩ 5 0 0 0 0 0 0 | 합계 | ₩ 5 0 0 0 0 0 0 |

이와 같이 분개장 대신 전표를 이용하면 거래가 발생할 때마다 발생 부서에서 기록할 수 있고 거래발생사실을 경영내부의 다른 부서에 전달하고, 기장상의 증거자료로 사용할 수 있다.

전표의 장점을 기술하면 다음과 같다.

- 기업의 기능이 다양하거나 거래의 발생이 여러 부서에 분산된 경우 발생부서에서 회계처리를 할 수 있다.
- 전표를 분개장 대신 사용할 수 있어 장부조직을 간소화할 수 있다.
- 결재 과정을 통해 책임소재를 명확히 하며, 장부 검사의 수단으로 이용할 수 있다.

그러나 전표를 사용할 때 다양한 부서에서 회계기록을 처리하므로 회계기록의 누락 가능성이 있으며 타 부서에 전달하는 과정에서 전표 분실 가능성이 있다.

## 3. 분개 방법

분개는 회계거래가 발생하고 기록하는 첫 단계로서 회계기록이 정확하기 위해서는 무엇보다도 정확한 분개가 필요하다. 분개를 이해하기 위해서는 거래의 이중성, 계정기입원칙 및 계정과목에 대해 숙지하고 있어야 한다.

거래의 이중성과 계정기입원칙은 앞서 살펴보았으며, 계정과목은 분개를 거듭하면서 매번 확인하고 익혀야 한다.

분개를 쉽게 이해하기 위해서 다음과 같은 단계를 거치면서 접근하는 것이 보다 용이하다.

- **거래분석**(거래요소 파악): 8가지 거래요소로 구분하여 차변 요소와 대변 요소로 구분
- **계정과목 선정**: 거래요소별로 계정과목과 금액 파악
- **분개 기록**: 분개한 내용을 분개장이나 전표에 기록

다음 사례를 통하여 분개 방법을 설명하기로 한다.

> <사례 4> (주)부산호텔은 5월 2일 A상사로부터 상품을 구입하고 현금 5,000원을 지급하다.

### ① 거래요소 파악

거래분석은 거래의 이중성에 입각하여 거래요소를 파악함을 말한다. 하나의 거래는 반드시 두 가지 이상의 거래요소가 결합하므로 이를 분리할 수 있어야 한다.

계정기입원칙에서 살펴본 바와 같이 거래요소는 8가지이다. 거래 내용을 토대로 거래요소를 파악하기 위해서는 하나의 거래에서 두 가지 이상의 거래요소를 추출하는 것이 중요하다. 즉 거래의 이중성(양면성)에 입각하여 거래요소를 분리해 내는 데 초점을 맞추어 적용하면 된다.

손익거래는 원인과 결과로 나누어 거래를 파악하고, 교환거래는 거래요소의 증가와 감소로 분리하여 파악하는 것이 보다 쉬운 방법이다.

- **손익거래**(수익, 비용 발생): 원인과 결과로 구분(□□ 때문에 △△되다, □□하여 △△하다)하여 거래요소 파악

- **교환거래**(자산, 부채, 자본): 증가하는 것, 감소하는 것을 분리하여 거래요소 파악

〈사례 4〉에서는 상품 증가와 현금 감소이다.

분개를 할 때 가장 중요한 것은 거래의 이중성 즉, 거래의 양면성을 토대로 거래를 증가하는 것, 감소하는 것, 발생하는 것으로 구분할 수 있어야 한다.

이를 통하여 거래요소는 상품이란 자산의 증가와 현금이란 자산의 감소로 분리된다.

| 거래요소 ⇒ 자산(상품) 증가, 자산(현금) 감소 |
| :---: |

계정기입원칙에 따라 자산 증가는 차변, 자산 감소는 대변이 된다.

**거래의 이중성과 계정기입원칙**

| 차 변 | 대 변 |
| :---: | :---: |
| 상품 구입(원인) | 현금 지급(결과) |
| ⇓ | ⇓ |
| 자산 증가(상품) | 자산 감소(현금) |

### ② 계정과목 선정

계정과목의 선정은 거래요소별로 파악해야 한다. 계정과목의 선정 시 유의할 사항은 일반적 거래 여부, 자산과 부채의 구분 등을 확인하여 적절한 계정을 사용하여야 한다.

〈사례 4〉의 계정과목은 차변 요소는 상품이며, 대변요소는 현금이다.

이를 분개하면 다음과 같다.

| 5/2    상품    5,000    /    현금    5,000 |
| :---: |

아울러, 분개장은 주요 활동의 일지의 역할을 한다고 하였는데, 분개를 통하여 거래를 유추할 수도 있다. 5월 2일의 분개는 상품 5,000원어치를 구입하면서 현금을 지급한 것이 된다. 거래를 통한 분개 연습과 분개를 통한 거래의 유추는 모두 복식부기를 이해하는 데 도움이 된다.

◆ 분개를 쉽게 하는 요령

- 명확하게 알고 있는 차변이나 대변 계정과목을 확정하고 반대 계정을 파악하면 쉽다. 가장 쉬운 분개는 현금 유출입 거래이다. 현금 유입은 차변, 현금 유출은 대변이므로 거래의 이중성에 의해 자산의 감소의 상대 계정은 차변이므로 자산 증가, 부채와 자본감소, 비용의 발생이 거래요소이다. 따라서 자산 감소가 오면서 증가했다면 자산 계정과목, 감소했다면 부채와 자본 계정과목을 생각하면 된다. 아울러 비용도 발생할 수 있다.

- 특히, 일반적 상거래 여부에 따라 계정과목이 상이한 자산(외상매출금과 미수금 등)과 부채(외상매입금과 미지급금 등)의 구분은 외상 거래는 일반적 거래이므로 자주 거래를 한다고 생각하면 구분하기 쉽다.

| 구 분 | 자 산 | 부 채 | 비 고 |
|---|---|---|---|
| 일반적 상거래 | 외상매출금 | 외상매입금 | |
| | 받을어음 | 지급어음 | 어음 수령 및 발행 |
| 일반적 상거래 이외 | 미수금 | 미지급금 | |
| 금전대차거래 | 대여금 | 차입금 | |

- 임차료와 임대료도 혼돈하기 쉬운 개념이다. 임대료는 임대에 대한 대가로 일상생활 속에 임대라는 현수막을 떠올리면 된다. 임대는 건물주가 건물을 빌려주는 것이므로 수익이고, 임차료는 빌리는 것으로 비용이다.

③ 분개 기록

분개 내용을 분개장과 전표에 기록하면 각각 다음과 같다.

분 개 장

NO. 7

| 일자 | 계정과목 및 적요 | 원면 | 차변 | 대변 |
|---|---|---|---|---|
| 5월 2일 | (상품) | 200 | 5,000 | |
| | (현금) | 002 | | 5,000 |
| | A상사로부터 판매용 상품 구입 | | | |
| | | | | |

| 계정과목 | 차변금액 | 계정과목 | 대변금액 |
|---|---|---|---|
| 상품 | 5,000 | 현금 | 5,000 |
| 적요 | A상사로부터 판매용 상품 구입 | | |

분개는 분개장과 전표에 기록하나 분개연습을 할 때는 이러한 작업을 하지 않고 간략하게 표시하는데 다음과 같이 분개를 표시한다.

-       상품  5,000     /     현금  5,000
- (차변) 상품  5,000   (대변) 현금  5,000
- (차)    상품  5,000   (대)    현금  5,000
- (Dr.) 상품  5,000   (Cr.) 현금  5,000
- (차)    상품  5,000

                      (대)    현금  5,000

본서에서는 다음과 같은 방법으로 분개를 표시한다.

5/2    상품   5,000   /   현금   5,000

거래 발생 일자는 월/일로 나타낸다. 거래일자는 전기와 오류 검증을 위해서 반드시 표시해야 한다. 차변과 대변의 구분은 '/'를 기준으로 왼쪽은 차변요소를 기입하고 오른쪽은 대변요소를 기입한다. 아울러 1개의 분개에 1개의 '/'를 사용한다.

# 4. 분개 사례

(주)제일연회의 자료를 토대로 분개방법(요령)에 대해 살펴보자.

- 5월 1일      주식을 발행하고 현금 40,000원을 받다.
- 5월 2일      건물을 10,000원에 구입하고 대금은 다음에 지급하기로 하다.
- 5월 3일      상품 2,000원을 외상으로 구입하다.
- 5월 4일      상품을 5,000원에 판매하고 현금으로 받다.
- 5월 6일      A여행사로부터 5월 10일 연회를 제공하기로 하고 미리 5,000원을 받다.
- 5월 8일      사장에게 6개월 뒤에 받기로 하고 현금 10,000원을 빌려주다.
- 5월 10일     A여행사에게 10,000원에 연회를 제공하고 미리 받은 5,000원을 제외한 나머지 5,000원을 현금으로 받다.
- 5월 11일     5월 2일 건물 구입대금 10,000원 중 8,000원을 현금으로 지급하다.
- 5월 15일     5월 3일 외상으로 구입한 상품대금 2,000원 중 1,000원을 해당 거래처에 현금으로 지급하고 나머지는 어음으로 지급하다.
- 5월 30일     5월 종업원 급여 5,000원을 지급하다.

## ① 주식을 발행하고 주주로부터 현금 40,000원을 받다

〈거래 분석〉
- 거래의 이중성에 따라 거래를 구분하면 주식이 증가하고, 현금이 증가했다.
- **거래요소**: 자본 증가, 자산 증가
- **계정기입원칙 적용**: 자본 증가는 대변, 자산 증가는 차변
- **거래분석**: 자산 증가  /  자본 증가

거래의 이중성에 의해 대변요소는 부채 증가, 자본 증가, 수익의 발생 중 하나이다. 주식발행은 상환의무가 없으므로 부채의 증가는 제외되고 영업 활동이 아니므로 수익의 발생도 제외된다. 따라서 자본 증가이다.

〈계정과목 파악〉

- **차변 계정과목**: 현금
- **대변 계정과목**: 자본금(자본금은 발행주식의 액면 총액)

| 5/1 | 현금 | 40,000 | / | 자본금 | 40,000 |
|---|---|---|---|---|---|

② 건물을 10,000원에 구입하고 대금은 다음에 지급하기로 하다

〈거래 분석〉

- 거래의 이중성에 따라 거래를 구분하면 건물구입으로 건물 증가, 이로 인해 외상대금을 지급해야 할 의무인 부채가 증가한 거래이다.
- **거래요소**: 자산 증가, 부채 증가
- **계정기입원칙 적용**: 자산 증가는 차변, 부채의 증가는 대변
- **거래분석**: 자산 증가 / 부채 증가

〈계정과목 파악〉

- **차변 계정과목**: 건물
- **대변 계정과목**: 미지급금

건물 구입 후 대금을 지급하지 않았으므로 외상매입금과 미지급금을 고려할 수 있다. 외상매입금은 일반적 상거래로 발생한 채무에 사용하며, 미

지급금은 일반적 상거래 이외의 거래에서 발생하는 채무이다. (주)제일연회에서 건물은 자주 구매하지 않으므로 일반적 상거래가 아니다.

따라서 대변 계정과목은 미지급금이다. 미지급금은 일반적 상거래 이외의 거래에서 발생한 채무이다.

> 5/2    건물    10,000    /    미지급금    10,000

③ 상품 2,000원을 외상으로 구입하다

〈거래 분석〉
* 거래의 이중성에 따라 거래요소는 상품 증가와 외상매입금 증가이다. 즉 상품구입으로 상품 외상대금을 지급해야 할 의무가 발생한 거래이다.
* 거래요소: 자산 증가와 부채의 증가이다.
* 계정기입원칙 적용: 자산 증가는 차변, 부채 증가는 대변
* 거래분석: 자산 증가 / 부채 증가

〈계정과목 파악〉
* 차변 계정과목: 상품
* 대변 계정과목: 외상매입금

대변의 계정과목은 상품 구입 후 대금을 지급하지 않았으므로 외상매입금과 미지급금을 고려할 수 있다. 외상매입금은 일반적 상거래로 발생한 채무에 사용하며, 미지급금은 일반적 상거래 이외의 거래에서 발생하는 채무이다. (주)제일연회에서 상품은 자주 구매하므로 일반적 상거래이다. 일반적 상거래에서 발생한 채무이므로 대변 계정과목은 외상매입금이다. 외상매입금은

기업의 주된 영업활동과 관련한 상품 또는 원재료 매입으로 발생한 지급의무를 말한다.

| 5/3 | 상품 | 2,000 | / | 외상매입금 | 2,000 |

④ 상품을 5,000원에 판매하고 현금으로 받다

〈거래 분석〉

• 거래의 이중성에 따라 거래요소는 상품 판매의 결과로 현금을 수취한 거래이다. 상품 판매가 원인이며, 그 결과로 현금이란 자산이 증가하였다.
• 거래요소: 수익 발생과 자산 증가
• 계정기입원칙 적용: 자산 증가는 차변, 수익 발생은 대변
• 거래분석: 자산 증가 / 수익 발생

〈계정과목 파악〉

• 차변 계정과목: 현금
• 대변 계정과목: 매출

대변의 계정과목은 기업실체의 경영활동과 관련된 재화의 판매 또는 용역의 제공하였으므로 매출(또는 상품 매출)이다.

| 5/4 | 현금 | 5,000 | / | 매출 | 5,000 |

⑤ A여행사로부터 5월 10일 연회를 제공하기로 하고 미리 5,000원을 받다

〈거래 분석〉

- 거래의 이중성에 따라 거래요소는 현금의 증가와 연회제공을 해야 하는 의무증가이다.
- 거래요소: 자산 증가와 부채 증가
- 계정기입원칙 적용: 자산 증가는 차변, 부채 증가는 대변
- 거래분석: 자산 증가 / 부채 증가

〈계정과목 파악〉

- 차변 계정과목: 현금
- 대변 계정과목: 선수금

대변의 계정과목은 미래 상품, 제품, 원재료 등을 판매 또는 제공하기로 약정하고 미리 받은 금전이므로 선수금이다.

| 5/6 | 현금 | 5,000 | / | 선수금 | 5,000 |

⑥ 사장에게 6개월 뒤에 받기로 하고 현금 10,000원을 빌려주다

〈거래 분석〉

- 거래의 이중성에 따라 거래요소는 현금 감소와 현금을 받을 권리가 증가한 거래이다.
- 거래요소: 자산 증가와 자산 감소
- 계정기입원칙 적용: 자산 증가는 차변, 자산 감소는 대변
- 거래분석: 자산 증가 / 자산 감소

현금 감소는 대변이며, 차변요소에 해당하는 부채 감소, 자본 감소, 비용의 발생 중 하나라 볼 수 있다. 주주(주식)와의 거래가 아니므로 자본의 증가는 제외되고, 의무의 감소가 아닌 권리의 확보이므로 자산의 증가이다. 따라서 차변 요소는 자산의 증가가 된다.

〈계정과목 파악〉
• **차변 계정과목:** 단기대여금
• **대변 계정과목:** 현금


대변의 자산의 계정과목은 현금이다. 차변의 계정과목은 1년 이내 돌려받기로 하고 빌려준 금전이므로 단기대여금이다.

| | | | | | |
|---|---|---|---|---|---|
| 5/8 | 단기대여금 | 5,000 | / | 현금 | 5,000 |

⑦ A여행사에게 10,000원 상당의 연회를 제공하고 미리 받은 5,000원을 제외한 나머지 5,000원을 현금으로 받다

〈거래 분석〉
• 거래의 이중성에 따라 거래요소는 연회제공으로 이전에 미리 받은 금액(선수금)을 제외한 현금을 수취한 거래이다. 연회제공이 원인이며, 그 결과로 현금을 수취하고, 미리 받았던 부채(선수금)가 감소하는 거래이다.
• **거래요소:** 자산 증가, 부채 감소, 수익발생
• **계정기입원칙 적용:** 자산 증가는 차변, 부채 감소는 차변, 수익발생은 대변
• **거래분석:** 자산증가와 부채감소 / 수익발생

- 차변 계정과목: 현금, 선수금
- 대변 계정과목: 매출

대변 계정과목은 호텔의 주된 영업활동인 연회 제공이므로 매출이며, 차변은 현금과 선수금이다. 연회를 제공함으로서 부채인 선수금이 차변에 기재되어 해당 금액만큼 선수금이 감소된다.

| 5/10 | 현 금<br>선수금 | 5,000<br>5,000 | / | 매출 | 10,000 |
|------|------|------|------|------|------|

⑧ 5월 2일 건물 구입대금 10,000원 중 8,000원을 현금으로 지급하다

〈거래 분석〉

- 거래의 이중성에 따라 거래요소는 현금 감소와 외상대금(미지급금) 감소이다. 외상대금(미지급금) 지급이 원인이며, 그 결과로 현금이 감소하는 거래이다.
- 거래요소: 부채 감소, 자산 감소
- 계정기입원칙 적용: 부채 감소는 차변, 자산 감소는 대변
- 거래분석: 부채 감소 / 자산 감소

〈계정과목 파악〉

- 차변 계정과목: 미지급금
- 대변 계정과목: 현금

대변 계정과목은 현금이며, 차변 계정과목은 미지급금이다. 미지급금은 일반적 상거래 이외의 채무이다.

> 5/11    미지급금    8,000    /    현금    8,000

⑨ 5월 3일 외상으로 구입한 상품대금 2,000원 중 1,000원을 해당 거래처에 현금으로 지급하고 나머지는 어음으로 지급하다

〈거래 분석〉
- 거래의 이중성에 따라 거래요소는 현금지급과 어음발행으로 외상대금을 갚은 거래이다. 즉 현금이 감소하고 어음 지급으로 부채가 증가, 외상대금(외상매입금)은 감소한 거래이다.
- 거래요소: 부채 감소, 자산 감소, 부채 증가
- 계정기입원칙 적용: 부채 감소는 차변, 자산 감소는 대변, 부채 증가는 대변
- 거래분석: 부채감소  /  자산감소와 부채증가

〈계정과목 파악〉
- 차변 계정과목: 외상매입금
- 대변 계정과목: 현금, 지급어음

차변 계정과목은 외상매입금이며, 대변 계정과목은 현금과 지급어음이다. 외상매입금(부채)이 차변에 기입되어 외상매입금이 감소하게 되며, 일부 금액을 어음으로 지급하여 지급의무(부채)가 증가하게 된다. 지급어음은 기업의 주된 영업활동과 관련한 상품 또는 원재료 매입으로 발생한 지급의무이다.

```
5/15       외상매입금    2,000   /   현   금    1,000
                                   지급어음    1,000
```

⑩ 5월 종업원 급여 5,000원을 지급하다

〈거래 분석〉

• 거래의 이중성에 따라 거래요소는 현금 감소이며, 급여의 발생이다.
  즉 급여발생이 원인이고 이 결과로 현금이 감소했다.

• 거래요소: 비용 발생, 자산 감소

• 계정기입원칙 적용: 비용 발생은 차변, 자산 감소는 대변

• 거래분석: 비용발생  /  자산감소

〈계정과목 파악〉

• 차변 계정과목: 급여

• 대변 계정과목: 현금

```
5/30    급여   5,000   /   현금   5,000
```

**tip**

◆ 분개를 쉽게 하려면?

– 현금 증감을 먼저 파악하라
  현금 증가는 차변이므로 대변요소는 수익발생, 부채 또는 자본의 증가요소이다.

– 차변과 대변 요소 중 명확한 것을 중심으로 분개하라
  한 가지 요소를 파악할 수 있다면 거래의 이중성에 따라 상대편 계정은 선택
  이 쉬워진다.

다음은 상품과 연회를 제공하는 (주)제일의 거래이다. 거래 일자별로 분개하라.

| | |
|---|---|
| 5월 1일 | 주식을 발행하고 20,000원을 현금으로 받다. |
| 5월 6일 | 상품을 2,000원에 구입하면서 1,000원은 현금으로, 나머지는 외상으로 하다. |
| 5월 10일 | A사로부터 5월 중 객실 10개 판매하기로 하고 10,000원을 미리 받다. |
| 5월 18일 | 5월 6일 외상대금 1,000원을 현금으로 갚다. |
| 5월 20일 | 은행으로부터 현금 10,000원을 빌려오다. |
| 5월 22일 | B사에게 객실 20개를 20,000원에 판매하면서 5월 10일 미리 받은 금액을 제외한 10,000원을 현금으로 받았다. |
| 5월 23일 | 비품을 1,500원어치를 구입하면서 외상으로 하다. |
| 5월 30일 | 5월 한 달간 사무실을 빌려준 대가로 1,000원을 받다. |

〈풀이〉

| 일자 | 차변 | 금액 | | 대변 | 금액 |
|---|---|---|---|---|---|
| 5/1 | 현금 | 20,000 | / | 자본금 | 20,000 |
| 5/6 | 상품 | 2,000 | / | 현금<br>외상매입금 | 1,000<br>1,000 |
| 5/10 | 현금 | 10,000 | / | 선수금 | 10,000 |
| 5/18 | 외상매입금 | 1,000 | / | 현금 | 1,000 |
| 5/20 | 현금 | 10,000 | / | 차입금 | 10,000 |
| 5/22 | 현금<br>선수금 | 10,000<br>10,000 | / | 매출 | 20,000 |
| 5/23 | 비품 | 1,500 | / | 미지급금 | 1,500 |
| 5/30 | 현금 | 1,000 | / | 임대료 | 1,000 |

## 1. 전기의 의의

전기(posting)는 분개장이나 전표의 분개 내용을 총계정원장의 해당 계정에 옮겨 기록하는 것을 말한다.

여기서 총계정원장(general ledger)이란 자산·부채·자본·수익·비용 등 재무상태표와 손익계산서의 모든 계정과목이 열거된 장부로 원장 또는 계정이라고도 하며, 기업의 주요 회계장부이다.

거래가 발생하면 회계상 거래여부를 판단하여 회계거래일 경우 이를 분개장이나 전표에 분개를 한다. 전기는 분개 내용을 각 계정에 옮겨 기입함으로써 각 계정의 증감을 파악하는 데 도움을 준다. 즉 분개장만으로는 현금의 잔액이 얼마인지, 매출이 얼마인지를 파악할 수 없으므로 분개 내용을 회계의 계산단위인 계정에 옮겨 적어 각 계정의 계좌금액을 파악한다. 즉 전기를 통하여 원장의 현금, 매출, 차입금 등 계정을 통해서 거래 내용이 집계된다.

**■ 전기란?**

분개 내용을 총계정원장의 계정계좌에 옮겨 기입하는 것을 말한다.

## 2. 전기 방법

### 1) 원장 전기 방법

전기는 분개 내용을 원장의 계정계좌에 옮겨 쓰는 것을 말한다. 원장의 형식은 전술한 바와 같이 표준식과 잔액식이 있다. 분개 내용을 잔액식 계정에 전기하는 것을 예로 들어보면 다음과 같다.

| | | | | | | |
|---|---|---|---|---|---|---|
| 5/1 | 현금 | 10,000 | / | 자본금 | 10,000 | |
| 5/2 | 상품 | 1,000 | / | 현금 | 1,000 | |

**현금**

| ① 일자 | | ② 적 요 | ③ 분면 | ④ 차변 | ⑤ 대변 | ⑥ 차 또는 대 | ⑦ 잔액 |
|---|---|---|---|---|---|---|---|
| 5 | 1 | 자본금 | 1 | 10,000 | | 차 | 10,000 |
| | 2 | 상 품 | 2 | | 1,000 | 차 | 9,000 |

**자본금**

| 일자 | | 적 요 | 분면 | 차변 | 대변 | 차 또는 대 | 잔액 |
|---|---|---|---|---|---|---|---|
| 5 | 1 | 현금 | 1 | | 10,000 | 대 | 10,000 |

**상품**

| 일자 | | 적 요 | 분면 | 차변 | 대변 | 차 또는 대 | 잔액 |
|---|---|---|---|---|---|---|---|
| 5 | 2 | 현금 | 2 | 1,000 | | 차 | 1,000 |

계정에 전기하는 방법은 다음과 같다.

① **일자**: 거래발생 연월일 기입(분개장 일자)

② **적요**: 차변기입이면 상대계정인 대변과목을, 대변기입이면 차변과목을

기입. 상대계정과목이 두 개 이상이 있을 때에는 "제좌"라고 기입

③ **분면:** 분면은 분개장이나 전표의 번호(페이지)를 기입

④ **차변:** 분개된 차변계정금액은 원장의 그 계정계좌 차변에 기입

⑤ **대변:** 분개된 대변계정금액은 원장의 그 계정계좌 대변에 기입

⑥ **차 또는 대:** 차변잔액이면 "차", 대변잔액이면 "대"라고 기입

⑦ **잔액:** 차변금액 합계와 대변금액 합계의 차액 기입

회계등식은 자산의 합계금액이 부채와 자본의 합계금액과 일치한다고 하였는데, 제대로 전기된 계정은 차변과 대변의 금액합계가 일치한다. 아울러, 자산은 차변잔액, 부채와 자본은 대변잔액으로 나타난다.

만약 자산이 대변잔액, 부채가 차변잔액, 자본이 차변잔액이라면 이는 전기가 잘못되었거나 분개가 잘못되었다는 것을 의미한다.

전기는 분개한 내용을 상기한 방법과 같이 옮겨 적으면 되는데 전기할 때는 반드시 분개내용을 순차적으로 기입해야 누락이나 오류를 방지할 수 있다. 분개를 한 후 그 즉시 차변을 전기하고 대변을 전기하면 누락을 방지할 수 있다.

전술한 바와 같이 T 계정을 활용하여 전기 순서를 적용해 나타내면 다음과 같다.

| 5/1 | 현금 | 10,000 | / | 자본금 | 10,000 |
| 5/2 | 상품 | 1,000 | / | 현금 | 1,000 |

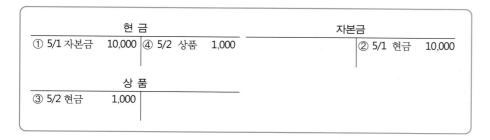

**〈예제 5-3〉** 다음은 제일상사의 분개 내용이다. 이를 토대로 전기하라.

**〈분개〉**

| 5/1 | 현금 | 20,000 | / | 자본금 | 20,000 |
|---|---|---|---|---|---|
| 5/6 | 상품 | 2,000 | / | 현금 | 1,000 |
| | | | | 외상매입금 | 1,000 |
| 5/10 | 현금 | 10,000 | / | 선수금 | 10,000 |
| 5/18 | 외상매입금 | 1,000 | / | 현금 | 1,000 |

**〈풀이〉**

| 현금 | | | | | |
|---|---|---|---|---|---|
| 5/1 자본금 | 20,000 | 5/6 상품 | 1,000 | | |
| 5/10 선수금 | 10,000 | 5/18 외상매입금 | 1,000 | | |

| 자본금 | | | |
|---|---|---|---|
| | | 5/1 현금 | 20,000 |

| 상품 | | |
|---|---|---|
| 5/6 제좌 | 2,000 | |

| 외상매입금 | | | |
|---|---|---|---|
| 5/18 현금 | 1,000 | 5/1 상품 | 1,000 |

| 선수금 | | |
|---|---|---|
| | 5/10 현금 | 10,000 |

한편 각 장부의 계정을 통해 해당 거래가 어떻게 일어나는지 알 수 있다. 만약 현금 계정에 다음과 같이 기록되어 있다고 가정하자.

| 현금 | | | |
|---|---|---|---|
| 5/1 자본금 | 10,000 | 5/2 상품 | 1,000 |

• 5월 1일 거래

현금계정 차변에는 5월 1일 자본금으로 기재되어 있다. 현금은 자산계정이므로 현금 계정의 차변은 현금이 10,000원이 증가한 것을 의미한다. 또한 자본금 계정에는 대변에 현금 20,000원으로 기재되어 있음을 알 수 있다.

따라서 5월 1일에는 주식발행(자본금)으로 인해 현금 10,000원이 증가했으며, 5월 1일 분개는 다음과 같음을 알 수 있다.

| 5/1 | 현금 | 10,000 | / | 자본금 | 10,000 |

• 5월 2일 거래

현금 계정 대변에는 5월 2일 상품 1,000원으로 기재되어 있다. 현금은 자산 계정이므로 현금 1,000원은 상품을 구매하면서 지급했음을 알 수 있다. 또한 상품 계정에는 차변에 현금 1,000원으로 지재되어 있음을 알 수 있다.

따라서 5월 2일 현금으로 상품 1,000원을 구입한 것을 알 수 있으며, 5월 2일 분개는 다음과 같음을 알 수 있다.

| 5/2 | 상품 | 1,000 | / | 현금 | 1,000 |

〈예제 5-4〉 **다음은 한라외식의 원장 내용이다.**

| | 현금 | | | | | 상품 | |
|---|---|---|---|---|---|---|---|
| 4/1 상품매출 | 2,000 | 4/5 외상매입금 | 500 | 4/2 외상매입금 | 1,000 | | |

| | 외상매입금 | | | | | 상품매출 | |
|---|---|---|---|---|---|---|---|
| 4/5 현금 | 500 | 4/2 상품 | 1,000 | | | 4/1 현금 | 2,000 |

1. 거래내용을 추정하시오.
2. 일자별로 분개를 추정하시오.

〈풀이〉

1. 일자별 거래내용 추정

　　4월 1일 상품을 판매하고 현금 2,000원을 받다.
　　4월 2일 상품 1,000원을 외상으로 구매하다.
　　4월 5일 외상대금 1,000원을 현금으로 지급하다.

2. 일자별 분개

| | | | | | |
|---|---|---|---|---|---|
| 4/1 | 현금 | 2,000 | / | 상품 매출 | 2,000 |
| 4/2 | 상품 | 1,000 | / | 외상매입금 | 1,000 |
| 4/5 | 외상매입금 | 500 | / | 현금 | 500 |

---

**〈예제 5-5〉** 다음은 외식컨설팅사인 (주)용호의 거래 내역이다. 일자별로 분개하고 이를 전기하라.

3월　1일　　주식을 발행하고 주주로부터 현금 20,000원을 받다.

3월　2일　　사무실 임차료 1개월분 1,000원을 미리 지급하다.

3월　3일　　비품 6,000원을 외상으로 구입하다.

3월　4일　　컨설팅을 제공하고 현금으로 3,000원을 받다.

3월　6일　　컨설팅을 제공하고 6,000원을 나중에 받기로 하다.

3월　8일　　월급 1,000원 수도광열비 600원 전화비 200원을 지급하다.

3월 10일　　3월 6일 받지 못한 6,000원을 받다.

〈풀이〉

〈분개〉

| 날짜 | 차변 | 금액 | | 대변 | 금액 |
|---|---|---|---|---|---|
| 3/1 | 현금 | 20,000 | / | 자본금 | 20,000 |
| 3/2 | 선급임차료 | 1,000 | / | 현금 | 1,000 |
| 3/3 | 비품 | 6,000 | / | 미지급금 | 6,000 |
| 3/4 | 현금 | 3,000 | / | 매출 | 3,000 |
| 3/6 | 외상매출금 | 6,000 | / | 매출 | 6,000 |
| 3/8 | 급여<br>수도광열비<br>통신비 | 1,000<br>600<br>200 | / | 현금 | 1,800 |
| 3/10 | 현금 | 6,000 | / | 외상매출금 | 6,000 |

〈전기〉

**현금**

| 3/1 | 자본금 | 20,000 | 3/2 | 선급임차료 | 1,000 |
|---|---|---|---|---|---|
| 3/4 | 매출 | 3,000 | 3/8 | 제좌 | 1,800 |
| 3/10 | 외상매출금 | 6,000 | | | |

**자본금**

| | | | 3/1 | 현금 | 20,000 |
|---|---|---|---|---|---|

**선급임차료**

| 3/2 | 현금 | 1,000 | | | |
|---|---|---|---|---|---|

**비품**

| 3/3 | 미지급금 | 6,000 | | | |
|---|---|---|---|---|---|

**미지급금**

| | | | 3/3 | 비품 | 6,000 |
|---|---|---|---|---|---|

**매출**

| | | | 3/4 | 현금 | 3,000 |
|---|---|---|---|---|---|
| | | | 3/6 | 외상매출금 | 6,000 |

**외상매출금**

| 3/6 | 매출 | 6,000 | 3/10 | 현금 | 6,000 |
|---|---|---|---|---|---|

**급여**

| 3/8 | 현금 | 1,000 | | | |
|---|---|---|---|---|---|

**수도광열비**

| 3/8 | 현금 | 600 | | | |
|---|---|---|---|---|---|

**통신비**

| 3/8 | 현금 | 200 | | | |
|---|---|---|---|---|---|

## 1. 시산표의 의의

시산표(trial balance: T/B)는 총계정원장의 각 계정의 결과를 집계한 표로서 자산, 부채, 자본, 수익, 비용 등 모든 계정과목의 잔액이나 합계를 나타낸 일람표이다.

회계기간 중 모든 회계거래는 분개와 전기의 과정을 거쳐 각 계정과목별로 차변과 대변에 각각 기록되는데 분개한 내용을 정확히 전기하였다면 대차평균의 원리에 의해 총계정원장의 차변과 대변의 합계와 잔액의 합계는 일치한다.

- 차변 합계의 계 = 대변 합계의 계
- 차변 잔액의 계 = 대변 잔액의 계

따라서 시산표 작성을 통하여 분개와 전기의 정확성과 오류를 확인할 수 있다.

특히 기말에는 결산 본절차를 실시하기 이전에 시산표를 작성하여 회계기간 중 회계기록의 오류를 확인해야 한다. 이를 수정전시산표(unadjusted trial balance)라 하며, 수정전시산표를 작성함으로써 회계기록의 정확성을 확인하고 경영성과와 재무상태를 개략적으로 파악할 수 있다.

■ 시산표란?
　– 총계정원장 각 계정과목의 차변과 대변의 결과를 집계한 일람표

■ 시산표 작성 목적은?
　– 전기의 정확성 및 오류 판단
　– 경영성과와 재무상태의 개략적 파악

## 2. 시산표의 종류

### 1) 작성시기에 따른 분류

시산표는 작성시기에 따라 수정전시산표, 수정후시산표, 이월시산표로 구분된다. 이를 간략히 살펴보면 다음과 같다.

#### ① 수정전시산표

수정전시산표(unadjusted trial balance)는 회계기간 말 결산의 예비절차로서 작성되는 시산표로 결산분개 이전에 작성되는 시산표이다. 회계기간 중 발생된 거래를 분개장에 분개하고 이를 원장에 전기하는데 회계기간 말 본결산 이전에 분개와 전기가 적절하게 이루어졌는가를 검토하기 위하여 작성하는 시산표이다.

#### ② 수정후시산표

수정후시산표(adjusted trial balance)는 결산정리사항을 정리분개(수정분개)하고 이를 다시 전기한 후 작성하는 시산표이다. 수정후시산표는 선택적이며 정산표로 대체되는 것이 일반적이다.

#### ③ 이월시산표

이월시산표(post-closing trial balance)는 결산분개 후 재무상태표 계정과 손익계산서 계정을 마감한 후에 작성하는 시산표이다. 즉 장부를 마감한 후에 차기로 이월되는 항목에 대해서만 작성하는 시산표로 재무상태표의 자산·부채·자본 계정만으로 작성된다. 이와 같이 이월시산표의 잔액은 기말 재무상태표와 동일하기 때문에 이월시산표의 작성은 선택사항이다.

## 2) 작성자료에 따른 분류

시산표는 시산표에 포함되는 차변과 대변의 합계액, 잔액, 합계와 잔액 여부에 따라 합계시산표, 잔액시산표, 합계잔액시산표로 구분될 수 있다.

### ① 합계시산표

합계시산표(trial balance of total)는 총계정원장 각 계정의 차변합계액과 대변합계액을 집계한 일람표이다. 합계시산표도 대차평균의 원칙에 따라 차변합계액과 대변합계액이 일치한다. 따라서 원장으로 전기할 때 오류나 탈루를 발견할 수 있으나 각 계정의 현재 잔액을 알 수 없는 단점이 있다.

아울러, 차변과 대변의 합계액은 회계기간에 발생한 총거래 발생액이므로 분개장의 차변합계액 및 대변합계액과 일치한다.

**합계시산표**

(주)동명호텔      20**.12.31

| 차변 | 원면 | 계정과목 | 대변 |
|------|------|----------|------|
|      |      |          |      |
|      |      |          |      |

### ② 잔액시산표

잔액시산표(trial balance of balance)는 총계정원장 각 계정의 차변잔액과 대변잔액을 집계한 일람표이다. 잔액시산표도 대차평균의 원칙에 따라 차변잔액의 합계금액과 대변잔액의 합계액이 일치한다. 아울러, 각 계정과목별 차변과 대변의 잔액은 회계기간 말 현재의 잔액을 나타내므로 개략적인 재무상태와 경영성과를 파악할 수 있다.

이러한 잔액시산표의 구조를 이용하여 복식부기제도의 가장 기본적인 원리인 시산표 등식을 나타낼 수 있다.

기말자산 + 총비용 = 기말부채 + 기말자본 + 총수익

**잔액시산표**

(주)제일호텔 　　　　　　　　　　　　　　　　　　　　　　　　　　　　　20**.12.31

| 차변 | 원면 | 계정과목 | 대변 |
|---|---|---|---|
|  |  |  |  |
|  |  |  |  |

### ③ 합계잔액시산표

합계잔액시산표(trial balance of total and balance)는 일정 회계기간의 거래 총액을 표시하는 합계시산표와 각 계정의 현재액을 표시하는 잔액시산표를 결합한 시산표이다. 계정과목을 중심으로 안쪽은 합계액을 표기하고 바깥쪽은 잔액을 표기한다.

**합계잔액시산표**

(주)제일호텔 　　　　　　　　　　　　　　　　　　　　　　　　　　　　　20**.12.31

| 차변 | | 원면 | 계정과목 | 대변 | |
|---|---|---|---|---|---|
| 잔액 | 합계 |  |  | 합계 | 잔액 |
|  |  |  |  |  |  |
|  |  |  |  |  |  |

잔액의 계산은 각 계정과목별로 잔액을 계산하는데 자산계정은 차변합계액에서 대변합계액을 차감한 나머지를 차변 잔액란에 기입한다. 아울러 부채와 자본은 대변합계액에서 차변합계액을 차감한 나머지를 대변 잔액란에 기입한다.

합계잔액시산표는 줄여서 합잔이라고도 하며, 합계시산표와 잔액시산표의 장점을 모두 가지고 있지만 잔액과 합계액을 모두 계산해야 하는 번거로움이 있다.

시산표 등식과 시산표와 분개장의 관계를 요약하여 나타내면 다음과 같다.

| | | | |
|---|---|---|---|
| **시산표 등식** | 자산 + 비용 = 부채 + 자본 + 수익 | | |
| **합계시산표** | 차변금액(합계)의 계 = 대변금액(합계)의 계 | | |
| **잔액시산표** | 차변금액(잔액)의 계 = 대변금액(잔액)의 계 | | |
| **합계시산표와 분개장의 관계** | | | |
| 합계시산표 | 자산 + 비용 | = | 부채 + 자본 + 수익 |
| | ‖ | | ‖ |
| 분개장 | 차변합계<br>(차변거래금액합계) | = | 대변합계<br>(대변거래금액합계) |

# 3. 시산표의 작성과 오류 수정

## 1) 시산표 작성

본서에서는 합계시산표와 잔액시산표의 장점을 모두 가진 합계잔액시산표를 작성하여 보자. 합계잔액시산표를 작성하는 절차는 다음과 같다.

- 1단계: 계정과목별로 차변의 합계액과 대변의 합계액을 계산
- 2단계: 차변의 합계액과 대변의 합계액을 비교하여 차액만큼을 각각의 잔액란에 기입
- 3단계: 시산표 양식에 계정과목을 기입하고 계정수가 일치하는지 확인한 후, 시산표에 금액 기입
- 4단계: 차변합계과 대변합계의 금액합계가 일치하는지 확인
- 5단계: 차변잔액과 대변잔액의 금액합계가 일치하는지 확인
- 6단계: 원면란에 총계정원장의 각 계정번호를 기입(본서에서는 생략)

차변과 대변의 합계의 계와 잔액의 계가 일치하고 분개장의 총거래금액과 차변합계의 계가 일치하면 전기에 대한 오류는 없다.

다음은 각 계정의 합계금액만을 표시하였다. 이를 토대로 합계잔액시산표의 합계액과 잔액을 표기하면 다음과 같다.

| 현금 | | 외상매출금 | | 대여금 | |
|---|---|---|---|---|---|
| 10,000 | 4,000 | 2,000 | | 3,000 | |

| 상품 | | 비품 | | 이자비용 | |
|---|---|---|---|---|---|
| 3,000 | 2,000 | 5,000 | 5,000 | 2,000 | |

| 미지급이자 | | 차입금 | | 자본금 | |
|---|---|---|---|---|---|
| | 2,000 | 1,000 | 4,000 | | 10,000 |

| 매출 | | 이자수익 | |
|---|---|---|---|
| | 3,000 | | 1,000 |

## 합계잔액시산표

㈜제일호텔                                           20**.12.31

| 차 변 | | 계정과목 | 대 변 | |
|---|---|---|---|---|
| 잔 액 | 합 계 | | 합 계 | 잔 액 |
| 6,000 | 10,000 | 현        금 | 4,000 | |
| 2,000 | 2,000 | 외 상 매 출 금 | | |
| 3,000 | 3,000 | 대      여   금 | | |
| 1,000 | 3,000 | 상        품 | 2,000 | |
| 5,000 | 5,000 | 비        품 | | |
| | | 미 지 급 이 자 | 2,000 | 2,000 |
| | 1,000 | 차      입   금 | 4,000 | 3,000 |
| | | 자      본   금 | 10,000 | 10,000 |
| | | 매        출 | 3,000 | 3,000 |
| | | 이    자   수   익 | 1,000 | 1,000 |
| 2,000 | 2,000 | 이    자   비   용 | | |
| 19,000 | 26,000 | 합        계 | 26,000 | 19,000 |

## 2) 시산표의 오류 수정과 한계점

시산표는 차변의 합계와 대변의 합계가 동일해야 한다. 만약, 합계가 일치하지 않는다면 오류를 발견하여 수정해야 한다. 오류는 시산표, 총계정원장, 분개장의 순서로 검토하는 것이 효율적이다.

시산표의 오류수정 절차를 살펴보면 다음과 같다.

- 시산표의 차변과 대변의 합계를 다시 계산
- 총계정계정의 차변과 대변의 합계금액과 잔액을 시산표에 정확하게 이기하였는지 검토
- 총계정계정의 차변과 대변의 합계금액과 잔액을 정확하게 계산하였는지 검토
- 분개내용을 정확하게 전기하였는지 확인
- 분개 확인

아울러 시산표를 통해서 분개나 전기의 오류를 발견할 수 없는 경우도 있다. 만약 대변과 차변이 동일한 금액으로 틀린 경우, 계정과목을 잘못 사용한 경우 등 다음과 같은 경우는 오류를 발견하지 못하는 한계점이 있다.

- 하나의 거래를 분개하지 않은 경우
- 분개된 사항을 전기하지 않은 경우(전기 누락)
- 하나의 분개를 두 번 전기한 경우(이중 전기)
- 분개나 전기 시 잘못된 계정을 사용한 경우
- 차변과 대변의 금액을 동일하게 잘못 분개하거나 전기한 경우

### ① 하나의 거래를 분개하지 않은 경우

하나의 거래를 분개하지 않으면 분개장과 총계정원장에서 차변과 대변의 금액이 제외되어 차변과 대변의 합계가 일치하여 분개와 전기의 오류를 확인할 수 없다.

## ② 분개된 사항을 전기하지 않은 경우

분개된 사항을 전기하지 않은 경우에 총계정원장에서 차변과 대변의 동일한 금액이 제외되어 분개와 전기의 오류를 확인할 수 없다. 이 경우 합계잔액시산표의 차변합계나 대변합계가 일치하나 합계액이 분개장의 합계금액보다 적게 나타난다.

## ③ 하나의 분개를 두 번 전기한 경우(이중 전기)

분개된 사항을 두 번 전기하면 총계정원장에서 두 번 기입하게 되어 시산표상으로는 동일한 금액으로 나타나게 되어 오류를 확인할 수 없다. 이 경우 합계잔액시산표의 차변합계나 대변합계가 일치하나 합계액이 분개장의 합계금액보다 크게 나타난다.

## ④ 분개나 전기 시 잘못된 계정을 사용한 경우

분개 시 잘못된 계정과목을 사용한다면 시산표로는 회계기록의 정확성을 파악할 수 없다. 이 경우 시산표의 차변과 대변금액이 일치할 수도 있고 일치하지 않을 수도 있다.

## ⑤ 차변과 대변의 금액을 동일하게 잘못 분개하거나 전기한 경우

차변과 대변의 금액을 동일하게 틀린 경우, 예를 들어 차변과 대변을 똑같은 금액으로 분개하거나 전기하면 시산표상에서는 이에 대한 오류를 발견하기 힘들다.

---

**tip**

**◆ 정확하게 회계처리를 하려면?**

회계처리를 신속하게 하면 좋다. 그러나 정확하지 않다면 회계는 존재하지 않는다. 기말 결산시점에 단 1원이라도 차변과 대변이 틀린다면 회계기간에 발생한 거래 전체를 다시 검토해야 함을 기억해야 한다. 회계처리는 무엇보다도 정확해야 한다. 정확한 회계처리를 위해서는 전술한 원칙과 절차를 올바르게 적용해야 한다. 기록하지 않고 기억에 의존하거나 창의력을 발휘하여 해결하면 안 된다. 분개와 전기, 시산표 작성 등 회계 처리가 정확하기 위해서는 반드시 올바른 절차와 원칙으로 기록하고 처리해야 한다.

| 6월 1일 | 액면가액 500원인 주식 100주를 50,000원을 받고 발행하다. |
| --- | --- |
| 6월 2일 | 상품 10,000원어치를 외상으로 구입하다. |
| 6월 3일 | 거래처로부터 20,000원을 빌리고, 3개월분 이자 3,000원을 미리 지급하다. |
| 6월 4일 | 상품을 8,000원에 판매하고 현금으로 받았다. 팔린 상품의 원가는<br>4,000원이다. |
| 6월 6일 | 건물을 20,000원 구입하면서 현금 10,000원을 지급하고 나머지는 외<br>상으로 하다. |
| 6월 12일 | (주)용당여행사에 연회를 제공하기로 하고 15,000원을 받다. |
| 6월 15일 | 사무실을 6개월간 빌려주기로 하고 미리 12,000원을 받다. |
| 6월 16일 | 건물 외상대금 10,000원을 지급하다. |

〈요구사항〉

1. 위의 거래를 분개하라.
2. 분개 내용을 전기하라.
3. 합계잔액시산표를 적성하라.

〈풀이〉

1. 거래 분개

| 6/1 | 현금 | 50,000 | / | 자본금 | 50,000 |
| --- | --- | --- | --- | --- | --- |
| 6/2 | 상품 | 10,000 | / | 외상매입금 | 10,000 |
| 6/3 | 현금 | 20,000 | / | 차입금 | 20,000 |
| | 선급이자 | 3,000 | / | 현금 | 3,000 |
| 6/4 | 현금 | 8,000 | / | 매출 | 8,000 |
| | 매출원가 | 4,000 | / | 상품 | 4,000 |

| 6/6 | 건물 | 20,000 | / | 현금 | 10,000 |
|---|---|---|---|---|---|
| | | | | 미지급금 | 10,000 |
| 6/12 | 현금 | 15,000 | / | 선수금 | 15,000 |
| 6/15 | 현금 | 12,000 | / | 선수임대료 | 12,000 |
| 6/16 | 미지급금 | 10,000 | / | 현금 | 10,000 |

- 6월 4일 거래에서 상품 4,000원짜리를 8,000원에 판매하였다.
  매출과 관련된 분개는 현금 8,000원 / 매출 8,000원이다.
  판매된 4,000원의 상품은 자산의 감소이므로 대변요소가 되며, 수익 창출로 상품 4,000원 희생되었으므로 비용계정인 매출원가로 인식한다.

2. 총계정원장에 전기

| | 현금 | | | | | | 자본금 | |
|---|---|---|---|---|---|---|---|---|
| 6/1 자본금 | 50,000 | 6/3 선급이자 | 3,000 | | | | 6/1 현금 | 50,000 |
| 6/3 차입금 | 20,000 | 6/6 건물 | 10,000 | | | | | |
| 6/4 매출 | 8,000 | 6/16 미지급금 | 10,000 | | | | | |
| 6/12 선수금 | 15,000 | | | | | | | |
| 6/15 선수임대료 | 12,000 | | | | | | | |

| | 상품 | | | | | | 외상매입금 | |
|---|---|---|---|---|---|---|---|---|
| 6/2 외상매입금 | 10,000 | 6/4 매출원가 | 4,000 | | | | 6/2 상품 | 10,000 |

| | 차입금 | | | | | 선급이자 | |
|---|---|---|---|---|---|---|---|
| | | 6/3 현금 | 20,000 | 6/3 현금 | 3,000 | | |

| | 매출 | | | | | 매출원가 | |
|---|---|---|---|---|---|---|---|
| | | 6/4 현금 | 8,000 | 6/4 상품 | 4,000 | | |

| | 건물 | | | | 미지급금 | | |
|---|---|---|---|---|---|---|---|
| 6/6 제좌 | 20,000 | | | 6/16 현금 | 10,000 | 6/6 건물 | 10,000 |

| | 선수금 | | | | 선수임대료 | |
|---|---|---|---|---|---|---|
| | | 6/12 현금 | 15,000 | | | 6/15 현금 | 12,000 |

• 건물계정은 상대계정이 현금과 미지급금 두 가지이므로 적요란에 제좌라 표기한다.

3. 합계잔액시산표

합계잔액시산표

| 차 변 | | 계정과목 | 대 변 | |
|---|---|---|---|---|
| 잔 액 | 합 계 | | 합 계 | 잔 액 |
| 82,000 | 105,000 | 현        금 | 23,000 | |
| | | 자   본   금 | 50,000 | 50,000 |
| 6,000 | 10,000 | 상        품 | 4,000 | |
| | | 외 상 매 입 금 | 10,000 | 10,000 |
| | | 차      입   금 | 20,000 | 20,000 |
| 3,000 | 3,000 | 선   급   이   자 | | |
| | | 매        출 | 8,000 | 8,000 |
| 4,000 | 4,000 | 매   출   원   가 | | |
| 20,000 | 20,000 | 건        물 | | |
| | 10,000 | 미   지   급   금 | 10,000 | |
| | | 선      수   금 | 15,000 | 15,000 |
| | | 선 수 임 대 료 | 12,000 | 12,000 |
| 115,000 | 152,000 | 합        계 | 152,000 | 115,000 |

1. 회계순환과정이란?

2. 회계순환과정의 단계를 설명하시오.

3. 회계상 거래의 요건은 무엇인가?

4. 손익발생 여부에 따라 거래를 분류하고 이를 설명하시오.

5. 분개란?

6. 전기란?

----------------------------------------------

----------------------------------------------

----------------------------------------------

7. 시산표란?

----------------------------------------------

----------------------------------------------

----------------------------------------------

8. 시산표의 작성 목적은?

----------------------------------------------

----------------------------------------------

----------------------------------------------

9. 시산표를 시점에 따라 구분하면 그 종류는?

----------------------------------------------

----------------------------------------------

----------------------------------------------

10. 시산표 등식은?

----------------------------------------------

----------------------------------------------

----------------------------------------------

**11.** 시산표의 오류수정 절차를 설명하시오.

-------------------------------------------------------------------

-------------------------------------------------------------------

-------------------------------------------------------------------


**12.** 시산표가 오류를 발견하지 못하는 경우는?

-------------------------------------------------------------------

-------------------------------------------------------------------

-------------------------------------------------------------------

**1.** 다음 중 회계거래가 아닌 것을 모두 고르시오.

① 판매용 상품 100,000원을 주문하다.

② 월세 100,000원에 사무실을 빌려주기로 계약하다.

③ 거래처에 1개월간 이자 100,000원을 받지 못하다.

④ 원재료로 제품을 제조하다.

⑤ 거래처에 50,000원의 대금을 지급하다.

⑥ 사장에게 매달 30,000원씩 이자를 받기로 하고 돈을 빌려주었는데 1개 월간 받지 못하다.

⑦ 거래처의 채무 100,000원에 대한 채무보증을 하다.

⑧ 월 급여 500,000원을 주기로 하고 종업원을 채용하다.

⑨ 보관 중인 케이크가 부패되어 상품성이 없어지다.

⑩ 사장이 소유하던 승용차를 회사에 무상으로 기증하다.

**2.** 다음 거래 내용을 일자별로 분개하시오.

| | |
|---|---|
| 5/1 | 사무실 책상을 500원에 구입하고 500원을 지급하다. |
| 5/2 | 거래처에 상품 700원을 외상으로 판매하다. |
| 5/3 | 거래처에 빌려준 1개월간 이자 200원을 계상하다. |
| 5/4 | 차량을 800원에 외상 구입하다. |
| 5/5 | 받지 못한 이자 200원을 수취하다. |
| 5/6 | 은행으로부터 현금 1,000원을 빌리다. |
| 5/7 | 사무실을 빌리기로 하고 5개월간 월세 300원을 미리 지급하다. |
| 5/8 | 광고를 게재하기로 하고 300원을 지급하다. |
| 5/9 | 건물 감가상각비 100원을 계상하다. |
| 5/10 | 상품 구입을 위해 거래처에 500원을 미리 지급하다. |

**3.** 다음은 (주)한라호텔의 거래 내용이다.

| | |
|---|---|
| 6/1 | 현금 10,000원을 출자받아 영업을 시작하다. |
| 6/2 | 건물 3,000원을 외상으로 구입하다. |
| 6/3 | 은행으로부터 5,000원을 빌리다. |
| 6/4 | 연회를 제공하고 2,000원을 받다. |
| 6/5 | 건물 외상대금 중 1,000원을 현금으로 지급하다. |
| 6/6 | 사무실을 6개월간 빌리기로 하고 900원을 지급하다. |
| 6/30 | 재료 구입을 위해 거래처에 500원을 지급하다. |

〈요구사항〉

① 6월 중 발생한 거래를 분개하라.

② T 계정을 이용하여 전기하라.

③ 합계잔액시산표를 작성하라.

**4.** 다음은 ㈜제일연회의 거래 내용이다.

| | |
|---|---|
| 8/1 | 현금 10,000원을 출자받아 영업을 시작하다. |
| 8/2 | 건물 3,000원을 현금으로 구입하다. |
| 8/3 | 거래처 B에 2,000원을 빌려주다. |
| 8/4 | A기업에 연회를 제공하기로 하고 예약금 2,000원을 받다. |
| 8/5 | A기업에 연회를 3,000원에 제공하고 예약금을 제외한 1,000원을 현금으로 받다. |
| 8/6 | 사무실을 6개월간 빌려주기로 하고 1,200원을 미리 받다. |
| 8/30 | 재료 구입을 위해 거래처에 500원을 지급하다. |

〈요구사항〉
① 8월 중 발생한 거래를 분개하라.
② T 계정을 이용하여 전기하라.
③ 합계잔액시산표를 작성하라.

**5.** 다음은 외식컨설팅기업 ㈜하나컨설팅의 거래 내용이다.

| | |
|---|---|
| 1/1 | 현금 20,000원을 출자받아 영업을 시작하다. |
| 1/5 | 컨설팅 의뢰를 받고 착수금으로 미리 3,000원을 받다. |
| 1/6 | 사무실 소모품 1,000원을 구입하면서 외상으로 하다. |
| 1/7 | 1월 5일 의뢰한 컨설팅을 5,000원에 제공하고 잔금 2,000원은 외상으로 하다. |
| 1/9 | 1월 6일 외상대금 1,000원을 지급하다. |
| 1/11 | 종업원 경조사비 500원을 지급하다. |
| 1/31 | 사무실 월세 1개월분 500원을 지급하다. |

〈요구사항〉

① 1월 중 발생한 거래를 분개하라.

② T 계정을 이용하여 전기하라.

③ 합계잔액시산표를 작성하라.

6. 다음은 연회와 상품 판매를 주된 영업으로 하는 (주)제일호텔의 거래이다.

> 6/1     주주들로부터 50,000원을 받고 주식을 발행하다.
>
> 6/2     건물을 5,000원에 구입하고 3,000원은 현금으로 2,000원은 외상으로 구입하다.
>
> 6/3     상품 5,000원을 외상으로 구입하다.
>
> 6/4     6월 2일 외상으로 구입한 건물의 잔금 2,000원을 현금으로 지급하다.
>
> 6/5     A사에 4팀에 대하여 연회를 제공하기로 하고 미리 20,000원을 받다.
>
> 6/8     A사에 4팀에게(20,000원) 연회를 제공하였다.
>
> 6/10    C사에 와인을 구매하기로 하고 미리 10,000원을 지급하다.
>
> 6/11    6월 3일 상품에 대한 잔금 5,000원을 어음으로 지급하다.
>
> 6/15    은행에서 6개월 뒤 상환하기로 하고 현금 20,000원을 빌리다.
>
> 6/20    B사에 7월 1일부터 1년간 사무실을 빌려주기로 하고 10,000원을 미리 받다.

〈요구사항〉

① 6월 중 발생한 거래를 분개하라.

② T 계정을 이용하여 전기하라.

③ 합계잔액시산표를 작성하라.

**7.** 다음은 연회와 상품 판매를 주된 영업으로 하는 (주)대한외식의 거래이다.

| | |
|---|---|
| 7/1 | 현금 10,000원을 출자 받아 영업을 시작하다. |
| 7/2 | 비품 4,000원을 구입하면서 1,500원은 현금으로 지급하고 잔액은 외상으로 하다. |
| 7/3 | 상품 2,000원을 매입하고 그 대금 중 1,000원은 현금으로 지급하고 잔액은 외상으로 하다. |
| 7/4 | 건물 화재보험료 1년분 1,200원을 미리 지급하다. |
| 7/6 | 상품 외상대금 현금 1,000원을 지급하다. |
| 7/12 | 거래처인 세계여행사에게 연회를 제공하기로 하고 미리 1,500원을 받다. |
| 7/15 | 종업원 급여 500원을 현금으로 지급하다. |
| 7/16 | 세계여행사에게 2,000원에 연회를 제공하고 미리 받은 1,500원을 제외한 500원을 현금으로 받다. |
| 7/20 | 1개월 사무실을 빌린 대가로 800원을 현금으로 지급하다. |
| 7/25 | 비품 외상대금 중 1,000원을 지급하다. |

〈요구사항〉

① 7월 중 발생한 거래를 분개하라.

② T 계정을 이용하여 전기하라.

③ 합계잔액시산표를 작성하라.

1. 다음 중 회계거래가 아닌 것은 ①, ②, ⑦, ⑧

    ① 상품이 도착하지 않아 재무상태에 변화가 없으므로 회계거래가 아니다.

    ② 계약으로 재무상태가 변화하지는 않는다.

    ③ 받을 권리가 발생하므로 자산증가이다.

    ④ 원재료가 감소하고 제품이 증가하여 회계거래다.

    ⑤ 부채가 감소하고 자산이 감소하여 회계거래다.

    ⑥ 1개월에 대한 이자수익과 받을 권리(미수이자)인 자산이 증가했다.

    ⑦ 채무보증은 회계거래가 아니다. 회사가 변제해야 하는 의무가 확정될 때 부채로 계상한다.

    ⑧ 종업원의 채용으로는 재무상태의 변화가 없다. 급여를 지급하거나 지급해야 할 의무가 생길 때 회계거래가 된다.

    ⑨ 상품의 감소이므로 회계거래이다.

    ⑩ 회사에 차량운반구가 증가하니 회계거래다.

2. 일자별 분개는 다음과 같다.

| | | | | | |
|---|---|---|---|---|---|
| 5/1 | 비품 | 500 | / | 현금 | 500 |
| 5/2 | 외상매출금 | 700 | / | 매출 | 700 |
| 5/3 | 미수이자 | 200 | / | 이자수익 | 200 |
| 5/4 | 차량운반구 | 800 | / | 미지급금 | 800 |
| 5/5 | 현금 | 200 | / | 미수이자 | 200 |
| 5/6 | 현금 | 1,000 | / | 차입금 | 1,000 |
| 5/7 | 선급임차료 | 300 | / | 현금 | 300 |
| 5/8 | 선급광고비 | 300 | / | 현금 | 300 |
| 5/9 | 감가상각비 | 100 | / | 건물감가상각누계액 | 100 |
| 5/10 | 선급금 | 500 | / | 현금 | 500 |

**3.** ① 

| | | | | | | | |
|---|---|---|---|---|---|---|---|
| 6/1 | 현금 | 10,000 | / | 자본금 | 10,000 |
| 6/2 | 건물 | 3,000 | / | 미지급금 | 3,000 |
| 6/3 | 현금 | 5,000 | / | 차입금 | 5,000 |
| 6/4 | 현금 | 2,000 | / | 매출 | 2,000 |
| 6/5 | 미지급금 | 1,000 | / | 현금 | 1,000 |
| 6/6 | 선급임차료 | 900 | / | 현금 | 900 |
| 6/30 | 선급금 | 500 | / | 현금 | 500 |

②

| 현금 | | | | | |
|---|---|---|---|---|---|
| 6/1 자본금 | 10,000 | 6/5 미지급금 | 1,000 |
| 6/3 차입금 | 5,000 | 6/6 선급임차료 | 900 |
| 6/4 매출 | 2,000 | 6/30 선급금 | 500 |

| 자본금 | | |
|---|---|---|
| | 6/1 현금 | 10,000 |

| 건물 | |
|---|---|
| 6/2 미지급금 | 3,000 |

| 미지급금 | | |
|---|---|---|
| 6/5 현금 | 1,000 | 6/2 건물 | 3,000 |

| 차입금 | |
|---|---|
| | 6/3 현금 | 5,000 |

| 매출 | |
|---|---|
| | 6/4 현금 | 2,000 |

| 선급임차료 | |
|---|---|
| 6/6 현금 | 900 |

| 선급금 | |
|---|---|
| 6/30 현금 | 500 |

③

합계잔액시산표

| 차 변 | | 계정과목 | | 대 변 | |
|---|---|---|---|---|---|
| 잔 액 | 합 계 | | | 합 계 | 잔액 |
| 14,600 | 17,000 | 현 | 금 | 2,400 | |
| | | 자 본 금 | | 10,000 | 10,000 |
| 3,000 | 3,000 | 건 | 물 | | |
| | 1,000 | 미 지 급 금 | | 3,000 | 2,000 |
| | | 차 입 금 | | 5,000 | 5,000 |
| | | 매 | 출 | 2,000 | 2,000 |
| 900 | 900 | 선 급 임 차 료 | | | |
| 500 | 500 | 선 급 금 | | | |
| 19,000 | 22,400 | 합 | 계 | 22,400 | 19,000 |

4. ①

| | | 차변 | | 대변 | |
|---|---|---|---|---|---|
| 8/1 | 현금 | 10,000 | / | 자본금 | 10,000 |
| 8/2 | 건물 | 3,000 | / | 현금 | 3,000 |
| 8/3 | 대여금 | 2,000 | / | 현금 | 2,000 |
| 8/4 | 현금 | 2,000 | / | 선수금 | 2,000 |
| 8/5 | 선수금<br>현금 | 2,000<br>1,000 | / | 매출 | 3,000 |
| 8/6 | 현금 | 1,200 | / | 선수임대료 | 1,200 |
| 8/30 | 선급금 | 500 | / | 현금 | 500 |

②

| | | 현금 | | | |
|---|---|---|---|---|---|
| 8/1 | 자본금 | 10,000 | 8/2 | 건물 | 3,000 |
| 8/4 | 선수금 | 2,000 | 8/3 | 대여금 | 2,000 |
| 8/5 | 매출 | 1,000 | 8/30 | 선급금 | 500 |
| 8/6 | 선수임대료 | 1,200 | | | |

| | | 자본금 | | |
|---|---|---|---|---|
| | | | 8/1 현금 | 10,000 |

| | | 건물 | |
|---|---|---|---|
| 8/2 현금 | 3,000 | | |

| | | 대여금 | |
|---|---|---|---|
| | 8/3 현금 | 2,000 | |

선수금

| 8/5 매출 | 2,000 | 8/4 현금 | 2,000 |

매출

| | | 8/5 제좌 | 3,000 |

선수임대료

| | | 8/6 현금 | 1,200 |

선급금

| 8/30 현금 | 500 | | |

③

**합계잔액시산표**

| 차 변 | | 계정과목 | 대 변 | |
|---|---|---|---|---|
| 잔 액 | 합 계 | | 합 계 | 잔 액 |
| 8,700 | 14,200 | 현            금 | 5,500 | |
| | | 자    본    금 | 10,000 | 10,000 |
| 3,000 | 3,000 | 건            물 | | |
| 2,000 | 2,000 | 대    여    금 | | |
| | 2,000 | 선    수    금 | 2,000 | |
| | | 매            출 | 3,000 | 3,000 |
| | | 선  수  임  대  료 | 1,200 | 1,200 |
| 500 | 500 | 선    급    금 | | |
| 14,200 | 21,700 | 합            계 | 21,700 | 14,200 |

5. ①

| | | | | | |
|---|---|---|---|---|---|
| 1/1 | 현금 | 20,000 | / | 자본금 | 20,000 |
| 1/5 | 현금 | 3,000 | / | 선수금 | 3,000 |
| 1/6 | 소모품 | 1,000 | / | 미지급금 | 1,000 |
| 1/7 | 선수금<br>외상매출금 | 3,000<br>2,000 | / | 매출 | 5,000 |
| 1/9 | 미지급금 | 1,000 | / | 현금 | 1,000 |
| 1/11 | 복리후생비 | 500 | / | 현금 | 500 |
| 1/31 | 임차료 | 500 | / | 현금 | 500 |

② 

**현금**

| 1/1 자본금 | 20,000 | 1/9 미지급금 | 1,000 |
| 1/5 선수금 | 3,000 | 1/11 복리후생비 | 500 |
| | | 1/31 임차료 | 500 |

**자본금**

| | | 1/1 현금 | 20,000 |

**선수금**

| 1/7 매출 | 3,000 | 1/5 현금 | 3,000 |

**소모품**

| 1/6 미지급금 | 1,000 | | |

**미지급금**

| 1/9 현금 | 1,000 | 1/6 소모품 | 1,000 |

**외상매출금**

| 1/7 매출 | 2,000 | | |

**매출**

| | | 1/7 제좌 | 5,000 |

**복리후생비**

| 1/11 현금 | 500 | | |

**임차료**

| 1/31 현금 | 500 | | |

③

**합계잔액시산표**

| 차 변 | | 계정과목 | 대 변 | |
|---|---|---|---|---|
| 잔 액 | 합 계 | | 합 계 | 잔 액 |
| 21,000 | 23,000 | 현　　　　　금 | 2,000 | |
| | | 자　　본　　금 | 20,000 | 20,000 |
| | 3,000 | 선　　수　　금 | 3,000 | |
| 1,000 | 1,000 | 소　　모　　품 | | |
| | 1,000 | 미　지　급　금 | 1,000 | |
| 2,000 | 2,000 | 외　상　매　출　금 | | |
| | | 매　　　　　출 | 5,000 | 5,000 |
| 500 | 500 | 복　리　후　생　비 | | |
| 500 | 500 | 임　　차　　료 | | |
| 25,000 | 31,000 | 합　　　　　계 | 31,000 | 25,000 |

**6.** ① 

| 날짜 | 차변 | | 대변 | |
|---|---|---|---|---|
| 6/1 | 현금 | 50,000 | / 자본금 | 50,000 |
| 6/2 | 건물 | 5,000 | / 현금 | 3,000 |
| | | | 미지급금 | 2,000 |
| 6/3 | 상품 | 5,000 | / 외상매입금 | 5,000 |
| 6/4 | 미지급금 | 2,000 | / 현금 | 2,000 |
| 6/5 | 현금 | 20,000 | / 선수금 | 20,000 |
| 6/8 | 선수금 | 20,000 | / 매출 | 20,000 |
| 6/10 | 선급금 | 10,000 | / 현금 | 10,000 |
| 6/11 | 외상매입금 | 5,000 | / 지급어음 | 5,000 |
| 6/15 | 현금 | 20,000 | / 단기차입금 | 20,000 |
| 6/20 | 현금 | 10,000 | / 선수임대료 | 10,000 |

②

**현금**

| 6/1 자본금 | 50,000 | 6/2 건물 | 3,000 |
|---|---|---|---|
| 6/5 선수금 | 20,000 | 6/4 미지급금 | 2,000 |
| 6/15 단기차입금 | 20,000 | 6/10 선급금 | 10,000 |
| 6/20 선수임대료 | 10,000 | | |

**자본금**

| | | 6/1 현금 | 50,000 |
|---|---|---|---|

**건물**

| 6/2 제좌 | 5,000 | | |
|---|---|---|---|

**미지급금**

| 6/4 현금 | 2,000 | 6/2 건물 | 2,000 |
|---|---|---|---|

**상품**

| 6/3 외상매입금 | 5,000 | | |
|---|---|---|---|

**외상매입금**

| 6/11 지급어음 | 5,000 | 6/3 상품 | 5,000 |
|---|---|---|---|

**선수금**

| 6/8 매출 | 20,000 | 6/5 현금 | 20,000 |
|---|---|---|---|

**매출**

| | | 6/8 선수금 | 20,000 |
|---|---|---|---|

|        | 선급금 |
|--------|--------|
| 6/10 현금 | 10,000 |

|        | 지급어음 |
|--------|----------|
|        | 6/11 외상매입금 5,000 |

|        | 단기차입금 |
|--------|------------|
|        | 6/15 현금 20,000 |

|        | 선수임대료 |
|--------|------------|
|        | 6/20 현금 10,000 |

③

### 합계잔액시산표

| 차 변 | | 계정과목 | 대 변 | |
|---|---|---|---|---|
| 잔 액 | 합 계 | | 합 계 | 잔 액 |
| 85,000 | 100,000 | 현　　　　　　금 | 15,000 | |
| | | 자　　본　　금 | 50,000 | 50,000 |
| 5,000 | 5,000 | 건　　　　　　물 | | |
| | 2,000 | 미　지　급　금 | 2,000 | |
| 5,000 | 5,000 | 상　　　　　　품 | | |
| | 5,000 | 외　상　매　입　금 | 5,000 | |
| | 20,000 | 선　　수　　금 | 20,000 | |
| | | 매　　　　　　출 | 20,000 | 20,000 |
| 10,000 | 10,000 | 선　　급　　금 | | |
| | | 지　급　어　음 | 5,000 | 5,000 |
| | | 단　기　차　입　금 | 20,000 | 20,000 |
| | | 선　수　임　대　료 | 10,000 | 10,000 |
| 105,000 | 147,000 | 합　　　　　　계 | 147,000 | 105,000 |

**7.** ①

| | | | | | | |
|---|---|---|---:|:-:|---|---:|
| 7/1 | 현금 | | 10,000 | / | 자본금 | 10,000 |
| 7/2 | 비품 | | 4,000 | / | 현금 | 1,500 |
| | | | | | 미지급금 | 2,500 |
| 7/3 | 상품 | | 2,000 | / | 현금 | 1,000 |
| | | | | | 외상매입금 | 1,000 |
| 7/4 | 선급보험료 | | 1,200 | / | 현금 | 1,200 |
| 7/6 | 외상매입금 | | 1,000 | / | 현금 | 1,000 |
| 7/12 | 현금 | | 1,500 | / | 선수금 | 1,500 |
| 7/15 | 급여 | | 500 | / | 현금 | 500 |
| 7/16 | 현금 | | 500 | / | 매출 | 2,000 |
| | 선수금 | | 1,500 | | | |
| 7/20 | 임차료 | | 800 | / | 현금 | 800 |
| 7/25 | 미지급금 | | 1,000 | / | 현금 | 1,000 |

②

**현금**

| 7/1 | 자본금 | 10,000 | 7/2 | 비품 | 1,500 |
|---|---|---:|---|---|---:|
| 7/12 | 선수금 | 1,500 | 7/3 | 상품 | 1,000 |
| 7/16 | 매출 | 500 | 7/4 | 선급보험료 | 1,200 |
| | | | 7/6 | 외상매입금 | 1,000 |
| | | | 7/15 | 급여 | 500 |
| | | | 7/20 | 임차료 | 800 |
| | | | 7/25 | 미지급금 | 1,000 |

**자본금**

| | | | 7/1 | 현금 | 10,000 |
|---|---|---|---|---|---:|

**비품**

| 7/2 | 제좌 | 4,000 | | | |
|---|---|---:|---|---|---|

**미지급금**

| 7/25 | 현금 | 1,000 | 7/2 | 비품 | 2,500 |
|---|---|---:|---|---|---:|

**상품**

| 7/2 | 제좌 | 2,000 | | | |
|---|---|---:|---|---|---|

**외상매입금**

| 7/6 | 현금 | 1,000 | 7/3 | 상품 | 1,000 |
|---|---|---:|---|---|---:|

**선급보험료**

| 7/4 | 현금 | 1,200 | | | |
|---|---|---:|---|---|---|

**선수금**

| 7/16 | 선수금 | 1,500 | 7/12 | 현금 | 1,500 |
|---|---|---:|---|---|---:|

```
          급여                                        매출
7/15 현금        500 |                    | 7/16 계좌            2,000
                     |                    |

          임차료
7/20 현금        800 |
                     |
```

③
## 합계잔액시산표

| 차 변 | | 계정과목 | 대 변 | |
|---|---|---|---|---|
| 잔 액 | 합 계 | | 합 계 | 잔 액 |
| 5,000 | 12,000 | 현              금 | 7,000 | |
| | | 자     본     금 | 10,000 | 10,000 |
| 4,000 | 4,000 | 비              품 | | |
| | 1,000 | 미   지   급   금 | 2,500 | 1,500 |
| 2,000 | 2,000 | 상              품 | | |
| | 1,000 | 외   상   매   입   금 | 1,000 | |
| 1,200 | 1,200 | 선   급   보   험   료 | | |
| | 1,500 | 선          수          금 | 1,500 | |
| 500 | 500 | 급              여 | | |
| | | 매              출 | 2,000 | 2,000 |
| 800 | 800 | 임      차      료 | | |
| 13,500 | 24,000 | 합              계 | 24,000 | 13,500 |

# Hospitality
## Accounting Principles

호스피탈리티 회계원리

Chapter

**6**

## **결산**과 수정분개

## Chapter 6
# 결산과 수정분개

## ① 결산의 의의와 결산정리

## 1. 결산의 의의

결산(closing)은 회계기간 종료함에 따라 회계기간의 경영성과를 확정하고 재무상태를 명백히 하는 동시에 각종 장부를 마감하는 제반 절차를 말한다.

회계의 목적은 정보이용자가 기업과 관련된 의사결정 시 유용한 정보를 제공하는 것이다. 정보이용자의 정보 욕구에 따라 기업은 정보이용자의 공통적 정보 욕구를 충족시키기 위해 일정기간마다의 재무제표를 작성하여 제공한다.

계속기업의 가정에 따라 기업은 계속 유지·운영되는 것을 가정하지만 회계정보를 적시에 제공하기 위해서 기업실체의 존속기간을 일정기간마다 인위적 단위로 분할하여 회계정보를 제공하고 있다.

회계기간은 월, 분기, 반기, 1년으로 구분할 수 있으며, 1년인 회계기간을 회계연도라고 한다. 1년이 회계기간(1월 1일부터 12월 31일까지)인 경우, 마지막 날인 12월 31일이 결산일이다. 아울러, 현시점의 해당연도를 당기, 이전 회계연도를 전기, 다음 회계연도를 차기라 한다.

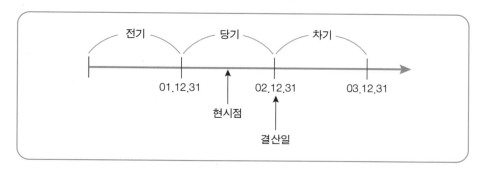

[그림 6-1] 회계연도와 결산일

 ■ **결산이란?**

일정한 회계기간의 종료에 따라 재무제표를 작성하고 동시에 각종 장부를 마감하는 제반 절차를 말한다.

결산이 필요한 이유는 다음과 같이 구분할 수 있다.

- 기중 회계거래의 시간 경과에 따른 결산정리
- 기말 시점 추가적 결산정리

① 기중에 기록된 내용은 시간의 경과에 따라 잔액과 실제가 정확하게 일치하지 않을 수 있어 기업의 재무상태와 경영성과가 정확하게 표시되지 않을 수 있다.

다음 사례를 통해 시간의 경과에 따라 결산정리할 내용을 살펴보자.

<사례 1> 7월 1일 지급한 1년분 보험료는 다음과 같이 분개하였다.

7/1     선급보험료     1,200  /  현금          1,200

12월 결산일과 장부의 내용과 실제액은 상이하다. 7월 1일에는 미리 지급한 것이므로 자산으로 처리했지만 6개월이 경과한 결산일 시점에는 보험료가 6개월 동안 발생했으며, 선급보험료 6개월분을 감소시켜야 한다. 이러한 내용을 분개하면 다음과 같다.

12/31   보험료          600  /  선급 보험료     600

② 일상적 거래는 아니지만 결산시점에 추가적으로 인식하여 정리할 내용이 있다. 이를 간략히 기술하면 다음과 같다.

- 기말재고 파악, 매출원가 계산, 재고자산의 저가평가 등
- 단기매매증권의 시가평가, 채권의 평가
- 유형자산의 감가상각, 무형자산의 상각 등
- 현금과부족 정리 등
- 외화자산 및 외화부채의 환산 등

## 2. 결산정리

회계기간 중 발생한 회계거래는 분개와 전기를 통해서 총계정원장에 기록하는데 수정전시산표를 통하여 차변과 대변의 합계가 일치하더라도 총계정원장의 잔액으로 재무상태와 경영성과를 확정하면 안 된다.

일부 계정의 기말잔액은 수정이 필요하기 때문인데 결산 시 수정이 필요한 사항을 결산정리사항이라고 한다.

거래발생 시 시간의 경과에 따라 수정할 사항이 있을 수도 있고, 거래가 발생하지 않았더라도 기업이 인식해야 할 수익이나 비용, 자산이나 부채가 있기 때문이다. 예를 들어 회계기간 중 미리 수취한 1년분 임대료를 부채로 처리하였다면 결산일 시점까지의 기간을 고려하여 부채(선수임차료)를 감소시키고 영업외수익(이자수익)을 인식하여야 한다.

이와 같이 결산시점에 재무상태와 경영성과를 정확하게 파악하기 위해서 결산시점에 이에 대한 수정을 실시하는데 이를 결산정리(year-end adjustment)라 한다.

또한 결산정리사항에 대한 분개를 수정분개, 결산정리분개 또는 결산조정분개라 하며, 수정분개 내용을 원장의 각 계정계좌의 기록을 수정하는 것을 수정기입 또는 정리기입이라 한다.

■ **결산정리란?**

결산시점에 재무상태와 경영성과를 정확하게 파악하기 위해서 결산시점에 이에 대한 수정을 실시하는 것을 말한다.

■ **결산정리사항이란?**

결산 시 기말잔액에 대한 수정이 필요한 사항을 말한다.

■ **수정분개(결산정리분개, 결산조정분개)란?**

결산정리사항에 대한 분개를 말한다.

■ **수정기입(정리기입)이란?**

수정분개 내용을 원장의 각 계정계좌의 기록을 수정하는 것을 말한다.

## 3. 결산의 절차

결산은 일정한 회계기간의 종료에 따라 재무제표를 작성하고, 동시에 각종 장부를 마감하는 제반 절차를 말한다. 결산은 회계순환과정에서와 같이 수정전시산표 작성으로부터 결산정리사항에 대한 분개와 전기, 재무제표 작성, 계정마감, 이월시산표 작성 등의 과정을 거친다.

결산절차를 결산예비절차와 결산본절차로 구분하기도 하고, 결산예비절차, 결산본절차, 결산보고서 작성으로 구분하기도 한다.

본서에서는 결산절차를 결산예비절차와 결산본절차로 구분하여 살펴보자.

## 1) 결산예비절차

- **수정전시산표의 작성**

결산예비절차는 본결산을 위한 준비단계이다. 즉 본결산에 앞서 기중의 회계처리에 대한 검토를 하는 단계로 앞서 살펴본 바와 같이 수정시산표 작성을 통하여 이루어진다. 결산에 앞서 시산표를 작성함으로써 전기의 정확성 확인을 확인하고, 결산 전 경영성과와 재무상태를 개략적으로 파악할 수 있다.

## 2) 결산본절차(결산과정)

결산본절차는 결산정리사항에 대한 정리로부터 이월작성표의 작성까지를 말한다.

- 결산정리와 수정분개
- 전기와 수정후시산표
- 재무제표 작성
- 계정마감(손익계산서 계정마감, 재무상태표 계정마감)
- 이월시산표 작성

결산본절차를 통해서 기업은 재무상태와 경영성과를 확정하여 재무제표를 작성하고 각종 장부를 당기와 차기로 구분하는 등 장부를 마감한다.

이월시산표의 작성은 선택사항인데 이월시산표는 당기에서 차기로 이월되는 계정잔액을 나타낸 표로서 재무상태표 잔액을 타나낸다. 따라서 이월시산표 잔액은 재무상태표 잔액과 동일하여 생략하는 것이 일반적이다.

한편, 실무에서는 정산표를 통하여 수정사항에 대한 수정분개(결산정리분개)를 기입하고 수정후시산표를 작성하여 재무상태와 경영성과를 파악한다. 본서에서는 시산표 작성과 전기에 대해 살펴보았으므로 수정분개와 정산표 작성, 장부의 마감 순으로 살펴보고자 한다.

## ② 수정분개

### 1. 수정분개의 의의와 특징

수정분개는 정확한 재무상태와 경영성과를 나타내기 위하여 기말에 각 계정의 실제와 장부가액을 일치시키는 분개를 말한다. 대부분의 수정분개는 회계의 발생주의 원칙을 적용하는 과정이라 볼 수 있다. 이는 현금흐름표를 제외한 재무제표의 작성은 발생주의를 기준으로 하기 때문이다.

■ 수정분개

정확한 재무상태와 경영성과를 나타내기 위하여 기말에 각 계정의 실제와 장부가액을 일치시키는 분개이다.

결산시점 수정분개는 다음과 같은 특징을 가진다.

#### ① 수정분개는 발생기준에 입각하여 기록

수정분개는 회계기간의 재무상태와 경영성과를 명확히 하기 위하여 결산시점에 이루어진다. 현금흐름표를 제외한 재무제표는 현금주의가 아닌 발생주의를 기준으로 작성되어야 한다.

#### ② 수정분개를 통한 수익과 비용의 변화

전술한 바와 같이 현행 회계는 발생주의에 의해서 경영성과와 재무상태를 나타내야 한다. 수정분개를 통하여 수익은 실현되었을 때 인식하고, 비용은 관련 수익에 대응하여 인식하는 것이 원칙이다.

따라서 수정이 필요한 수익이나 비용은 이익에도 영향을 미치며, 거래의 이중성에 의해 자산이나 부채도 변동된다.

## 2. 발생주의와 수정분개

결산정리사항은 발생주의와 관련된 항목이 많다. 결산시점에 수정분개가 필요한 이유를 발생주의의 논리를 통해서 이해할 수 있는데 발생주의의 특징을 간략하게 기술하면 다음과 같다.

① 발생기준에 따라 수익과 비용을 인식하는 것과 관련되어 있다.
수익과 비용을 인식함으로서 재무상태(자산과 부채)도 동시에 변화한다.

② 발생기준은 기업실체의 경제적 거래나 사건에 대해 관련된 수익과 비용을 그 현금 유출입이 있는 기간이 아니라 당해 거래나 사건이 발생한 기간에 인식하는 것을 말한다.
따라서 회계기간 중 기간의 경과에 따른 수익이나 비용과 이에 동반한 자산이나 부채를 인식한 경우 이를 재검토해야 한다.

③ 발생주의 회계는 현금거래뿐 아니라, 신용거래, 재화 및 용역의 교환 또는 무상이전, 자산 및 부채의 가격변동 등과 같이 현금 유출입을 동시에 수반하지 않는 거래나 사건을 인식함으로써 기업실체의 자산과 부채, 그리고 이들의 변동에 관한 정보를 제공한다. 이로 인해 회계기간 중 거래가 발생하지 않은 사항에 대해서도 결산정리사항이 있을 수 있다.

■ 발생주의 기준
기업실체의 경제적 거래나 사건에 대해 관련된 수익과 비용을 그 현금 유출입이 있는 기간이 아니라 당해 거래나 사건이 발생한 기간에 인식하는 것이다.

한편, 발생주의 회계는 발생과 이연의 개념을 포함하는데 이는 수정분개 시 적용되는 개념이다.

발생이란 미수수익과 같이 미래에 수취할 금액에 대한 자산을 관련된 수익과 함께 인식하거나, 또는 미지급비용과 같이 미래에 지급할 금액에 대한 부채를 관련된 비용과 함께 인식하는 회계과정을 말한다.

이연이란 선수수익과 같이 미래에 수익을 인식하기 위해 현재의 현금 유입액을 부채로 인식하거나, 선급비용과 같이 미래에 비용을 인식하기 위해 현재의 현금 유출액을 자산으로 인식하는 회계과정을 말한다. 또한 이연은 수익과 비용의 기간별 배분을 수반한다. 기간별 배분은 상각이라고도 하며, 이는 매 기간에 일정한 방식에 따라 금액을 감소시켜가는 회계과정을 의미한다. 상각의 예로는 감가상각 또는 감모상각에 의한 비용을 인식하는 것과 선수수익을 수익으로 인식하는 것이 있다.

> **참고**
>
> 발생주의와 현금주의의 차이는 수익과 비용을 인식하는 시점이 다르다는 데 있다. 예를 들어 설비투자에 현금이 지출되는 시점에서부터 판매된 제품의 대가가 현금으로 회수될 때까지는 상당한 기간이 소요될 수 있다. 그러므로 일년 정도의 짧은 기간에 대해 현금 유입과 현금 유출만을 단순 대비하는 것은 기업실체의 재무적 성과를 적절히 나타내지 못할 수 있다. 발생주의 회계에서는 회계기간별로 기업실체의 경영성과를 적절히 측정하기 위하여 결산시점에서 수정분개를 통해 수익과 비용을 기간별로 귀속시키고 동시에 자산과 부채의 증감도 함께 인식한다.

## 3. 수정분개의 유형

결산시점에 행하는 수정분개는 전술한 결산정리사항을 수정분개하는 것으로 본서에서는 수정분개를 다음과 같이 구분하여 살펴보고자 한다.

| 구 분 | 내        용 | 비        고 |
|---|---|---|
| 발생 | • 수익의 발생: 수익인식과 함께 자산 인식 (미수이자, 미수임대료 등) | • 현금이나 청구권으로 수취하지 않아 기록하지 않은 수익 |
| | • 비용의 발생: 비용인식과 함께 부채 인식 (미지급이자, 미지급임차료 등) | • 현금으로 지급하지 않아 기록하지 않은 비용 |
| 이연 | • 수익의 이연: 수익에서 차감하여 부채로 인식(선수이자, 선수임대료 등) | • 가득되기 전에 현금이 수령되고 부채로 인식되는 수익 |
| | • 비용의 이연: 비용에서 차감하여 자산으로 인식(선급이자, 선급임차료 등) | • 이용되거나 소비되기 전에 현금으로 지급되고 자산으로 기록되는 비용 |
| 기타 | • 감가상각비, 대손상각비 등 • 재고자산(상품, 소모품 등) 실사 및 평가 등 | • 발생과 이연을 제외한 추정과 평가에 의한 수정분개 |

## ③ 발생과 이연의 수정분개

## 1. 발생

수정분개에서 발생은 수익의 발생과 비용의 발생으로 나누어진다. 즉 회계기간 중 현금의 수취가 없어 수익으로 인식하지 않았거나, 현금의 지급이 없어 비용으로 인식하지 않은 항목을 말한다. 현금 수취와 지급을 동반하지 않은 수익과 비용은 일반적으로 일정기간 동안 자산의 사용이나 용역의 제공을 하거나, 일정기간 동안 자산의 사용이나 용역의 제공을 받는 경우 발생한다.

현행 회계에서는 발생주의를 채택하고 있으므로 현금 수취나 지급이 없어도 해당기간에 발생한 수익과 비용은 이를 당해 회계기간에 귀속시켜야 한다.

기말시점 수익의 발생과 비용의 발생을 인식하기 위한 수정분개는 다음과 같은 절차를 통해 실시한다.

- **결산정리사항 파악**: 현금 거래가 없는 수익의 발생항목(미수수익)과 비용의 발생 항목(미지급비용)의 계정을 확인하여 이를 정리한다.

- **수정분개**: 결산정리사항을 토대로 수정분개를 실시한다.

**알아두기** ■ 발생이란?

미수수익과 같이 미래에 수취할 금액에 대한 자산을 관련된 수익과 함께 인식하거나(예: 미수임대료), 또는 미지급비용과 같이 미래에 지급할 금액에 대한 부채를 관련된 비용과 함께 인식하는 회계과정(예: 미지급 임차료)

## 1) 수익의 발생

일반적으로 수익이 발생되면 현금이 유입되거나 이에 대한 청구권을 확보한다. 그러나, 수익의 발생이 한 번의 거래가 아닌 일정기간 동안 타인에게 자산의 사용이나 용역의 제공을 하기로 한 경우 결산 시점에 이를 인식해야 한다.

수익의 발생항목은 현금 수취를 하지 않은 경우이므로 현금 수취가 없이 회계기간 중 수익이 발생한 경우이다. 수익의 발생항목에 속하는 것은 미수수익으로 미수임대료, 미수이자 등이다.

<사례 2> 7월 1일 1년간 연이자율 4%에 현금 1,000원을 빌려주고 이자는 1년 후에 받기로 하다.

- 7월 1일의 분개는 다음과 같다.
  단기대여금    1,000  /  현금         1,000

- 12월 31일의 수정분개는 다음과 같다.
  미수이자        20   /  이자수익      20

- 1년분 이자수익 : 1,000 × 4% = 40이므로 이에 절반인 20원을 당해 연도 이자수익으로 인식해야 한다.

〈사례 2〉의 경우 7월 1일부터 다음해 6월 30일까지 이자수익이 지속적으로 발생하는데 당해연도에 발생한 이자수익은 결산시점인 12월 31일에 인식해야 한다.

이자를 원금과 같이 받기로 하였으니 회계기간 중 이자수익에 대한 기록이 없을 수밖에 없다. 이자를 돌려받는 시점에 이자수익을 인식한다면 이는 현금주의에 따른 회계처리이며 경영성과와 재무상태를 올바르게 나타내지 못하게 된다.

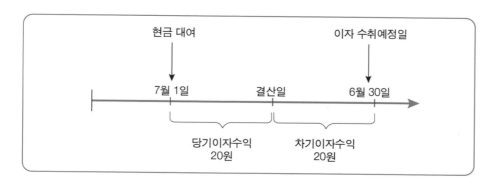

위와 같이 이자수익은 1년간 발생하며, 당해 연도에 발생한 수익은 결산시점에 인식하여야 한다. 따라서 결산시점에 차변에 이자수익(영업외수익)

을 인식하고 상대계정은 미수이자(자산)로 수정분개를 하여야 한다.

■ **수익의 발생**
수익의 발생은 시간의 경과에 현금을 수취하지 않은 당기에 발생한 수익을 인식하는 것을 말하는데 당기에 해당하는 수익과 함께 차기에 수취할 자산 (예: 미수수익)을 인식한다. 미수수익으로는 미수이자, 미수임대료 등이 있다.

## 2) 비용의 발생

수익과 마찬가지로 일반적으로 비용이 발생되면 현금이 유출되거나 이에 대한 의무가 확정된다. 그러나 비용의 발생이 한 번의 거래가 아닌 일정기간 동안 타인의 자산을 사용하거나 용역의 제공을 받기로 한 경우 결산 시점에 이를 인식해야 한다. 비용의 발생항목은 현금 지급을 하지 않은 경우이므로 현금 지급이 없이 회계기간 중 발생한 비용이다.

수정분개 유형 중 이러한 비용의 발생항목에 속하는 것은 미지급비용으로 미지급임차료, 미지급이자 등이 해당된다.

<사례 3> 7월 1일 1년간 연이자율 4%에 현금 1,000원을 빌려주고 이자는 1년 후에 주기로 하다.

• 7월 1일의 분개는 다음과 같다.
  현금          1,000  /  단기차입금          1,000
• 12월 31일의 수정분개는 다음과 같다.
  이자비용         20  /  미지급이자            20
• 1년분 이자비용 : 1,000 × 4% = 40이므로 이에 절반인 20원을 당해 연도 이자비용으로 인식해야 한다.

〈사례 3〉의 경우 7월 1일부터 익년 6월 30일까지 이자비용이 지속적으로 발생하는데 당해 연도에 발생한 이자비용은 결산시점인 12월 31일에 인식해야 한다.

이자를 원금과 같이 지급하기로 하였으니 회계기간 중 이자비용에 대한 기록이 없을 수밖에 없다. 이자를 현금으로 지급하는 시점에 이자비용을 인식한다면 이는 현금주의에 따른 회계처리이며 경영성과와 재무상태를 올바르게 나타내지 못하게 된다.

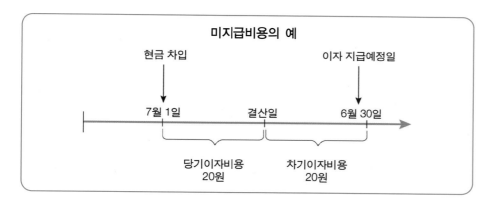

위와 같이 이자비용은 1년간 발생하며, 당해 연도에 발생한 비용은 결산시점에 이를 인식하여야 한다. 따라서 결산시점에 이자비용(영업외비용)을 인식하고 상대계정은 미지급이자(부채)로 수정분개를 하여야 한다.

■ 비용의 발생

비용의 발생은 시간의 경과에 현금을 지급하지 않은 당기에 발생한 비용을 인식하는 것을 말하는데 당기에 해당하는 비용과 함께 차기에 지급할 부채(예: 미지급비용)를 인식한다. 미지급비용으로는 미지급이자, 미지급임차료 등이 있다.

| 〈예제 6-1〉 | 다음은 A호텔과 B기업의 회계기간 중 거래 내용이다. A호텔과 B기업의 결산일은 모두 12월 31일이며, 두 기업의 회계담당자는 기말결산을 준비하고 있다. |
|---|---|

7월 1일       A호텔은 B기업에게 현금 2,000원을 차입하면서 1년 뒤 이자 40원을 지급하기로 하였다.

10월 1일     A호텔은 B기업에게 사무실을 1년간 빌려주기로 하고, 임대료 1,200원은 임대기간 종료시점에 받기로 하다.

〈요구사항〉

1. A호텔의 기말결산정리 사항은?
2. B기업의 기말결산정리 사항은?
3. A호텔 입장에서 수정분개를 실시하라.
4. B기업 입장에서 수정분개를 실시하라.

〈풀이〉

1. A호텔의 기말결산정리 사항은 다음과 같다.

- 7월 1일 1,000원의 차입금에 대한 이자비용이 6개월간 발생하였으며, 이에 대한 대가를 지급하지 않았더라도 이를 당해 연도에 계상하여야 한다. 즉, 이자비용과 부채를 동시에 인식하여야 한다.

- 10월 1일 사무실을 임대하였으므로 수익이 3개월간 발생하였으나 이를 인식하지 않았으므로 3개월간의 임대료를 계상하여야 한다. 즉 3개월간의 임대료와 자산을 동시에 인식하여야 한다.

2. B호텔의 기말결산정리 사항은 다음과 같다.

- 7월 1일 1,000원의 대여금에 대한 이자수익이 6개월간 발생하였으며, 이에 대한 대가를 수취하지 않았더라도 이를 당해 연도에 계상하여야 한다. 즉, 이자수익과 자산을 동시에 인식하여야 한다.

- 10월 1일 사무실은 임차하였으므로 비용이 3개월간 발생하였는데 이를 인식하지 않았으므로 3개월간의 임차료를 계상하여야 한다. 즉 3개월간의 임차료와 부채를 동시에 인식하여야 한다.

3. A호텔의 수정분개는 다음과 같다.

- 이자비용에 대한 수정분개

이자비용          20     /    미지급이자          20

1년간 이자가 40원이므로 당해연도 6개월간 20원의 이자비용이 발생하며, 이에 대한 지급의무가 발생하였으므로 부채(미지급이자)로 인식한다.

- 임대료에 대한 분개

미수임대료        300    /    임대료              300

1년간 임대료가 1,200원이므로 당해연도 3개월간 300원의 수익이 발생하며, 이를 수취할 수 있는 권리가 확보되었으므로 자산(미수임대료)으로 인식한다.

4. B기업의 수정분개는 다음과 같다.

- 이자수익에 대한 수정분개

미수이자          20     /    이자수익            20

1년간 이자가 40원이므로 당해 연도 6개월간 20원의 이자수익이 발생하며, 이를 수취할 수 있는 권리가 확보되었으므로 자산(미수이자)으로 인식한다.

- 임차료에 대한 분개

임차료           300    /    미지급임차료        300

1년간 임차료가 1,200원이므로 당해 연도 3개월간 300원의 임차료가 발생하며, 이에 대한 지급의무가 발생하였으므로 부채(미지급임차료)로 인식한다.

## 2. 이연

이연은 발생과 달리 현금 수취나 지급이 이루어진 거래 항목이다. 수익과 비용이 실현되지 않았음에도 불구하고 현금을 미리 수취하거나 지급한 경우 차기에 해당하는 수익과 비용은 결산시점에 이를 조정해야 한다.

이연은 수익의 이연과 비용의 이연으로 구분할 수 있다.

수익의 이연은 미리 수취한 현금 중 차기의 수익에 해당하는 부분을 부채로 인식하는 것이며, 비용의 이연은 미리 지급한 현금 중 차기의 비용에 해당하는 부분을 자산으로 인식함을 의미한다.

현행 회계에서는 발생주의를 채택하고 있으므로 현금 수취나 지급이 동반되더라도 차기에 해당하는 수익과 비용은 차기의 수익과 비용으로 인식해야 한다. 따라서, 차기에 해당하는 수익과 비용에 대해서 수정분개를 통해서 이를 부채와 자산으로 조정해야 한다.

기말시점 수익의 이연과 비용의 이연을 인식하기 위한 수정분개는 다음과 같은 절차를 통해 실시한다.

• **결산정리사항 파악**: 현금 수취와 지급이 동반된 수익과 비용계정에서 수익의 이연항목(선수수익)과 비용의 이연항목(선급비용)의 계정을 확인하여 이를 정리한다. 발생항목과 달리 관련 거래 발생 시 회계처리에 따라 수정분개가 달라지니 당기와 차기에 인식되는 수익이나 비용을 명확히 정리해야 한다.

• **수정분개**: 결산정리사항을 토대로 수정분개를 실시한다.

■ **이연이란?**

선수수익과 같이 미래에 수익을 인식하기 위해 현재의 현금 유입액을 부채로 인식하거나(예: 선수임대료), 선급비용과 같이 미래에 비용을 인식하기 위해 현재의 현금 유출액을 자산으로 인식하는 회계과정(예: 선급이자비용)이다.

## 1) 수익의 이연

수익의 이연이 수익의 발생과 다른 점은 현금을 미리 수취한다는 점이다. 일반적으로 수익이 발생되면 현금이 유입되거나 이에 대한 청구권을 확보한다. 그러나, 수익의 실현이 일정한 기간의 경과에 따라 인식되는 경우 현금을 미리 수취했더라도 결산일을 기준으로 차기에 해당하는 수익은 이를 부채로 인식해야 한다. 즉, 수익의 이연항목은 장래에 용역을 제공하기로 하고 현금을 수취하였으나 결산시점에 이르러서도 용역을 제공하지 않은 부분에 대하여 차기에 제공해야 하는 부채로 인식하는 것을 말한다.

수익의 이연항목에 속하는 것은 선수수익으로 선수임대료, 선수이자 등이 이에 해당한다.

수익의 이연(선수수익)과 관련된 수정분개는 현금 수취시점의 회계처리에 따라 수정분개가 달라져야 한다.

현금 수취 시 수익으로 인식하였다면 수정분개에서는 수익을 차감시키고 이를 부채로 인식한다. 또한 현금 수취 시 부채로 인식하였다면 부채를 감소시키고 이를 수익으로 인식하면 된다.

<사례 4> 7월 1일 1년간 연이자율 4%에 현금 1,000원을 빌려주고, 1년간 이자 40원을 받았다.

① 수취 시 수익으로 인식한 경우

<이자 수취 시>

• 7월 1일 분개는 다음과 같다.

현금　　　 40　/　이자수익　　 40

• 분개내용을 전기하면 다음과 같다.

| 이자수익 | |
|---|---|
| | 7/1　현금　40 |

&lt;결산 시&gt;

- 결산 시 수정분개는 다음과 같다.

  이자수익    20  /  선수이자    20

- 수정분개를 전기하면 다음과 같다.

| 이자수익 | | 선수이자 | |
|---|---|---|---|
| 12/31 선수이자 20 | 7/1 현금 40 | | 12/31 이자수익 20 |

② 이자 수취 시 부채로 인식한 경우

&lt;이자 수취 시&gt;

- 7월 1일 분개는 다음과 같다.

  현금        40  /  선수이자    40

- 분개내용을 전기하면 다음과 같다.

| 선수이자 | |
|---|---|
| | 7/1 현금 40 |

&lt;결산 시&gt;

- 결산 시 수정분개는 다음과 같다.

  선수이자    20  /  이자수익    20

- 수정분개를 전기하면 다음과 같다.

| 이자수익 | | 선수이자 | |
|---|---|---|---|
| | 12/31 선수이자 20 | 12/31 이자수익 20 | 7/1 현금 40 |

〈사례 4〉는 수익의 이연을 현금 수취 시 두 가지 방법으로 분개하고 이를 수정분개 하였다.

① 현금 수취 시 수익인 이자수익으로 회계처리 하였으며, 결산 시 수정분 개를 통해 차기 연도로 수익이 이연되는 부분만큼 감소시키고 이를 부 채인 선수이자로 계상하였다. 그 결과 이자수익은 대변에 20원, 선수

이자는 대변에 20원이 남게 된다

② 현금 수취 시 부채인 선수이자로 회계처리 하였으며, 결산 시 수정분개를 통해 당해 연도에 발생한 이자수익을 계상하고 부채인 선수이자에서 차감하였다. 그 결과 이자수익은 대변에 20원, 선수이자는 대변 20원이 남게 된다.

〈사례 4〉의 두 가지 방법 모두 이자수익과 선수이자 계정잔액이 동일하다. 따라서 현금 수취 시 회계처리에 따라 수정분개는 달라지나 두 가지 방법 모두 동일한 결과를 가져온다.

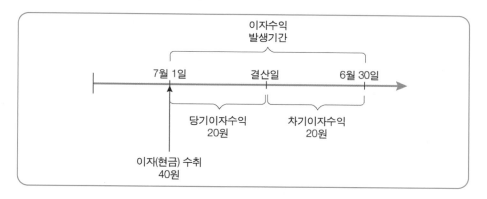

이와 같이 현금수취에도 불구하고 당기 수익에 해당하는 부분만 당기 이자수익으로 인식하고 현금으로 미리 받은 20원에 대해서는 부채인 선수이자로 처리해야 한다. 수정분개를 할 때는 항시 회계기간의 귀속을 염두에 두고 처리해야 한다.

■ **수익의 이연**

수익의 이연은 미리 수취한 현금 중 차기에 속하는 수익을 부채인 선수수익으로 인식하는 것을 말한다. 선수수익으로는 선수이자, 선수임대료 등이 있다.

## 2) 비용의 이연

비용의 이연이 비용의 발생과 다른 점은 현금을 미리 지급한다는 점이다.

일반적으로 비용이 발생되면 현금이 유출되거나 이에 대한 의무가 발생한다. 그러나 비용이 기간의 경과에 따라 발생되는 경우 현금을 미리 지급했더라도 결산일을 기준으로 차기에 해당하는 비용은 자산으로 인식해야 한다.

비용의 이연항목은 장래에 용역을 제공받기로 하고 현금을 지급하였으나 결산시점에 이르러서도 용역을 제공받지 않은 부분에 대하여 결산시점에 이를 자산으로 인식하는 것을 말한다.

비용의 이연항목에 속하는 것은 선급비용으로 선급임차료, 선급이자, 선급보험료 등이 이에 해당한다.

비용의 이연(선급비용)과 관련된 수정분개는 현금 지급시점의 회계처리에 따라 수정분개가 달라져야 한다.

아울러, 현금 지급시점에 비용으로 인식하였다면 수정분개에서는 비용을 차감시키고 이를 자산으로 인식한다. 또한 현금 지급시점에 자산으로 인식하였다면 자산을 감소시키고 이를 비용으로 인식하면 된다.

---

<사례 5> 7월 1일 1년간 연이자율 4%에 현금 1,000원을 빌리고, 1년간 이자 40원을 지급하였다.

① 이자 지급시점 비용으로 인식한 경우

<이자 지급시점>

• 7월 1일 분개는 다음과 같다.

　이자비용　　40　/　현금　　40

• 분개내용을 전기하면 다음과 같다.

|  이자비용 | |
|---|---|
| 7/1　현금　40 | |

---

<결산시점>

- 결산시점 수정분개는 다음과 같다.

  선급이자　　20　/　이자비용　　20

- 수정분개를 전기하면 다음과 같다.

| 이자비용 | | 선급이자 | |
|---|---|---|---|
| 7/1　현금　40 | 12/31 선급이자 20 | 12/31 이자비용 20 | |

② 이자 지급시점 자산으로 인식한 경우

<이자 지급시점>

- 7월 1일 분개는 다음과 같다.

  선급이자　　40　/　현금　　　　40

- 분개내용을 전기하면 다음과 같다.

| 선급이자 | |
|---|---|
| 7/1　현금　40 | |

<결산 시>

- 결산 시 수정분개는 다음과 같다.

  이자비용　　20　/　선급이자　　20

- 수정분개를 전기하면 다음과 같다.

| 선급이자 | | 이자비용 | |
|---|---|---|---|
| 7/1　현금　40 | 12/31 이자비용 20 | 12/31 선급이자 20 | |

〈사례 5〉는 비용의 이연을 현금 지급시점에 두 가지 방법으로 분개하고 이를 수정분개 하였다.

① 현금 지급시점 비용인 이자비용으로 회계처리 하였으며, 결산시점 수정분개를 통해 차기 연도로 비용이 이연되는 부분만큼 이자비용을 감

소시키고 이를 자산인 선급이자로 계상하였다. 그 결과 선급이자는 차변에 20원, 이자비용은 차변 20원이 남게 된다.

② 현금 수취시점에 자산인 선급이자로 회계처리 하였으며, 결산시점 수정분개를 통해 당해 연도에 발생한 이자비용을 계상하고 자산인 선급이자에서 차감하였다. 그 결과 선급이자는 차변에 20원, 이자비용은 차변 20원이 남게 된다.

〈사례 5〉의 두 가지 방법 모두 이자비용과 선급이자 계정잔액이 동일하다. 따라서 현금 지급 시 회계처리에 따라 수정분개는 달라지나 두 가지 방법 모두 동일한 결과를 가져온다.

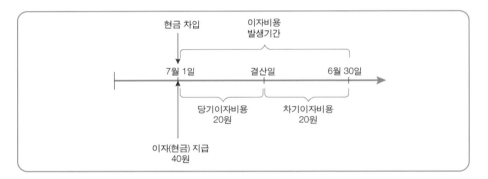

이와 같이 현금 지급에도 불구하고 당기에 발생한 이자부분에 대해서만 당기 비용으로 인식하고 미리 지급한 20원에 대해서는 자산인 선급이자로 처리해야 한다.

 **알아두기** ■ 비용의 이연
비용의 이연은 미리 지급한 현금 중 차기에 속하는 비용을 자산인 선급비용으로 인식하는 것을 말한다. 선급비용으로는 선급이자, 선급임차료 등이 있다.

발생과 이연의 수정전계정과 수정분개를 간략히 요약하면 다음과 같다.

| 구 분 | | 수정전계정 | 수정분개 |
|---|---|---|---|
| 이연 | 선급비용 | 자산과다, 비용과소 | 비용 / 자산 |
| | 선수수익 | 부채과다, 수익과소 | 부채 / 수익 |
| 발생 | 미수수익 | 자산과소, 수익과소 | 자산 / 수익 |
| | 미지급비용 | 비용과소, 부채과소 | 비용 / 부채 |

〈예제 6-2〉 다음은 (주)G외식의 수정전시산표이다. 12월 31일이 결산일이며, 다음 결산정리사항으로 수정분개하라.

수정전시산표

| 계 정 과 목 | 차　　　　변 | 대　　　　변 |
|---|---|---|
| 현　　　　　　　금 | 2,000 | |
| 상　　　　　　　품 | 1,000 | |
| 대　　　여　　　금 | 6,600 | |
| 선　급　보　험　료 | 1,200 | |
| 건　　　　　　　물 | 8,800 | |
| 건 물 감 가 상 각 누 계 액 | | 1,200 |
| 외　상　매　입　금 | | 1,400 |
| 자　　　본　　　금 | | 10,000 |
| 차　　　입　　　금 | | 3,000 |
| 매　　　　　　　출 | | 5,800 |
| 급　　　　　　　여 | 1,000 | |
| 이　자　비　용 | 800 | |
| 합　　　　　　　계 | 21,400 | 21,400 |

〈결산정리사항〉

① 9월 1일 보험료 1,200원을 지급하였으며, 만기는 내년 8월 31일이다.

② 이자비용은 10월 1일 거래처로부터 3,000원을 차입하면서 8개월 간의 이자를 미리 지급한 것이다.

③ 7월 1일 사무실을 월 300원에 임차하였으며, 대금은 내년 2월 1일 에 지급하기로 하였다.

④ 거래처에 12월 1일 6,600원을 1년 후에 원금을 돌려받기로 하고 월 1% 이율로 빌려주었으며, 이자는 3개월 후에 받기로 하였다.

〈풀이〉

① 9월 1일 선급보험료는 현금 1,200원을 지급하였으며, 만기는 8월 31일이다.

| 수정분개 | 보험료 | 400 | / | 선급보험료 | 400 |

9월 1일 1년간 보험료를 현금으로 지급하면서 자산(선급보험료)으로 회계처 리 하였다. 9월 1일 이후 4개월이 경과하여 4개월간의 보험료(비용)가 발생하 였으며, 이로 인해 선급보험료(자산)가 그만큼 감소하게 된다.

② 10월 1일 거래처로부터 3,000원을 차입하면서 8개월간의 이자를 미리 지급하였다.

| 수정분개 | 선급이자 | 500 | / | 이자비용 | 500 |

10월 1일 8개월간의 이자를 지급하면서 비용(이자비용)으로 처리하였다. 당기 에 해당하는 이자비용은 300원이므로 이자비용에서 500원을 감소시켜야 하며, 이는 내년 이자비용 500원을 미리 준 것이므로 자산(선급이자)으로 수정분개 한다.

③ 7월 1일 사무실을 월 100원에 임차하였으며, 임차료는 2월 1일에 지급하기로 하였다.

| 수정분개 | 임차료 | 600 | / | 미지급임차료 | 600 |

7월 1일 사무실을 임차하면서 대금을 지급하지 않았다. 현금의 지급이 없어도 당기의 발생한 임차료 600원은 비용으로 인식해야 한다. 비용이 발생하였으므로 이에 대한 지급의무인 부채(미지급임차료)를 인식하는 수정분개가 필요하다.

④ 거래처에 12월 1일 6,600원을 1년 후에 원금을 돌려받기로 하고, 월 1% 이율로 빌려주었으며, 이자는 3개월 후에 받기로 하였다.

| 수정분개 | 미수이자 | 66 | / | 이자수익 | 66 |

이자를 미리 수취하지 않았으며 이자수익의 발생에 대한 수정분개가 필요하다. 따라서, 1개월간의 이자(월 1%)를 이자수익으로 인식하고 이를 자산(미수이자)으로 인식해야 한다.

## ④ 기타 결산정리사항

수익과 비용의 발생과 이연 이외에도 기말 수정분개할 사항은 소모품 등의 저장품, 상품 등 재고자산의 실사와 평가, 감가상각비 계상, 대손충당금 설정, 유가증권평가 등이 있으나 본서에서는 몇 가지만 살펴보기로 한다.

## 1. 소모품의 정리

결산시점에 소모품 등 저장품은 기말실사를 통해 미사용액을 파악하고 이에 대한 수정분개를 해야 한다. 소모품의 사용은 비용에 해당하고 미사용된 소모품은 자산이므로 구입시점의 회계처리를 확인하여 이를 수정분개해야 한다.

소모품은 구입시점 회계처리 방법은 두 가지로 나눌 수 있다. 하나는 자산으로 처리하는 경우이고 다른 하나는 비용으로 처리하는 경우이다. 소모품 구입시점 자산으로 처리하는 경우 기말실사를 통해 미사용액을 고려하여 자산을 차감시키고 비용을 인식해야 한다. 또한 비용으로 인식한 경우 소모품 미사용액만큼 비용을 감소시키고 이를 자산으로 인식한다.

<사례 6>  10월 1일 소모품 1,000원을 현금으로 구입하다. 결산시점 소모품 미사용액은 300원이다.

① 구입시점 자산으로 인식한 경우

<소모품 구입시점>

• 10월 1일 분개는 다음과 같다.

    소모품            1,000   /   현금           1,000

• 분개내용을 전기하면 다음과 같다.

```
                 소모품
  10/1   현금 1,000    │
                       │
```

<결산시점>

• 결산시점 수정분개는 다음과 같다.

    소모품비        700   /   소모품        700

• 수정분개를 전기하면 다음과 같다.

```
               소모품                              소모품비
  10/1  현금 1,000 │ 12/31 소모품비 700   12/31 소모품 700 │
                   │                                       │
```

② 비용으로 인식한 경우

<소모품 구입시점>

• 10월 1일 분개는 다음과 같다.

    소모품비        1,000   /   현금           1,000

• 분개내용을 전기하면 다음과 같다.

```
                 소모품비
  10/1   현금 1,000   │
                      │
```

<결산시점>

- 결산시점 수정분개는 다음과 같다.

  소모품             300   /   소모품비             300

- 수정분개를 전기하면 다음과 같다.

| 소모품비 | | | 소모품 |
|---|---|---|---|
| 12/31  현금 1,000 | 12/31  소모품 300 | 12/31  소모품비 300 | |

## 2. 감가상각

감가상각은 토지를 제외한 유형자산의 감가상각대상금액을 그 자산의 내용연수 동안 체계적인 방법에 의하여 각 회계기간에 배분하는 것을 말한다. 즉 감가상각은 특정기간 동안의 생산성과(수익)와 대응시킬 생산노력을 측정하는 배분의 과정이지, 평가의 과정이 아니다.

자산으로부터의 효익이 여러 회계기간에 걸쳐 기대되는 경우, 이와 관련하여 발생한 특정 성격의 비용은 체계적이고 합리적인 배분절차에 따라 각 회계기간에 배분하는 과정을 거쳐 인식한다. 이와 같은 예로는 유형자산의 감가상각비와 무형자산의 상각비가 있다.

아울러, 유형자산이나 무형자산의 감가상각은 기중에는 회계처리를 하지 않고 기말에만 회계처리를 한다. 감가상각의 회계처리는 당기말에 감가상각비를 비용으로 인식하고, 감가상각누계액으로 해당자산의 평가(차감)계정을 기록하면 된다.

<사례 7> 7월 1일 비품을 1,000원에 구입하였다. 비품은 5년간 균등 상각하며 5년 후 잔존가액은 없다. 1년간 200원을 감가상각한다면 기말 수정분개는 다음과 같다.

12/31   감가상각비             200   /   비품감가상각누계액             200

감가상각비는 비용계정이며, 감가상각누계액은 해당자산의 차감항목으로 재무상태표에 표시되므로 반드시 해당자산의 감가상각누계액으로 표기해야 한다.

참고 감가상각과 관련된 용어는 다음과 같다.

| 구 분 | 내 용 |
|---|---|
| 감가상각 | 유형자산의 감가상각대상금액을 그 자산의 내용연수 동안 체계적인 방법에 의하여 각 회계기간에 배분하는 것 |
| 감가상각대상금액 | 유형자산의 취득원가에서 잔존가액을 차감한 금액 |
| 내용연수 | 자산의 예상사용기간 또는 자산으로부터 획득할 수 있는 생산량이나 이와 유사한 단위 |
| 취득원가 | 자산을 취득하기 위하여 자산의 취득시점이나 건설시점에서 지급한 현금 및 현금성자산 또는 제공하거나 부담할 기타 대가의 공정가액 |
| 잔존가액 | 자산의 내용연수가 종료되는 시점에서 그 자산의 예상처분가액에서 예상처분비용을 차감한 금액 |
| 공정가액 | 합리적인 판단력과 거래의사가 있는 독립된 당사자 간에 거래될 수 있는 교환가격 |
| 감액손실 | 유형자산의 회수가능가액이 장부가액에 미달하는 경우 그 차액 |
| 장부가액 | 자산의 취득원가에서 감가상각누계액과 감액손실누계액을 차감한 금액 |
| 회수가능가액 | 순매각가액과 사용가치 중 큰 금액 |

## 3. 기말재고자산의 실사와 매출원가

상품거래를 기록하는 방법은 계속기록법과 실지재고조사법이 있다. 실지재고조사법에 의해 상품거래를 기록할 때는 결산시점 기말재고자산가액과 매출원가를 위한 수정분개를 해야 한다.

계속기록법은 상품재고와 매출원가에 대한 기록을 장부상에서 계속적으로 유지하여 별도의 수정분개를 필요로 하지 않으며 다음과 같은 특징이 있다.

- 기말재고량을 장부에서 파악
- 상품 매입을 자산 증가로 보아 자산계정인 상품에 기록
- 상품 매출 시 매출 외에 매출원가를 추가적으로 분개
- 기말의 상품계정 차변 잔액은 상품의 기말재고액을 나타냄
- 매출원가계정을 통하여 당기 매출원가를 즉시 계산할 수 있음
- 취급 상품별로 상품재고장을 기록함

반면 실지재고조사법은 상품 거래시점에는 상품재고에 대한 기록을 하지 않기 때문에 회계기말에 상품재고량을 실지재고조사를 통하여 파악하는 방법이다. 따라서 결산시점에 기초상품과 기말상품에 대한 수정분개를 해야 하며 다음과 같은 특징이 있다.

- 기말재고량을 창고에서 눈으로 확인
- 상품 매입을 비용 발생으로 보고 비용계정인 매입계정에 기록
- 상품 매출시점에는 매출 분개만 하고 매출원가 분개는 하지 않음
- 상품계정은 기초 재고액만을 나타냄
- 장부에서는 상품의 기말재고액과 매출원가를 알 수 없음
- 기말결산 시점에서 매출원가를 계산함

계속기록법과 실지재고조사법은 상품 매입시점, 상품 판매시점, 결산시점의 분개가 상이한데 다음과 같다.

| 구 분 | 계속기록법 | | | | 실지재고조사법 | | | |
|---|---|---|---|---|---|---|---|---|
| 상품매입 | 상품 | ××× | / 현금 | ××× | 매입 | ××× | / 현금 | ××× |
| 상품매출 | 현금 | ××× | / 매출 | ××× | 현금 | ××× | / 매출 | ××× |
| | 매출원가 | ××× | / 상품 | ××× | | | | |
| 수정분개 (결산 시) | | | | | 매입 | ××× | / 상품(기초) | ××× |
| | | | | | 상품(기말) | ××× | / 매입 | ××× |

따라서 결산시점에 기초상품 재고는 상품의 대변계좌로, 기말상품 재고에 대해서는 상품계정의 차변에 수정분개하며, 상대계정과목은 매입계정으로 분개한다.

## 4. 단기매매증권의 평가

당좌자산 중 단기매매증권은 결산시점 시가로 평가한다. 따라서 시가가 장부가액보다 높은 경우 유가증권평가이익(영업외수익), 시가가 장부가액보다 낮은 경우 유가증권평가손실로 인식해야 한다.

- 유가증권의 시가 > 유가증권의 장부가액: 유가증권평가이익이 발생
- 유가증권의 시가 < 유가증권의 장부가액: 유가증권평가손실이 발생

<사례 8>
① 유가증권의 시가 > 유가증권의 장부가액
   결산시점 보유 중인 유가증권의 장부가액 2,000원이나, 시가는 3,000원이다.
   12/31  유가증권        1,000  /  유가증권평가이익   1,000

② 유가증권의 시가 < 유가증권의 장부가액
   결산시점 보유 중인 유가증권의 장부가액 2,000원이나, 시가는 1,500원이다.
   12/31  유가증권평가손실   500  /  유가증권              500

## 5. 대손충당금의 설정

　대손충당금이란 해당 채권의 가감적 성격인 평가계정으로 재무상태표에서는 해당채권 하단에 차감하는 형식으로 표시한다.

　결산시점 외상매출금이나 받을어음 등의 채권 중 회수가 불가능한 채권이 있는 것으로 예상되는 경우 대손액을 추정하여 비용으로 인식해야 하는데 만약, 설정 전 대손충당금 잔액이 있다면 대손충당금 잔액을 차감한 금액만큼 대손충당금을 추가로 설정한다.

<사례 9>
① 기 설정된 대손충당금이 없는 경우
　매출채권 잔액 5,000원에 대해 1%의 대손예상액을 대손충당금으로 설정하다.
　12/31　대손상각비　　　　　50　/　대손충당금　　　　　50

② 기 설정된 대손충당금이 있는 경우
　매출채권 잔액 5,000원에 대해 1%의 대손예상액을 대손충당금으로 설정하다.
　기 설정된 대손충당금이 30원이 있다.
　12/31　대손상각비　　　　　20　/　대손충당금　　　　　20

| 〈예제 6-3〉 | 다음은 (주)제일호텔의 수정전시산표이다. 다음 결산정리사항으로 수정분개를 실시하시오. |

**수정전시산표**

| 계 정 과 목 | 차 변 | 대 변 |
|---|---|---|
| 현　　　　　　　　　금 | 20,000 | |
| 외　상　매　출　금 | 10,000 | |
| 대　　　여　　　금 | 6,000 | |
| 선　급　보　험　료 | 6,000 | |
| 소　　　모　　　품 | 4,000 | |
| 상　　　　　　　품 | 3,000 | |
| 건　　　　　　　물 | 12,000 | |
| 지　급　어　음 | | 6,000 |
| 매　　　　　　　입 | 5,000 | |
| 외　상　매　입　금 | | 4,000 |
| 선　수　이　자 | | 2,000 |
| 단　기　차　입　금 | | 10,000 |
| 자　　　본　　　금 | | 27,000 |
| 매　　　　　　　출 | | 17,000 |
| 합　　　　　　　계 | 66,000 | 66,000 |

〈결산정리사항〉

① 선급보험료는 1년분이며, 3개월분에 대한 보험료를 인식하다.

② 소모품의 기말재고는 2,000원이다.

③ 단기차입금에 대한 이자는 월 1%이며, 1개월에 대한 이자비용을 인식해야 한다.

④ 지급하지 않은 급여가 4,000원이다.

⑤ 사무실을 월 200원에 빌려주었으며, 2개월분을 인식해야 한다.

⑥ 선수이자는 5개월분을 미리 받은 것으로 1개월분의 수익을 인식하여야 한다.

⑦ 건물에 대한 감가상각 500원을 계상하다.

⑧ 실지재고조사법을 사용하고 있다. 기말상품재고는 2,000원이다.

⑨ 외상매출금에 대하여 1%의 대손충당금을 설정해야 한다.

〈풀이〉

① 선급보험료는 6,000원이 계상되어 자산으로 처리하였으므로 3개월분의 선급보험료를 감소시키고 보험료 3개월분을 계상해야 한다.

| 수정분개 | 보험료 | 1,500 | / | 선급보험료 | 1,500 |

② 수정전 시산표의 소모품은 4,000원으로 기재되어 있어 소모품 구입 시 자산으로 처리하였다. 따라서, 2,000원의 비용(소모품비)을 인식하고 소모품을 2,000원 감소시켜야 한다.

| 수정분개 | 소모품비 | 2,000 | / | 소모품 | 2,000 |

③ 단기차입금은 10,000원이므로 비용(이자비용) 100원이 발생했으며, 부채(미지급이자)를 계상해야 한다.

| 수정분개 | 이자비용 | 100 | / | 미지급이자 | 100 |

④ 발생했으나 계상하지 않은 급여가 4,000원이다. 비용(급여) 발생과 함께 부채(미지급급여)를 계상해야 한다.

| 수정분개 | 급여 | 4,000 | / | 미지급급여 | 4,000 |

⑤ 임대료 2개월분 400원이 발생했으므로 수익(임대료)과 자산(미수임대료)을 함께 계상해야 한다.

| 수정분개 | 미수임대료 | 400 | / | 임대료 | 400 |

⑥ 이자는 1개월에 400원이므로 수익(이자수익) 400원가 부채(선수이자)를 400원 감소시키면 된다.

| 수정분개 | 선수이자 | 400 | / | 이자수익 | 400 |

⑦ 건물에 대한 감가상각 500원을 계상하다.

| 수정분개 | 감가상각비 | 500 | / | 건물감가상각누계액 | 500 |
|---|---|---|---|---|---|

⑧ 기초 상품재고 3,000원과 기말상품재고 2,000원에 대한 수정분개를 실시해야 한다.

| 수정분개 | 매입 | 3,000 | / | 상품 | 3,000 |
|---|---|---|---|---|---|
| | 상품 | 2,000 | / | 매입 | 2,000 |

⑨ 외상매출금이 10,000원이므로 100원에 대해 대손충당금을 설정해야 한다.

| 수정분개 | 대손상각비 | 100 | / | 대손충당금 | 100 |
|---|---|---|---|---|---|

**1.** 결산이란?

-----------------------------------------------------------------
-----------------------------------------------------------------
-----------------------------------------------------------------

**2.** 결산이 필요한 이유에 대해 설명하시오.

-----------------------------------------------------------------
-----------------------------------------------------------------
-----------------------------------------------------------------

**3.** 결산정리란?

-----------------------------------------------------------------
-----------------------------------------------------------------
-----------------------------------------------------------------

**4.** 결산정리사항이란?

-----------------------------------------------------------------
-----------------------------------------------------------------
-----------------------------------------------------------------

**5.** 수정분개란?

-----------------------------------------------------------------
-----------------------------------------------------------------
-----------------------------------------------------------------

6. 수정기입(정리기입)이란?

------------------------------------------------
------------------------------------------------
------------------------------------------------

7. 결산의 절차에 대해서 설명하시오.

------------------------------------------------
------------------------------------------------
------------------------------------------------

8. 수정분개의 특징에 대해서 설명하시오.

------------------------------------------------
------------------------------------------------
------------------------------------------------

9. 발생주의란?

------------------------------------------------
------------------------------------------------
------------------------------------------------

10. 발생이란?

------------------------------------------------
------------------------------------------------
------------------------------------------------

11. 이연이란?

------------------------------------------------
------------------------------------------------
------------------------------------------------

**12.** 감가상각이란?

---------------------------------------------------------------
---------------------------------------------------------------
---------------------------------------------------------------

**13.** 실지재고조사법과 계속기록법의 회계기록의 차이점에 대해 설명하시오.

---------------------------------------------------------------
---------------------------------------------------------------
---------------------------------------------------------------

**14.** 단기매매증권의 평가 방법은?

---------------------------------------------------------------
---------------------------------------------------------------
---------------------------------------------------------------

**15.** 대손충당금이란?

---------------------------------------------------------------
---------------------------------------------------------------
---------------------------------------------------------------

〈선택형〉

**1.** 다음 중 회계순환과정에서 필수적 사항이 아닌 것은?

① 수정전시산표 작성

② 결산분개 및 전기

③ 재무제표 작성

④ 이월시산표의 작성

**2.** 다음 중 발생과 거리가 먼 항목은?

① 미지급이자　　　　　② 미지급임차료

③ 미수임대료　　　　　④ 선수임대료

**3.** 선급임차료에 대한 내용으로 적절한 것은?

① 부채에 해당한다.

② 비용이 발생했으나 지급되지 않았다.

③ 비용이 발생되지 않았으나 지급되었다.

④ 비용이 발생하여 지급되었다.

4. 발생했으나 지급하지 않은 임차료에 대한 수정분개 항목으로 적절한 것은?

| 차 변 | 대 변 |
|---|---|
| ① 선급임차료 | 임차료 |
| ② 미수임차료 | 임차료 |
| ③ 임차료 | 선급임차료 |
| ④ 임차료 | 미지급임차료 |

5. 실지재고조사법에서 기초상품에 수정분개 항목으로 올바른 항목은?

| 차 변 | 대 변 |
|---|---|
| ① 상품 | 매입 |
| ② 매입 | 상품 |
| ③ 매출원가 | 상품 |
| ④ 상품 | 매출원가 |

6. 다음 중 감가상각에 대한 설명으로 적절하지 않은 것은?

① 토지 등 유형자산에 대한 비용 인식이다.

② 감가상각비는 비용으로서 인식 시 차변에 기입한다.

③ 감가상각은 기말에 회계처리한다.

④ 감가상각누계액은 해당자산의 평가(차감)계정이다.

7. 다음 중 비용의 이연에 해당하는 것은?

① 미지급이자      ② 미지급임차료

③ 미수임대료      ④ 선급임차료

8. 결산시점 지급한 보험료 미경과분 500원을 차기로 이연할 때 알맞은 분개는?

| | 차 변 | | | 대 변 | |
|---|---|---|---|---|---|
| ① | 보험료 | 500 | | 현금 | 500 |
| ② | 선급보험료 | 500 | | 보험료 | 500 |
| ③ | 선급보험료 | 500 | | 현금 | 500 |
| ④ | 현금 | 500 | | 보험료 | 500 |

9. 다음 중 발생주의에 대한 설명으로 적절하지 않은 것은?
   ① 발생주의는 발생과 이연을 포함한다.
   ② 이연은 발생과 달리 현금 수취나 지급이 이루어진 거래 항목이다.
   ③ 발생은 현금 수취나 지급이 이루어지지 않은 거래 항목이다.
   ④ 미수수익은 수익의 이연항목에 속한다.

10. 다음 중 결산과 관련된 설명으로 적절하지 않은 것은?
   ① 단기매매증권은 결산시점 취득원가로 평가해야 한다.
   ② 계속기록법으로 재고자산을 기록할 때 기말수정분개가 필요 없다.
   ③ 소모품은 미사용액을 고려해 수정해야 한다.
   ④ 대손충당금은 회수가 불가능한 채권이 있는 것으로 예상되는 경우 대손액을 추정하여 비용으로 인식하는 것을 말한다.

## 〈풀이형〉

1. 다음은 결산정리사항에 대한 기술이다. 이를 토대로 수정분개를 실시하라.
   ① 대여금 10,000원에 대해 1%의 이자가 발생했는데 수취하지 않았다.
   ② 임대료 300원이 발생했는데 수취하지 않았다.
   ③ 선급이자가 1,200원이 있으나, 기간 경과분이 800원이다.

④ 소모품 계정에 1,000원이 있으나 미사용액은 300원이다.

⑤ 건물에 대한 감가상각 500원을 계상해야 한다.

⑥ 이자비용 100원이 발생했으나 이를 기재하지 않았다.

⑦ 실지재고조사법을 사용하며 기초상품은 200원, 기말상품재고는 500원이다.

⑧ 결산시점 보유 중인 유가증권의 장부가액은 1,500원이며, 유가증권의 시가는 2,000원이다.

⑨ 매출채권 잔액 5,000원에 대해 4%의 대손예상액을 예상하다. 대손상각 충당금 잔액은 100원이다.

⑩ 선수임대료가 1,200원이며, 미경과분이 300원이다.


**2. 다음 결산정리사항에 대한 기술이다. 이를 토대로 수정분개를 실시하라.**

① 차입금 10,000원에 대해 1%의 이자가 발생했으나 이를 지급하지 않았다.

② 임차료 300원이 발생했는데 이를 지급하지 않았다.

③ 선수이자가 1,200원이 있으나, 기간 미경과분이 800원이다.

④ 소모품비 계정에 1,000원이 있으나 기말에 실지재고조사를 하니 300원이 남아있다.

⑤ 비품에 대한 감가상각 500원을 계상해야 한다.

⑥ 이자수익 100원이 발생했으나 이를 기재하지 않았다.

⑦ 실지재고조사법을 사용하며 기초상품은 300원, 기말상품재고는 200원이다.

⑧ 결산시점 보유 중인 유가증권의 장부가액은 1,500원이며, 유가증권의 시가는 1,000원이다.

⑨ 매출채권 잔액 5,000원에 대해 1%의 대손예상액을 예상하다. 대손충당금 잔액은 없다.

⑩ 선급임차료가 1,200원이며, 미경과분이 300원이다.

**〈선택형〉**

1. ④
   이월시산표는 재무상태표의 잔액과 일치하므로 이월시산표 작성은 선택사항이다.

2. ④
   선수임대료는 현금을 미리 받은 임대료로 수익의 이연에 속한다.

3. ③
   선급임차료는 미리 지급한 임차료로 비용의 이연이다.

4. ④
   임차료가 발생하였으나 지급하지 않았으므로 비용(임차료) 발생은 차변, 부채(미지급임차료) 증가는 대변이다.

5. ②
   실지재고조사법은 상품 매입시점 매입으로 분개한다. 따라서 기초 상품은 매입으로 처리한다.

6. ①
   토지는 감가상각 대상이 아니다.

7. ④
   선급임차료는 비용의 이연이며, 나머지는 발생과 관련된 항목이다.

8. ②
   미리 지급한 보험료는 선급보험료이며, 자산계정이다.

9. ④
   미수수익은 수익의 발생항목에 속한다.

10. ①
   단기매매증권은 결산시점 시가로 평가해야 한다.


**〈풀이형〉**

1. 수정분개는 다음과 같다.

| | | | | |
|---|---|---|---|---|
| ① | 미수이자 | 100 | / 이자수익 | 100 |

이자수익은 10,000 × 1% = 100원이며, 이자수익이 발생했으나 수취하지 않아 수익의 발생이다. 이자수익이 발생하여 대변, 미수이자는 자산이므로 차변이다.

| | | | | |
|---|---|---|---|---|
| ② | 미수임대료 | 300 | / 임대료 | 300 |

임대료 수익이 발생하였으며, 수취하지 않았다. 미수임대료는 자산이므로 차변, 임대료는 수익이므로 대변이다.

| | | | | |
|---|---|---|---|---|
| ③ | 이자비용 | 800 | / 선급이자 | 800 |

선급이자는 미리 지급한 이자비용으로 자산항목이다. 기간이 경과했으니 이자비용을 인식하고 자산을 감소시켜야 한다.

| | | | | |
|---|---|---|---|---|
| ④ | 소모품비 | 700 | / 소모품 | 700 |

소모품의 장부와 실제가 700원 차이가 난다. 구입시점에 자산으로 처리했으니 결산시점에는 미사용된 부분과 장부를 일치시켜야 한다. 따라서 소모품이 700원 감소, 소모품비 700원이 발생한 분개를 해야 한다.

| | | | | |
|---|---|---|---|---|
| ⑤ | 감가상각비 | 500 | / 건물감가상각누계액 | 500 |

감가상각비는 비용이며, 감가상각누계액은 해당 자산의 차감계정이다.

| | | | | |
|---|---|---|---|---|
| ⑥ | 이자비용 | 100 | / 미지급이자 | 100 |

이자비용은 차변, 미지급이자는 부채이므로 대변이다.

| ⑦ | 매입 | 200 | / | 상품 | 200 |
|---|---|---|---|---|---|
|  | 상품 | 500 | / | 매입 | 500 |

실지재고조사법에서는 결산시점 기초상품은 상품계정의 대변, 기말 재고상품은 상품계정의 차변에 기입한다. 아울러, 기초상품은 매입의 차변, 기말상품은 매입의 대변 기재사항이다.

| ⑧ | 유가증권 | 500 | / | 유가증권평가이익 | 500 |
|---|---|---|---|---|---|

단기매매증권은 결산시점 시가로 평가한다. 유가증권의 시가가 유가증권의 장부가액보다 클 경우 유가증권평가 이익이 발생하며, 장부가액을 500원 증가시켜야 한다.

| ⑨ | 대손상각비 | 100 | / | 대손상각충당금 | 100 |
|---|---|---|---|---|---|

대손예상액은 200원이다. 대손충당금 잔액이 100원이 있으니 추가로 100원만 설정하면 된다.

| ⑩ | 선수임대료 | 900 | / | 임대료 | 900 |
|---|---|---|---|---|---|

선수임대료는 미리 받은 수익(부채)이다. 미경과분이 300원이므로 900원에 대해서는 기간이 경과하였으니 임대료 수익 900원이 발생하고 선수임대료(부채)가 감소한다.

**2. 수정분개는 다음과 같다.**

| ① | 이자비용 | 100 | / | 미지급이자 | 100 |
|---|---|---|---|---|---|

이자비용은 $10,000 \times 1\% = 100$원이며, 이자비용이 발생했으나 지급하지 않은 비용의 발생이다. 이자비용은 차변, 미지급이자는 부채 증가로 대변이다.

| ② | 임차료 | 300 | / | 미지급임차료 | 300 |
|---|---|---|---|---|---|

비용인 임차료가 발생했으니 차변, 부채인 미지급임차료는 부채의 증가로 대변이다.

| ③ | 선수이자 | 400 | / | 이자수익 | 400 |

선수이자는 미리 수취한 이자수익으로 부채항목이다. 기간 미경과분이 800원이므로 400원은 기간이 경과했으니 이자수익을 인식하고 부채인 선수이자를 그만큼 감소시켜야 한다. 수익(이자수익)의 발생은 대변, 부채(선수이자)의 감소는 차변이다.

| ④ | 소모품 | 300 | / | 소모품비 | 300 |

소모품비는 비용으로 소모품 구입 시 소모품비 1,000원으로 처리하였다. 기말시점 재고가 300원 남아 있으니 소모품비 300원을 감소시키고 소모품 300원을 인식해야 한다. 비용(소모품비)의 감소는 대변, 자산(소모품)의 증가는 차변이다.

| ⑤ | 감가상각비 | 500 | / | 비품감가상각누계액 | 500 |

감가상각비는 비용이며, 감가상각누계액은 해당 자산의 차감계정이다.

| ⑥ | 미수이자 | 100 | / | 이자수익 | 100 |

이자수익은 수익의 증가로 대변, 미수이자는 자산의 증가로 차변이다.

| ⑦ | 매입 | 300 | / | 상품 | 300 |
| | 상품 | 200 | / | 매입 | 200 |

실지재고조사법에서는 결산시점 기초상품은 상품계정의 대변, 기말재고상품은 상품계정의 차변에 기입한다. 아울러, 기초상품은 매입의 차변, 기말상품은 매입의 대변 기재사항이다.

| ⑧ | 유가증권평가손실 | 500 | / | 유가증권 | 500 |

단기매매증권은 결산시점 시가로 평가한다. 유가증권의 시가가 유가증권의 장부가액보다 낮은 경우 유가증권평가손실이 발생하며, 장부가액을 500원 감소시켜야 한다.

| ⑨ | 대손상각비 | 50 | / | 대손상각충당금 | 50 |

대손예상액은 5,000원 × 1%인 50원이다.

| ⑩ | 임차료 | 900 | / | 선급임차료 | 900 |

선급임차료는 미리 지급한 비용, 즉 자산이다. 미경과분이 300원이므로 선급임차료 900원은 감소시켜야 하며, 동시에 임차료 900원을 계상해야 한다. 선급임차료(자산)의 감소는 대변, 비용인 임차료의 인식은 차변이다.

# Hospitality
## Accounting Principles

호스피탈리티 회계원리

Chapter

**7**

# 정산표와 장부 마감

## Chapter 7
# 정산표와 장부 마감

## ① 정산표

## 1. 정산표의 의의

### 1) 수정후시산표의 작성

결산정리사항에 대한 수정분개를 총계정원장에 전기하면 수정분개한 원장의 항목에 대한 잔액이 변동하여 새로운 잔액이 산출된다. 예비결산 시 수정전시산표를 작성하는 것과 마찬가지로 본결산에서도 수정분개가 총계정원장에 제대로 전기되었는지를 확인하기 위해 작성되는 것이 수정후시산표이다. 수정후시산표는 반드시 작성해야 하는 것은 아니다. 수정분개 항목이 제대로 전기되었는지의 여부를 확인하기 위한 보조수단이라 할 수 있다.

### 2) 정산표의 의의

수정후시산표의 대변과 차변의 합계가 일치한다면 장부의 마감과 재무제표 작성을 통하여 본결산을 마감하게 되는데 실무에서는 정산표로서 이러한 과정을 파악하는 경우가 많다.

정산표(精算表, work sheet: W/S)는 수정전잔액시산표를 토대로 수정분개, 수정후시산표, 손익계산서, 재무상태표를 작성하는 과정을 모아놓은 하나의 표이다. 정산표를 반드시 작성해야 하는 것은 아니나 실무에서는 정산표를 활용하여 결산을 보다 효율적으로 수행하고 있다.

정산표의 작성 목적은 다음과 같다.

① 정산표는 손익계산서와 재무상태표의 작성을 신속하고 용이하게 한다. 분개장에 수정분개를 하고 이를 각 원장에 전기하여 수정후시산표를 작성하는 것보다 정산표를 활용하면 간편하고 신속하게 처리할 수 있다. 이러한 이유로 정산표를 작성하는 것이 실무상 일반화되어 있다.

② 정산표는 장부마감 없이도 재무제표를 작성할 수 있다. 월별 또는 분기별 재무제표 작성 시 장부의 마감을 하지 않은 상태에서 재무제표를 작성하려면 정산표를 활용하여야 한다.

③ 결산절차를 하나의 표에 나타냄으로써 수정분개, 계정 상호 간의 관계 등 복식부기의 원리와 결산에 필요한 사항을 이해하기 쉽도록 해 준다.

아울러, 전기와 수정전시산표 작성은 이미 학습하였으며, 정산표 작성을 통하여 복식부기의 원리와 재무제표 작성을 이해할 수 있어 본서에서는 정산표 작성을 통하여 결산 절차를 전체적으로 살펴보고자 한다.

■ **정산표란?**

수정전잔액시산표를 토대로 손익계산서, 재무상태표를 작성하는 과정을 모아놓은 하나의 표를 말한다.

## 2. 정산표의 종류와 작성방법

### 1) 정산표의 종류와 양식

정산표는 기입하는 난(칸)의 수에 따라 6위식, 8위식, 10위식 정산표가 있다.

- **6위식 정산표**: 수정전시산표, 손익계산서, 재무상태표의 차변과 대변 6칸으로 구성
- **8위식 정산표**: 수정전시산표, 수정분개, 손익계산서, 재무상태표의 차변과 대변 8칸으로 구성
- **10위식 정산표**: 수정전시산표, 수정분개, 수정후시산표, 손익계산서, 재무상태표의 차변과 대변 10칸으로 구성

일반적으로 10위식 정산표를 많이 사용하고 있는데 10위식이란 수정전시산표, 수정분개, 수정후시산표, 손익계산서, 재무상태표의 차변과 대변 10칸으로 구성되어 10위식이라 한다. 10위식 정산표의 양식은 다음과 같다.

**10위식 정산표**

| 계정과목 | 수정전시산표 | | 수정분개 | | 수정후시산표 | | 손익계산서 | | 재무상태표 | |
|---|---|---|---|---|---|---|---|---|---|---|
| | 차변 | 대변 | 차변 | 대변 | 차변 | 대변 | 차변 | 대변 | 차변 | 대변 |
| 현      금 | | | | | | | | | | |
| 외 상 매 입 금 | | | | | | | | | | |
| …… | | | | | | | | | | |
| 합      계 | *** | *** | | | | | | | | |
| 수 정 분 개 시 | | | | | | | | | | |
| 추 가 된 계 정 | | | | | | | | | | |
| 과 목   기 입 | | | | | | | | | | |
| 합      계 | | | *** | *** | *** | *** | | | | |
| 당 기 순 손 실 | | | | | | | | | | |
| 계 | | | | | | | *** | *** | *** | *** |

## 2) 정산표 작성 방법

정산표를 작성하는 방법은 7단계로 구분할 수 있다. 단계별로 작성하는 방법을 나타내면 다음과 같다.

### ① 1단계: 수정전시산표에 기입

총계정원장의 각 계정잔액을 수정전시산표에 기입한다. 자산과 비용은 차변에 기입하고 부채, 자본과 수익은 대변에 기입한다. 아울러, 합계액은 반드시 검산하여 대차평균의 여부를 확인한다.

### ② 2단계: 수정분개 기입

기말정리사항을 수집하여 수정분개를 실시한다. 수정분개 항목이 수정전시산표에 없는 경우에는 계정과목란의 아래에 추가하여 기재한다. 동일한 항목 같은 계좌에 두 번 이상 기재되는 경우 이를 합산하여 기재한다. 따라서 수정분개 기입이 완료되면 대차합계를 각각 계산하여 대차평균의 여부를 확인한다.

### ③ 3단계: 수정후시산표에 대차잔액 기입

수정후시산표에 각 계정과목별로 대차잔액을 기입한다. 대차잔액을 기입할 때는 수정전시산표상의 각 계정잔액에 수정분개란에 기입되어 있는 대차금액을 가감하여 수정후시산표에 기입한다.

### ④ 4단계: 손익계산서와 재무상태표 기입

수정후시산표란에 기입되어 있는 각 계정의 금액을 계정성격에 따라 재무상태표란과 손익계산서란으로 옮겨 적는다. 계정은 자산, 부채, 자본, 수익, 비용 항목이며 회계등식과 계정기입원칙에 입각하여 잔액이 남도록 기입하면 된다.

재무상태표의 차변에는 자산, 손익계산서의 차변에는 비용을 기재한다. 따라서 수정후시산표 계정잔액이 차변이라면 자산인지 비용인지를 구분하면 된다. 또한 재무상태표의 대변에는 부채와 자본을 기재하고 손익계산서에는 수익이 기재된다. 따라서 수정후시산표가 대변잔액이라면 부채와 자본을 수익과 구분하여 재무상태표와 손익계산서란에 기입한다.

⑤ 5단계: 손익계산서의 손익계산

손익계산서란의 차변과 대변금액을 합계하고 그 차액을 계산한다. 만약 대변금액(수익)이 차변금액(비용)보다 크다면 차액은 당기순이익(차변 부족)이고, 차변금액(비용)이 대변금액(수익)보다 크다면 당기순손실(대변 부족)이 된다. 당기순손익을 나타내어, 차변과 대변금액의 합계를 일치시킨다.

⑥ 6단계: 재무상태표에서 손익확인

재무상태표란의 차변과 대변금액을 합계하고 그 차액을 계산한다. 재무상태표 차변과 대변의 차액은 손익계산서상의 차액과 동일한 금액으로 나타나야 한다.

손익계산서상 당기순이익이 발생했다면 재무상태표의 대변금액이 당기순이익만큼 부족하게 나타난다. 또한 손익계산서에서 당기순손실이 발생했다면 재무상태표의 차변금액이 부족하게 된다. 차액이 동일하다면 당기순이익(손실)을 기재하여 합계를 일치시킨다.

만약 손익계산서와 재무상태표의 차액이 일치하지 않는다면 계산상 오류가 발생했거나 재무상태표와 손익계산서를 잘못 기입했다.

⑦ 7단계: 정산표 마감

손익계산서와 재무상태표 각각의 금액합계 밑에 두 줄을 그음으로써 정산표를 마감한다.

> **tip**
> - 수정전시산표, 수정분개란 등 대변과 차변을 분명하게 구분할 수 있도록 양식에 굵은 줄이나 붉은색으로 표시하여 계산하는 것이 좋다.
> - 각 난의 합계액을 반드시 계산하여 대차가 일치하는지를 확인하고 다음 단계를 실행하는 것이 효율적이다.

다음은 〈예제 6-3〉의 결산정리사항과 수정분개를 토대로 정산표를 작성한 것이다. 수정전시산표와 수정분개는 다음과 같다.

## 수정전시산표

| 계정과목 | 차변 | 대변 |
|---|---|---|
| 현　　　　　　　금 | 20,000 | |
| 외　상　매　출　금 | 10,000 | |
| 대　　　여　　　금 | 6,000 | |
| 선　급　보　험　료 | 6,000 | |
| 소　　모　　품 | 4,000 | |
| 상　　　　　　　품 | 3,000 | |
| 건　　　　　　　물 | 12,000 | |
| 지　급　어　음 | | 6,000 |
| 매　　　　　　　입 | 5,000 | |
| 외　상　매　입　금 | | 4,000 |
| 선　수　이　자 | | 2,000 |
| 단　기　차　입　금 | | 10,000 |
| 자　　본　　금 | | 27,000 |
| 매　　　　　　　출 | | 17,000 |
| 합　　　　　　　계 | 66,000 | 66,000 |

〈결산정리사항〉

① 선급보험료는 1년분이며, 3개월분에 대한 보험료를 인식하다.

② 소모품의 기말재고는 2,000원이다.

③ 단기차입금에 대한 이자는 월 1%이며, 1개월에 대한 이자비용을 인식해야 한다.

④ 지급하지 않은 급여가 4,000원이다.

⑤ 사무실을 월 200원에 빌려주었으며, 2개월분을 인식해야 한다.

⑥ 선수이자는 5개월분을 미리 받은 것으로 1개월분의 수익을 인식하여야 한다.

⑦ 건물에 대한 감가상각 500원을 계상하다.

⑧ 실지재고조사법을 사용하고 있다. 기말상품재고는 2,000원이다.

⑨ 외상매출금에 대하여 1%의 대손충당금을 설정해야 한다.

〈수정분개〉

| ① 보험료 | 1,500 | / | 선급보험료 | 1,500 |
| ② 소모품비 | 2,000 | / | 소모품 | 2,000 |
| ③ 이자비용 | 100 | / | 미지급이자 | 100 |
| ④ 급여 | 4,000 | / | 미지급급여 | 4,000 |
| ⑤ 미수임대료 | 400 | / | 임대료 | 400 |
| ⑥ 선수이자 | 400 | / | 이자수익 | 400 |
| ⑦ 감가상각비 | 500 | / | 건물감가상각누계액 | 500 |
| ⑧ 매입 | 3,000 | / | 상품 | 3,000 |
| 　상품 | 2,000 | / | 매입 | 2,000 |
| ⑨ 대손상각비 | 100 | / | 대손충당금 | 100 |

수정분개를 토대로 정산표를 작성하는 단계별로 점선으로 표시하면 다음과 같다.

## 정 산 표

| 계정과목 | 1 단계 수정전시산표 차변 | 대변 | 2 단계 수정분개 차변 | 대변 | 3 단계 수정후시산표 차변 | 대변 | 4 단계 손익계산서 차변 | 대변 | 4단계 재무상태표 차변 | 대변 |
|---|---|---|---|---|---|---|---|---|---|---|
| 현 금 | 20,000 | | | | 20,000 | | | | 20,000 | |
| 외 상 매 출 금 | 10,000 | | | | 10,000 | | | | 10,000 | |
| 대 여 금 | 6,000 | | | | 6,000 | | | | 6,000 | |
| 선 급 보 험 료 | 6,000 | | | 1,500 | 4,500 | | | | 4,500 | |
| 소 모 품 | 4,000 | | | 2,000 | 2,000 | | | | 2,000 | |
| 상 품 | 3,000 | | 2,000 | 3,000 | 2,000 | | | | 2,000 | |
| 건 물 | 12,000 | | | | 12,000 | | | | 12,000 | |
| 지 급 어 음 | | 6,000 | | | | 6,000 | | | | 6,000 |
| 매 입 | 5,000 | | 3,000 | 2,000 | 6,000 | | 6,000 | | | |
| 외 상 매 입 금 | | 4,000 | | | | 4,000 | | | | 4,000 |
| 선 수 이 자 | | 2,000 | 400 | | | 1,600 | | | | 1,600 |
| 단 기 차 입 금 | | 10,000 | | | | 10,000 | | | | 10,000 |
| 자 본 금 | | 27,000 | | | | 27,000 | | | | 27,000 |
| 매 출 | | 17,000 | | | | 17,000 | | 17,000 | | |
| 합 계 | 66,000 | 66,000 | | | | | | | | |
| 보 험 료 | | | 1,500 | | 1,500 | | 1,500 | | | |
| 소 모 품 비 | | | 2,000 | | 2,000 | | 2,000 | | | |
| 이 자 비 용 | | | 100 | | 100 | | 100 | | | |
| 미 지 급 이 자 | | | | 100 | | 100 | | | | 100 |
| 급 여 | | | 4,000 | | 4,000 | | 4,000 | | | |
| 미 지 급 급 여 | | | | 4,000 | | 4,000 | | | | 4,000 |
| 미 수 임 대 료 | | | 400 | | 400 | | | | 400 | |
| 임 대 료 | | | | 400 | | 400 | | 400 | | |
| 이 자 수 익 | | | | 400 | | 400 | | 400 | | |
| 감 가 상 각 비 | | | 500 | | 500 | | 500 | | | |
| 건물감가상각누계액 | | | | 500 | | 500 | | | | 500 |
| 대 손 상 각 비 | | | 100 | | 100 | | 100 | | | |
| 대 손 충 당 금 | | | | 100 | | 100 | | | | 100 |
| 합 계 | | | 14,000 | 14,000 | 71,100 | 71,100 | 14,200 | 17,800 | 56,900 | 53,300 |
| 당 기 순 이 익 | | | | | | | 3,600 | | | 3,600 |
| 합 계 | | | | | | | 17,800 | 17,800 | 56,900 | 56,900 |

5 단계 ~ 7 단계

<table>
<tr><th colspan="3">〈예제 7-1〉 다음은 6월 1일부터 6월 30일까지 (주)제일연회의 거래 내용을 토대로 한 수정전시산표이며, 결산정리사항이다. 수정분개를 실시하고 이를 토대로 정산표(10위식)를 작성하라.</th></tr>
</table>

수정전시산표

| 계정과목 | 차변 | 대변 |
|---|---|---|
| 현　　　　　금 | 2,000 | |
| 외 상 매 출 금 | 500 | |
| 선 급 보 험 료 | 1,200 | |
| 소　　모　　품 | 500 | |
| 건　　　　　물 | 1,500 | |
| 외 상 매 입 금 | | 1,000 |
| 차　　입　　금 | | 1,000 |
| 자　　본　　금 | | 1,400 |
| 선　　수　　금 | | 1,000 |
| 매　　　　　출 | | 1,300 |
| 합　　　　　계 | 5,700 | 5,700 |

〈수정분개사항〉

① 선급으로 지급한 보험료는 1년분이며, 1개월분에 대한 보험료를 인식해야 한다.

② 소모품의 기말재고는 100원이다.

③ 차입금은 6월1일에 발생하였으며, 이자는 월 1%이며, 이를 인식해야 한다.

④ A사에 대하여 10개월간 사무실을 빌려주기로 하였으며, 임대료 50원을 계상해야 한다.

⑤ 지급하지 않은 급여 300원이 있다.

⑥ 선수금 중 300원은 이미 연회를 제공하였으나 누락되어 있다.

⑦ 건물에 대한 감가상각 50원을 인식해야 한다.

〈풀이〉

수정분개는 다음과 같다.

① 1년분의 보험료를 미리 지급하였으며 선급보험료(자산)로 처리하였다. 따라서 1개월분에 대한 보험료(비용)를 인식하고 선급보험료(자산) 1개월분을 감소시켜야 한다.

| 보험료 | 100 | / | 선급보험료 | 100 |
|---|---|---|---|---|

② 소모품을 구입하면서 자산으로 처리하였다. 기말 미사용액이 100원이므로 400원어치는 사용하였다. 따라서 소모품비 400원을 인식하고 소모품을 감소시켜야 한다.

| 소모품비 | 400 | / | 소모품 | 400 |
|---|---|---|---|---|

③ 차입금이 1,000원이며 1% 이자는 10원이다. 이자비용이 발생했으며, 이를 지급할 의무가 발생했으므로 이자비용과 미지급이자를 인식해야 한다.

| 이자비용 | 10 | / | 미지급이자 | 10 |
|---|---|---|---|---|

④ 현금을 수취하지 않았으나 임대료 수익이 발생하였으므로 이를 인식해야 한다.

| 미수임대료 | 50 | / | 임대료 | 50 |
|---|---|---|---|---|

⑤ 급여가 발생하였으나 이를 지급하지 않았으므로 비용과 부채를 인식해야 한다.

| 급여 | 300 | / | 미지급급여 | 300 |
|---|---|---|---|---|

⑥ 거래가 발생했으나 이를 미기재하였으므로 이에 대한 분개가 필요하다. 따라서, 선수금을 감소시키고 수익을 인식한다.

| 선수금 | 300 | / | 매출 | 300 |
|---|---|---|---|---|

⑦ 건물에 대한 감가상각비 50원를 계상해야 하므로 차변에는 감가상각비 대변에는 건물감가상각누계액으로 분개한다.

| 감가상각비 | 50 | / | 건물감가상각누계액 | 50 |
|---|---|---|---|---|

정산표는 다음과 같다.

## 정 산 표

| 계정과목 | 수정전시산표 차변 | 수정전시산표 대변 | 수정분개 차변 | 수정분개 대변 | 수정후시산표 차변 | 수정후시산표 대변 | 손익계산서 차변 | 손익계산서 대변 | 재무상태표 차변 | 재무상태표 대변 |
|---|---|---|---|---|---|---|---|---|---|---|
| 현 금 | 2,000 | | | | 2,000 | | | | 2,000 | |
| 외 상 매 출 금 | 500 | | | | 500 | | | | 500 | |
| 선 급 보 험 료 | 1,200 | | | 100 | 1,100 | | | | 1,100 | |
| 소 모 품 | 500 | | | 400 | 100 | | | | 100 | |
| 건 물 | 1,500 | | | | 1,500 | | | | 1,500 | |
| 외 상 매 입 금 | | 1,000 | | | | 1,000 | | | | 1,000 |
| 차 입 금 | | 1,000 | | | | 1,000 | | | | 1,000 |
| 자 본 금 | | 1,400 | | | | 1,400 | | | | 1,400 |
| 선 수 금 | | 1,000 | 300 | | | 700 | | | | 700 |
| 매 출 | | 1,300 | | 300 | | 1,600 | | 1,600 | | |
| 합 계 | 5,700 | 5,700 | | | | | | | | |
| 보 험 료 | | | 100 | | 100 | | 100 | | | |
| 소 모 품 비 | | | 400 | | 400 | | 400 | | | |
| 이 자 비 용 | | | 10 | | 10 | | 10 | | | |
| 미 지 급 이 자 | | | | 10 | | 10 | | | | 10 |
| 미 수 임 대 료 | | | 50 | | 50 | | | | 50 | |
| 임 대 료 | | | | 50 | | 50 | | 50 | | |
| 급 여 | | | 300 | | 300 | | 300 | | | |
| 미 지 급 급 여 | | | | 300 | | 300 | | | | 300 |
| 감 가 상 각 비 | | | 50 | | 50 | | 50 | | | |
| 건물감가상각누계액 | | | | 50 | | 50 | | | | 50 |
| 합 계 | | | 1,210 | 1,210 | 6,110 | 6,110 | 860 | 1,650 | 5,250 | 4,460 |
| 당 기 순 이 익 | | | | | | | 790 | | | 790 |
| 합 계 | | | | | | | 1,650 | 1,650 | 5,250 | 5,250 |

다음은 7월 1일부터 12월 31일까지 (주)아담연회의 내용을 토대로 한 수정전잔액시산표와 기말정리사항이다. 이를 토대로 수정분개를 실시하고 정산표를 작성하라.

### 수정전시산표

| 계 정 과 목 | 차 변 | 대 변 |
|---|---|---|
| 현 금 | 22,000 | |
| 외 상 매 출 금 | 5,000 | |
| 선 급 보 험 료 | 12,000 | |
| 상 품 | 10,000 | |
| 소 모 품 비 | 3,000 | |
| 건 물 | 15,000 | |
| 건 물 감 가 상 각 누 계 액 | | 3,000 |
| 지 급 어 음 | | 6,000 |
| 외 상 매 입 금 | | 4,000 |
| 선 수 금 | | 2,000 |
| 임 대 료 | | 1,000 |
| 단 기 차 입 금 | | 10,000 |
| 자 본 금 | | 30,000 |
| 매 출 | | 20,000 |
| 매 입 | 9,000 | |
| 합 계 | 76,000 | 76,000 |

기말정리사항은 다음과 같다.

① 선급보험료는 12월 1일 지급하였으며 1년분이다.

② 상품의 기말재고는 5,000원이다.

③ 단기차입금에 대한 이자 월 2%를 계상해야 하며, 1개월분에 대해 이자를 인식해야 한다.

④ 임대료는 11월 1일 사무실을 빌려준 대가로 수취하였으며 10개월에 대한 임대료이다.

⑤ 외상매출금에 대하여 2%의 대손충당금을 설정하다.

⑥ 건물에 대한 감가상각 1,000원을 계상하다.

⑦ 소모품은 2,000원만 남아 있다.

⑧ 외상매입금 1,000원을 어음으로 지급하였으나 미기재되어 있다.

〈풀이〉

수정분개는 다음과 같다.

① 보험료 지급 시 자산(선급보험료)으로 처리하였으므로 시간의 경과에 따라 비용(보험료)으로 인식하고 해당금액만큼 자산(선급보험료)을 감소시켜야 한다.

| 보험료 | 1,000 | / | 선급보험료 | 1,000 |

② 실지재고조사법하에서는 기말결산 시 수정분개가 필요한데 기초상품은 비용계정인 매입계정으로 분개하고 기말상품재고액을 상품계정으로 수정분개해야 한다.

| 매입 | 10,000 | / | 상품 | 10,000 |
| 상품 | 5,000 | / | 매입 | 5,000 |

③ 단기차입금에 대한 이자 200원(10,000원 × 2%)이 발생하였으며, 이를 미지급이자로 인식해야 한다.

| 이자비용 | 200 | / | 미지급이자 | 200 |

④ 미리 받은 임대료를 수익으로 처리하였으므로 미경과분에 대해서는 수익을 이연시켜야 한다. 1개월에 100원(1,000원 ÷ 10개월)이므로 800원의 임대료를 이연시켜야 한다.

| 임대료 | 800 | / | 선수임대료 | 800 |

⑤ 외상매출금에 대한 대손상각금액은 100원(5,000원 × 2%)이다.

| 대손상각비 | 100 | / | 대손충당금 | 100 |

⑥ 건물에 대한 감가상각비 50원을 계상해야 하므로 차변에는 감가상각비, 대변에는 건물감가상각누계액으로 분개한다.

| 감가상각비 | 1,000 | / | 건물감가상각누계액 | 1,000 |

⑦ 소모품을 구입하면서 비용(소모품비)으로 처리하였다. 미사용액이 2,000원이므로 비용에서 감소시키고 소모품을 2,000원 계상해야 한다.

| 소모품 | 2,000 | / | 소모품비 | 2,000 |

⑧ 외상매입금을 지급하였으므로 외상매입금을 감소시키고 지급어음은 증가시켜야 한다.

| 외상매입금 | 1,000 | / | 지급어음 | 1,000 |

## 정 산 표

| 계정과목 | 수정전시산표 차변 | 수정전시산표 대변 | 수정분개 차변 | 수정분개 대변 | 수정후시산표 차변 | 수정후시산표 대변 | 손익계산서 차변 | 손익계산서 대변 | 재무상태표 차변 | 재무상태표 대변 |
|---|---|---|---|---|---|---|---|---|---|---|
| 현        금 | 22,000 | | | | 22,000 | | | | 22,000 | |
| 외 상 매 출 금 | 5,000 | | | | 5,000 | | | | 5,000 | |
| 선 급 보 험 료 | 12,000 | | | 1,000 | 11,000 | | | | 11,000 | |
| 상        품 | 10,000 | | 5,000 | 10,000 | 5,000 | | | | 5,000 | |
| 소 모 품 비 | 3,000 | | | 2,000 | 1,000 | | 1,000 | | | |
| 건        물 | 15,000 | | | | 15,000 | | | | 15,000 | |
| 건물감가상각누계액 | | 3,000 | | 1,000 | | 4,000 | | | | 4,000 |
| 지 급 어 음 | | 6,000 | | 1,000 | | 7,000 | | | | 7,000 |
| 외 상 매 입 금 | | 4,000 | 1,000 | | | 3,000 | | | | 3,000 |
| 선    수    금 | | 2,000 | | | | 2,000 | | | | 2,000 |
| 임    대    료 | | 1,000 | 800 | | | 200 | | 200 | | |
| 단 기 차 입 금 | | 10,000 | | | | 10,000 | | | | 10,000 |
| 자    본    금 | | 30,000 | | | | 30,000 | | | | 30,000 |
| 매        출 | | 20,000 | | | | 20,000 | | 20,000 | | |
| 매        입 | 9,000 | | 10,000 | 5,000 | 14,000 | | 14,000 | | | |
| 합        계 | <u>76,000</u> | <u>76,000</u> | | | | | | | | |
| 보    험    료 | | | 1,000 | | 1,000 | | 1,000 | | | |
| 이 자 비 용 | | | 200 | | 200 | | 200 | | | |
| 미 지 급 이 자 | | | | 200 | | 200 | | | | 200 |
| 선 수 임 대 료 | | | | 800 | | 800 | | | | 800 |
| 대 손 상 각 비 | | | 100 | | 100 | | 100 | | | |
| 대 손 충 당 금 | | | | 100 | | 100 | | | | 100 |
| 감 가 상 각 비 | | | 1,000 | | 1,000 | | 1,000 | | | |
| 소    모    품 | | | 2,000 | | 2,000 | | | | 2,000 | |
| 합        계 | | | <u>21,100</u> | <u>21,100</u> | <u>77,300</u> | <u>77,300</u> | 17,300 | 20,200 | 60,000 | 57,100 |
| 당 기 순 이 익 | | | | | | | 2,900 | | | 2,900 |
| 합        계 | | | | | | | <u>20,200</u> | <u>20,200</u> | <u>60,000</u> | <u>60,000</u> |

## ② 장부와 계정의 마감

## 1. 계정의 마감

장부의 마감은 결산일을 기준으로 장부의 형식을 당기와 차기로 구분하여 다음 회계기간에 기록할 수 있도록 준비하는 절차를 말한다. 여기서 장부는 분개장과 총계정원장뿐만 아니라 보조장부인 현금출납장, 매입장, 매출장, 상품재고장을 포함한다. 분개장은 대변과 차변의 합계를 기입하고 합계액의 일치하면 합계금액에 두 줄을 그어 마감한다.

한편 총계정원장에서 손익계산서 계정과 재무상태표 계정의 마감은 절차와 방법이 상이하다.

손익계산서는 일정기간 동안의 경영성과를 파악하기 위하여 기록된 것이므로 당기의 계정금액이 이월되지 않는다. 즉 차기에 이월되는 금액이 없이 마감된다. 이와는 대조적으로 재무상태표는 일정시점 기업의 재무상태를 나타내므로 자산, 부채와 자본의 계정들은 회계기간이 지나더라도 잔액이 사라지지 않고 차기로 이월된다. 이러한 이유로 손익계산서 계정은 회계기간의 종료와 함께 소멸하므로 임시계정이라 하고, 재무상태표 계정은 차기로 계정의 잔액이 이월되어 영구계정이라 부른다.

계정을 마감하기 위해서는 마감분개(closing entries)가 필요한데 일반적으로 손익계산서 계정을 먼저 마감하고 재무상태표 계정을 마감한다. 손익계산서 계정인 수익과 비용계정은 당기순이익으로 집계되어 자본계정으로 반영되므로 손익계산서 계정을 먼저 마감한다.

# 2. 손익계산서 계정의 마감

손익계산서는 당기의 경영성과를 나타내는 재무제표이다. 따라서 당기의 경영성과와 차기의 경영성과를 분리하기 위해서는 수익과 비용계정을 차기로 이월하지 않고 잔액을 0으로 만들어야 한다.

이와 같이 임시계정인 수익과 비용계정을 0으로 만드는 절차를 마감절차라 하고, 임시계정인 수익과 비용계정을 0으로 만들기 위한 분개를 마감분개라 한다.

마감분개를 위해서는 먼저, 손익(집합손익)계정을 설정하고 수익과 비용계정을 손익계정에 대체하여 당기순손익을 산출한다. 아울러, 산출한 당시순손익은 자본계정으로 대체한다.

수익과 비용계정의 마감 절차를 간략하게 나타내면 다음과 같다.

- 총계정원장에 손익계정 설정
- 수익 · 비용계정의 손익계정 대체
- 당기순손익의 자본계정 대체

## 1) 손익계정 설정

회계기간 중 거래는 수익과 비용계정에 기록된다. 수익과 비용계정을 마감하기 위해서는 손익(집합손익)계정이라는 임시계정을 우선 설정하고 수익과 비용계정의 잔액을 손익계정으로 대체해야 한다. 여기서 대체란 한 계정에서 다른 계정으로 금액의 변화없이 옮기는 절차를 말하며, 이러한 분개를 대체분개라 한다.

손익계정은 수익과 비용의 잔액이 모두 모인다고 하여 집합손익계정이라 하기도 한다. 손익계정도 장부의 마감단계에서 일시적으로 나타나는 임시계정으로 수익과 비용계정을 마감하고 자본계정에 대체하는 수단으로 이용된다.

## 2) 수익·비용계정의 손익계정 대체

손익계정 설정이 되었다면 수익과 비용계정을 마감하여 손익계정으로 대체하여야 한다.

수익계정은 잔액이 항상 대변에 발생하므로 손익계정 대변에 대체한다. 즉, 모든 수익계정과목의 잔액이 0이 되도록 다음과 같이 마감분개를 실시한다.

> 수익계정**** / 손익계정****

비용계정은 잔액이 항상 차변에 발생하므로 손익계정 차변에 대체한다. 즉, 모든 비용계정과목의 잔액이 0이 되도록 다음과 같이 마감분개를 실시한다.

> 손익계정**** / 비용계정****

수익계정과 비용계정의 마감분개와 전기는 다음과 같다.

<사례 1> 아담호텔의 수익 비용계정의 손익계정 대체는 다음과 같다.
① 수익계정의 마감분개: 매출　　　　1,000 / 집합손익　　　1,000
　　　　　　　　　　　이자수익　　　200 / 집합손익　　　　200
② 비용계정의 마감분개: 집합손익　　　500 / 급여　　　　　　500
　　　　　　　　　　　집합손익　　　200 / 임차료　　　　　200
　　　　　　　　　　　집합손익　　　100 / 소모품비　　　　100

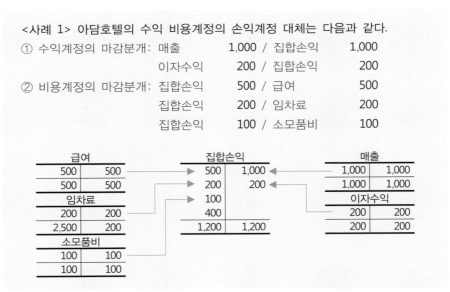

## 3) 당기순손익의 자본계정 대체

손익계정의 차변은 비용계정에서 대체되고 대변은 수익계정에서 대체된다. 따라서 집합손익계정의 차변은 비용합계를 나타내며, 대변은 수익의 합계를 나타낸다.

손익계정이 차변잔액이면 순손실을 의미하며, 손익계정이 대변잔액이면 당기순이익이 된다. 결과적으로 당기순손익은 주주의 몫이므로 자본에 대체해야 한다.

당기순이익의 경우 자본의 대변, 순손실의 경우 자본의 차변으로 대체분개하면 손익계정은 소멸하게 된다.

손익계정에서 자본에 대체하는 분개를 당기순이익이 발생한 경우와 당기순손실이 발생한 경우로 구분하여 나타내면 다음과 같다.

① 당기순이익 발생 시     손익계정**** / 자본계정****
② 당기순손실 발생 시     자본계정**** / 손익계정****

<사례 2> 아담호텔의 당기순이익의 자본계정 대체는 다음과 같다.

집합손익계정의 마감분개: 집합손익  400 / 이익잉여금  400

| 집합손익 | | | 이익잉여금 | |
|---|---|---|---|---|
| | 500 | 1,000 | | 400 |
| | 200 | 200 | | |
| | 100 | | | |
| 당기순이익 | 400 | | | |
| | 1,200 | 1,200 | | |

# 3. 재무상태표 계정의 마감

재무상태표는 일정시점 기업의 재무상태를 나타내는 재무제표로서 자산·부채·자본계정으로 구성되어 있다. 재무상태표 계정의 마감은 손익계산서 계정의 마감과는 달리 차기로 이월시키는 절차를 통하여 이루어진다. 자산, 부채, 자본은 당기의 회계기간이 종료하여도 그 권리나 의무가 차기에도 유지되기 때문이다.

이러한 이유로 차기로 이월되는 항목은 재무상태표 계정에서만 이루어지며, 차변 잔액의 경우 대변에 '차기이월', 대변 잔액인 경우 차변에 '차기이월'을 금액과 함께 표시하고 대차를 평균시키면 된다.

이를 자산계정과 부채 및 자본계정으로 나누어 살펴보면 다음과 같다.

## 1) 자산계정의 마감

자산계정은 결산일 차변 잔액이므로 대변에 '차기이월'을 표시하고 차변 잔액과 동일한 금액을 기입하여 대차를 평균시켜 마감한다. 아울러, 다음 회계년도 시작일에 자산계정에 '전기이월'로 표시하여 이월된 항목임을 표시한다.

자산계정

| | | | |
|---|---:|---|---:|
| 당기증가액 | 10,000 | 당기감소액 | 8,000 |
| | | 12/31  차기이월 | 2,000 |
| | 10,000 | | 10,000 |
| 1/1  전기이월 | 2,000 | | |

## 2) 부채 및 자본계정의 마감

부채와 자본계정은 결산일 대변 잔액이므로 차변에 '차기이월'을 표시하고 대변 잔액과 동일한 금액을 기입하여 대차를 평균시켜 마감한다. 아울러, 다음 회계년도 시작일에 해당 계정에 '전기이월'로 표시하여 이월된 항목임을 표시한다.

<table>
<tr><td colspan="4" align="center">부채계정</td><td colspan="4" align="center">자본계정</td></tr>
<tr><td>당기감소액</td><td>6,000</td><td>당기증가액</td><td>8,000</td><td>당기감소액</td><td>0</td><td>당기증가액</td><td>2,000</td></tr>
<tr><td>12/31 차기이월</td><td>2,000</td><td></td><td></td><td>12/31 차기이월</td><td>2,000</td><td></td><td></td></tr>
<tr><td></td><td>8,000</td><td></td><td>8,000</td><td></td><td>2,000</td><td></td><td>2,000</td></tr>
<tr><td></td><td></td><td>1/1 전기이월</td><td>2,000</td><td></td><td></td><td>1/1 전기이월</td><td>2,000</td></tr>
</table>

1. 정산표란?

   ------------------------------------------------

   ------------------------------------------------

   ------------------------------------------------

2. 정산표의 작성 목적은?

   ------------------------------------------------

   ------------------------------------------------

   ------------------------------------------------

3. 정산표 작성방법에 대해 설명하시오.

   ------------------------------------------------

   ------------------------------------------------

   ------------------------------------------------

4. 장부의 마감이란?

   ------------------------------------------------

   ------------------------------------------------

   ------------------------------------------------

5. 임시계정과 영구계정에 대해 설명하시오.

   ------------------------------------------------

   ------------------------------------------------

   ------------------------------------------------

**6.** 손익계산서 계정을 마감하는 절차에 대해 설명하시오.

------------------------------------------------

------------------------------------------------

------------------------------------------------

**7.** 재무상태표 계정을 마감하는 절차를 설명하시오.

------------------------------------------------

------------------------------------------------

------------------------------------------------

# 연습문제

〈풀이형〉

1. 다음은 20xx년 12월 1일에 영업을 개시한 (주)제일호텔의 수정전시산표와 결산정리사항이다. 수정분개를 실시하고 정산표를 작성하라.

수정전시산표

| 계 정 과 목 | 차 변 | 대변 |
|---|---|---|
| 현             금 | 2,000 | |
| 상             품 | 1,000 | |
| 소    모    품 | 600 | |
| 선  급  보  험  료 | 1200 | |
| 건             물 | 8,800 | |
| 건 물 감 가 상 각 누 계 액 | | 1,200 |
| 외   상   매   입   금 | | 1,400 |
| 자       본       금 | | 4,000 |
| 차       입       금 | | 3,000 |
| 매             출 | | 5,800 |
| 급             여 | 1,000 | |
| 지   급   이   자 | 800 | |
| 합             계 | 15,400 | 15,400 |

〈결산정리사항〉

① 12월 만료된 보험료는 100원이다.

② 12월 말 현재 소모품재고는 200원이다.

③ 12월 감가상각부분은 100원이다.

④ 12월말 미지급급여 250원을 계상해야 된다.

⑤ 차입금에 대한 이자 100원이 발생하였으나 미기재되어 있다.

2. (주)동명은 2xx0년 1월 1일에 연회 서비스를 개업하였다. 다음은 3월 31일자 1사분기 수정전시산표와 결산정리사항이다. 수정분개를 실시하고 정산표를 작성하라.

수정전시산표

| 계 정 과 목 | 차 변 | 대 변 |
|---|---|---|
| 현            금 | 10,000 | |
| 외 상 매 출 금 | 4,000 | |
| 소            품 | 1,000 | |
| 선 급 보 험 료 | 2,400 | |
| 기 계 장 치 | 30,000 | |
| 차      입      금 | | 10,000 |
| 외 상 매 입 금 | | 8,000 |
| 자      본      금 | | 20,000 |
| 매            출 | | 12,000 |
| 급            여 | 1,200 | |
| 임      차      료 | 1,200 | |
| 잡            비 | 200 | |
| 합            계 | 50,000 | 50,000 |

〈결산정리사항〉

① 현재 보유한 소모품재고는 400원이다.

② 기계장치에 대한 1분기당 감가상각비는 500원이다.

③ 1월 1일에 차입한 차입금의 3개월간 발생한 이자는 400원이다.

④ 보험의 만료일은 2××1년 12월 31일이다.

⑤ 임차료는 1월 1일에 지급하였으며 1년간 임차료이다.

⑥ 외상매출금 중 2,000원은 어음으로 회수하였으나 미기재되어 있다.

3. 2xx4년 5월 1일 하나호텔이 개업하였다. 다음은 5월 31일 수정전시산표와 결산 정리사항이다. 수정분개를 실시하고 정산표를 작성하라.

**수정전시산표**

| 계 정 과 목 | 차 변 | 대 변 |
|---|---|---|
| 현　　　　　금 | 5,000 | |
| 선 급 보 험 료 | 3,600 | |
| 소 　 모 　 품 | 3,800 | |
| 토　　　　　지 | 20,000 | |
| 건　　　　　물 | 50,000 | |
| 기 계 장 치 | 33,600 | |
| 대 　 여 　 금 | 50,000 | |
| 외 상 매 입 금 | | 9,000 |
| 선 수 객 실 료 | | 7,000 |
| 자 　 본 　 금 | | 137,000 |
| 객 실 매 출 | | 22,000 |
| 급　　　　　여 | 6,000 | |
| 수 도 광 열 비 | 2,000 | |
| 광 　 고 　 비 | 1,000 | |
| 합　　　　　계 | 175,000 | 175,000 |

〈결산정리사항〉

① 보험료는 한 달에 400원씩 만료된다.

② 5월 31일자 소모품의 보유량은 2,700원이다.

③ 호텔건물의 1년 감가상각액은 7,200원, 기계장치의 1년 감가상각은 6,000원이다.

④ 대여금의 연이자율은 12%, 대여일은 5월 1일이다.

⑤ 선수객실료 중 3,000원이 매출로 발생하였다.

⑥ 5월 31일자로 급여 600원이 발생하였으나 6월 10일 지급할 예정이다.

4. 다음은 2xx4년 6월 1일부터 6월 30일까지 (주)일등연회의 내용을 토대로 한 수정전시산표이며, 결산정리사항이다. 수정분개를 실시하고 정산표를 작성하라.

**수정전시산표**

| 계 정 과 목 | 차 변 | 대 변 |
|---|---|---|
| 현              금 | 2,000 | |
| 외  상  매  출  금 | 500 | |
| 선  급  보  험  료 | 1,200 | |
| 소          모          품 | 500 | |
| 건              물 | 1,500 | |
| 외  상  매  입  금 | | 1,000 |
| 차          입          금 | | 1,000 |
| 자          본          금 | | 1,400 |
| 선          수          금 | | 1,000 |
| 매              출 | | 1,300 |
| 합              계 | 5,700 | 5,700 |

〈결산정리사항〉

① 선급으로 지급한 보험료는 1년분이며, 1개월분에 대한 보험료를 인식해야 한다.

② 소모품의 기말재고는 100원이다.

③ 차입금은 6월 1일에 발생하였으며, 이자는 월 1%이며, 이를 인식해야 한다.

④ A사에 대하여 사무실을 빌려주고 월세 50원을 받지 못하고 있다.

⑤ 지급하지 않은 급여 300원이 있다.

⑥ 선수금 중 300원은 이미 제공하였으나 미기재되어 있다.

⑦ 건물에 대한 감가상각 50원을 인식해야 한다.

5. 다음은 6월 1일부터 6월 30일까지 (주)제일연회의 내용을 토대로 한 수정전시산표와 기말정리사항이다. 이를 토대로 수정분개를 실시하고 정산표를 작성하라.

**수정전시산표**

| 계 정 과 목 | 차 변 | 대 변 |
|---|---|---|
| 현 금 | 13,000 | |
| 선 급 보 험 료 | 1,200 | |
| 외 상 매 출 금 | 10,000 | |
| 소 모 품 | 2,000 | |
| 상 품 | 6,000 | |
| 건 물 | 20,000 | |
| 건 물 감 가 상 각 누 계 액 | | 2,200 |
| 선 수 금 | | 10,000 |
| 단 기 차 입 금 | | 10,000 |
| 미 지 급 금 | | 4,000 |
| 자 본 금 | | 20,000 |
| 매 출 | | 8,000 |
| 매 입 | 2,000 | |
| 합 계 | 54,200 | 54,200 |

〈기말정리사항〉

① 선급보험료는 1년분이며 1개월이 경과하여 이를 인식하다.
② 상품의 기말재고는 5,000원이다(실지재고조사법).
③ 단기차입금에 대한 이자는 월 2%를 계상해야 한다.
④ 소모품의 실지재고는 1,000원이다.
⑤ 미지급금 중 2,000원은 어음으로 지급하였으나 누락되어 있다.
⑥ 건물에 대한 감가상각 1,000원을 계상하다.
⑦ 선수금 중 1,000원은 연회를 제공하였으나 누락되어 있다.
⑧ 7월 10일에 상품 10,000원어치를 받기로 하고 미리 어음으로 지급하였으나 미기재되어 있다.
⑨ 사무실을 빌려주었으나 이에 대한 임대료 1개월분 1,500원이 미기재되어 있다.

6. (주)아담관광은 11월 1일 영업을 개시하였다. 다음은 12월 31일 수정전시산표와 기말정리사항이다. 이를 토대로 수정분개를 실시하고 정산표를 작성하라.

수정전시산표

| 계 정 과 목 | 차 변 | 대 변 |
|---|---|---|
| 현            금 | 1,000 | |
| 보      험      료 | 120 | |
| 외  상  매  출  금 | 1,000 | |
| 소  모  품  비 | 200 | |
| 상            품 | 600 | |
| 단  기  대  여  금 | 500 | |
| 선  급  임  차  료 | 120 | |
| 유  가  증  권 | 100 | |
| 건            물 | 4,000 | |
| 단  기  차  입  금 | | 1,000 |
| 미  지  급  금 | | 500 |
| 자      본      금 | | 4,000 |
| 매            출 | | 3,560 |
| 급            여 | 420 | |
| 매            입 | 1,000 | |
| 합            계 | 9,060 | 9,060 |

〈기말정리사항〉

① 보험료는 1년분이며, 보험은 12월 1일 가입하였다.
② 소모품의 기말재고는 100원이다.
③ 단기대여금에 대한 이자는 월 1%이며, 2개월에 대한 이자수익을 인식해야 한다.
④ 선급임차료는 12월 1일에 연 120원에 빌린 것이다.
⑤ 단기차입금의 월 이자는 1%로 2개월간의 이자를 인식해야 한다.
⑥ 건물에 대한 연 감가상각비는 120원이다.
⑦ 결산일 현재 유가증권의 공정가액은 150원이다.
⑧ 실지재고조사법을 사용하고 있다. 기말상품재고는 500원이다.
⑨ 외상매출금에 대하여 5%의 대손충당금을 설정해야 한다.

## 1. 〈수정분개〉

| | | | | | |
|---|---|---|---|---|---|
| ① | 보험료 | 100 | / | 선급보험료 | 100 |
| ② | 소모품비 | 400 | / | 소모품 | 400 |
| ③ | 감가상각비 | 100 | / | 건물감가상각누계액 | 100 |
| ④ | 급여 | 250 | / | 미지급급여 | 250 |
| ⑤ | 지급이자 | 100 | / | 미지급이자 | 100 |

### 정 산 표

| 계정과목 | 수정전시산표 차변 | 수정전시산표 대변 | 수정분개 차변 | 수정분개 대변 | 수정후시산표 차변 | 수정후시산표 대변 | 손익계산서 차변 | 손익계산서 대변 | 재무상태표 차변 | 재무상태표 대변 |
|---|---|---|---|---|---|---|---|---|---|---|
| 현        금 | 2,000 | | | | 2,000 | | | | 2,000 | |
| 상        품 | 1,000 | | | | 1,000 | | | | 1,000 | |
| 소  모  품 | 600 | | | 400 | 200 | | | | 200 | |
| 선 급 보 험 료 | 1200 | | | 100 | 1,100 | | | | 1,100 | |
| 건        물 | 8,800 | | | | 8,800 | | | | 8,800 | |
| 건물감가상각누계액 | | 1,200 | | 100 | | 1,300 | | | | 1,300 |
| 외 상 매 입 금 | | 1,400 | | | | 1,400 | | | | 1,400 |
| 자  본  금 | | 4,000 | | | | 4,000 | | | | 4,000 |
| 차  입  금 | | 3,000 | | | | 3,000 | | | | 3,000 |
| 매        출 | | 5,800 | | | | 5,800 | | 5,800 | | |
| 급        여 | 1,000 | | 250 | | 1,250 | | 1,250 | | | |
| 지  급  이  자 | 800 | | 100 | | 900 | | 900 | | | |
| 합        계 | 15,400 | 15,400 | | | | | | | | |
| 보  험  료 | | | 100 | | 100 | | 100 | | | |
| 소  모  품  비 | | | 400 | | 400 | | 400 | | | |
| 감 가 상 각 비 | | | 100 | | 100 | | 100 | | | |
| 미 지 급 급 여 | | | | 250 | | 250 | | | | 250 |
| 미 지 급 이 자 | | | | 100 | | 100 | | | | 100 |
| 합        계 | | | 950 | 950 | 15,850 | 15,850 | 2,750 | 5,800 | 13,100 | 10,050 |
| 당 기 순 이 익 | | | | | | | 3,050 | | | 3,050 |
| 합        계 | | | | | | | 5,800 | 5,800 | 13,100 | 13,100 |

## 2. 〈수정분개〉

| | | | | | |
|---|---|---|---|---|---|
| ① | 소모품비 | 600 | / | 소모품 | 600 |
| ② | 감가상각비 | 500 | / | 기계장치감가상각누계액 | 500 |
| ③ | 이자비용 | 400 | / | 미지급이자 | 400 |
| ④ | 보험료 | 300 | / | 선급보험료 | 300 |
| ⑤ | 선급임차료 | 900 | / | 임차료 | 900 |
| ⑥ | 받을어음 | 2,000 | / | 외상매출금 | 2,000 |

### 정 산 표

| 계정과목 | 수정전시산표 차변 | 수정전시산표 대변 | 수정분개 차변 | 수정분개 대변 | 수정후시산표 차변 | 수정후시산표 대변 | 손익계산서 차변 | 손익계산서 대변 | 재무상태표 차변 | 재무상태표 대변 |
|---|---|---|---|---|---|---|---|---|---|---|
| 현        금 | 10,000 | | | | 10,000 | | | | 10,000 | |
| 외 상 매 출 금 | 4,000 | | | 2,000 | 2,000 | | | | 2,000 | |
| 소     모     품 | 1,000 | | | 600 | 400 | | | | 400 | |
| 선 급 보 험 료 | 2,400 | | | 300 | 2,100 | | | | 2,100 | |
| 기 계 장 치 | 30,000 | | | | 30,000 | | | | 30,000 | |
| 차     입     금 | | 10,000 | | | | 10,000 | | | | 10,000 |
| 외 상 매 입 금 | | 8,000 | | | | 8,000 | | | | 8,000 |
| 자     본     금 | | 20,000 | | | | 20,000 | | | | 20,000 |
| 매        출 | | 12,000 | | | | 12,000 | | 12,000 | | |
| 급        여 | 1,200 | | | | 1,200 | | 1,200 | | | |
| 임 차 료 | 1,200 | | | 900 | 300 | | 300 | | | |
| 잡        비 | 200 | | | | 200 | | 200 | | | |
| 합        계 | 50,000 | 50,000 | | | | | | | | |
| 소 모 품 비 | | | 600 | | 600 | | 600 | | | |
| 감 가 상 각 비 | | | 500 | | 500 | | 500 | | | |
| 기계장치감가상각누계액 | | | | 500 | | 500 | | | | 500 |
| 이 자 비 용 | | | 400 | | 400 | | 400 | | | |
| 미 지 급 이 자 | | | | 400 | | 400 | | | | 400 |
| 보 험 료 | | | 300 | | 300 | | 300 | | | |
| 선 급 임 차 료 | | | 900 | | 900 | | | | 900 | |
| 받 을 어 음 | | | 2,000 | | 2,000 | | | | 2,000 | |
| 합        계 | | | 4,700 | 4,700 | 50,900 | 50,900 | 3,500 | 12,000 | 45,400 | 38,900 |
| 당 기 순 이 익 | | | | | | | 8,500 | | | 8,500 |
| 합        계 | | | | | | | 12,000 | 12,000 | 47,400 | 47,400 |

## 3. 〈수정분개〉

| | | | | | |
|---|---|---|---|---|---|
| ① | 보험료 | 400 | / | 선급보험료 | 400 |
| ② | 소모품비 | 900 | / | 소모품 | 900 |
| ③ | 감가상각비 | 1,100 | / | 건물감가상각누계액 | 600 |
| | | | | 기계장치감가상각누계액 | 500 |
| ④ | 미수이자 | 500 | / | 이자수익 | 500 |
| ⑤ | 선수객실료 | 3,000 | / | 객실매출 | 3,000 |
| ⑥ | 급여 | 600 | / | 미지급급여 | 600 |

### 정 산 표

| 계정과목 | 수정전시산표 | | 수정분개 | | 수정후시산표 | | 손익계산서 | | 재무상태표 | |
|---|---|---|---|---|---|---|---|---|---|---|
| | 차변 | 대변 | 차변 | 대변 | 차변 | 대변 | 차변 | 대변 | 차변 | 대변 |
| 현 금 | 5,000 | | | | 5,000 | | | | 5,000 | |
| 선 급 보 험 료 | 3,600 | | | 400 | 3,200 | | | | 3,200 | |
| 소 모 품 | 3,800 | | | 900 | 2,900 | | | | 2,900 | |
| 토 지 | 20,000 | | | | 20,000 | | | | 20,000 | |
| 건 물 | 50,000 | | | | 50,000 | | | | 50,000 | |
| 기 계 장 치 | 33,600 | | | | 33,600 | | | | 33,600 | |
| 대 여 금 | 50,000 | | | | 50,000 | | | | 50,000 | |
| 외 상 매 입 금 | | 9,000 | | | | 9,000 | | | | 9,000 |
| 선 수 객 실 료 | | 7,000 | 3,000 | | | 4,000 | | | | 4,000 |
| 자 본 금 | | 137,000 | | | | 137,000 | | | | 137,000 |
| 객 실 매 출 | | 22,000 | | 3,000 | | 25,000 | | 25,000 | | |
| 급 여 | 6,000 | | 600 | | 6,600 | | 6,600 | | | |
| 수 도 광 열 비 | 2,000 | | | | 2,000 | | 2,000 | | | |
| 광 고 비 | 1,000 | | | | 1,000 | | 1,000 | | | |
| 합 계 | 175,000 | 175,000 | | | | | | | | |
| 보 험 료 | | | 400 | | 400 | | 400 | | | |
| 소 모 품 비 | | | 900 | | 900 | | 900 | | | |
| 감 가 상 각 비 | | | 1,100 | | 1,100 | | 1,100 | | | |
| 건물감가상각누계액 | | | | 600 | | 600 | | | | 600 |
| 기계장치감가상각누계액 | | | | 500 | | 500 | | | | 500 |
| 미 수 이 자 | | | 500 | | 500 | | | | 500 | |
| 이 자 수 익 | | | | 500 | | 500 | | 500 | | |
| 미 지 급 급 여 | | | | 600 | | 600 | | | | 600 |
| 합 계 | | | 6,500 | 6,500 | 177,200 | 177,200 | 12,000 | 25,000 | 165,200 | 151,100 |
| 당 기 순 이 익 | | | | | | | 13,500 | | | 13,500 |
| 합 계 | | | | | | | 25,500 | 25,500 | 165,200 | 165,200 |

## 4. 〈수정분개〉

| | | | | | |
|---|---|---|---|---|---|
| ① | 보험료 | 100 | / | 선급보험료 | 100 |
| ② | 소모품비 | 400 | / | 소모품 | 400 |
| ③ | 이자비용 | 10 | / | 미지급이자 | 10 |
| ④ | 미수임대료 | 50 | / | 임대료 | 50 |
| ⑤ | 급여 | 300 | / | 미지급급여 | 300 |
| ⑥ | 선수금 | 300 | / | 매출 | 300 |
| ⑦ | 감가상각비 | 50 | / | 건물감가상각누계액 | 50 |

### 정 산 표

| 계정과목 | 수정전시산표 차변 | 수정전시산표 대변 | 수정분개 차변 | 수정분개 대변 | 수정후시산표 차변 | 수정후시산표 대변 | 손익계산서 차변 | 손익계산서 대변 | 재무상태표 차변 | 재무상태표 대변 |
|---|---|---|---|---|---|---|---|---|---|---|
| 현        금 | 2,000 | | | | 2,000 | | | | 2,000 | |
| 외 상 매 출 금 | 500 | | | | 500 | | | | 500 | |
| 선 급 보 험 료 | 1,200 | | | 100 | 1,100 | | | | 1,100 | |
| 소      품 | 500 | | | 400 | 100 | | | | 100 | |
| 건        물 | 1,500 | | | | 1,500 | | | | 1,500 | |
| 외 상 매 입 금 | | 1,000 | | | | 1,000 | | | | 1,000 |
| 차      입  금 | | 1,000 | | | | 1,000 | | | | 1,000 |
| 자      본  금 | | 1,400 | | | | 1,400 | | | | 1,400 |
| 선      수  금 | | 1,000 | 300 | | | 700 | | | | 700 |
| 매      출 | | 1,300 | | 300 | | 1,600 | | 1,600 | | |
| 합      계 | 5,700 | 5,700 | | | | | | | | |
| 보      험  료 | | | 100 | | 100 | | 100 | | | |
| 소 모 품 비 | | | 400 | | 400 | | 400 | | | |
| 이 자 비 용 | | | 10 | | 10 | | 10 | | | |
| 미 지 급 이 자 | | | | 10 | | 10 | | | | 10 |
| 미 수 임 대 료 | | | 50 | | 50 | | | | 50 | |
| 임 대 료 | | | | 50 | | 50 | | 50 | | |
| 급      여 | | | 300 | | 300 | | 300 | | | |
| 미 지 급 급 여 | | | | 300 | | 300 | | | | 300 |
| 감 가 상 각 비 | | | 50 | | 50 | | 50 | | | |
| 건물감가상각누계액 | | | | 50 | | 50 | | | | 50 |
| 합      계 | | | 1,210 | 1,210 | 6,110 | 6,110 | 860 | 1,650 | 5,250 | 4,410 |
| 당 기 순 이 익 | | | | | | | 790 | | | 790 |
| 합      계 | | | | | | | 1,650 | 1,650 | 5,250 | 5,250 |

**5.** 〈수정분개〉

| | | | | | | |
|---|---|---|---|---|---|---|
| ① | 보험료 | 100 | / | 선급보험료 | 1600 |
| ② | 매입 | 6,000 | / | 상품 | 6,000 |
| | 상품 | 5,000 | / | 매입 | 5,000 |
| ③ | 이자비용 | 200 | / | 미지급이자 | 200 |
| ④ | 소모품비 | 1,000 | / | 소모품 | 1,000 |
| ⑤ | 미지급금 | 2,000 | / | 지급어음 | 2,000 |
| ⑥ | 감가상각비 | 1,000 | / | 건물감가상각누계액 | 1,000 |
| ⑦ | 선수금 | 1,000 | / | 매출 | 1,000 |
| ⑧ | 선급금 | 10,000 | / | 지급어음 | 10,000 |
| ⑨ | 미수임대료 | 1,500 | / | 임대료 | 1,500 |

### 정 산 표

| 계정과목 | 수정전시산표 | | 수정분개 | | 수정후시산표 | | 손익계산서 | | 재무상태표 | |
|---|---|---|---|---|---|---|---|---|---|---|
| | 차변 | 대변 | 차변 | 대변 | 차변 | 대변 | 차변 | 대변 | 차변 | 대변 |
| 현　　　　　금 | 13,000 | | | | 13,000 | | | | 13,000 | |
| 선 급 보 험 료 | 1,200 | | | 100 | 1,100 | | | | 1,100 | |
| 외 상 매 출 금 | 10,000 | | | | 10,000 | | | | 10,000 | |
| 소　　모　　품 | 2,000 | | | 1,000 | 1,000 | | | | 1,000 | |
| 상　　　　　품 | 6,000 | | 5,000 | 6,000 | 5,000 | | | | 5,000 | |
| 건　　　　　물 | 20,000 | | | | 20,000 | | | | 20,000 | |
| 건물감가상각누계액 | | 2,200 | | 1,000 | | 3,200 | | | | 3,200 |
| 선　　수　　금 | | 10,000 | 1,000 | | | 9,000 | | | | 9,000 |
| 단 기 차 입 금 | | 10,000 | | | | 10,000 | | | | 10,000 |
| 미 지 급 금 | | 4,000 | 2,000 | | | 2,000 | | | | 2,000 |
| 자　　본　　금 | | 20,000 | | | | 20,000 | | | | 20,000 |
| 매　　　　　출 | | 8,000 | | 1,000 | | 9,000 | | 9,000 | | |
| 매　　　　　입 | 2,000 | | 6,000 | 5,000 | 3,000 | | 3,000 | | | |
| 합　　　　　계 | 54,200 | 54,200 | | | | | | | | |
| 보　　험　　료 | | | 100 | | 100 | | 100 | | | |
| 이 자 비 용 | | | 200 | | 200 | | 200 | | | |
| 미 지 급 이 자 | | | | 200 | | 200 | | | | 200 |
| 소 모 품 비 | | | 1,000 | | 1,000 | | 1,000 | | | |
| 지 급 어 음 | | | | 12,000 | | 12,000 | | | | 12,000 |
| 감 가 상 각 비 | | | 1,000 | | 1,000 | | 1,000 | | | |
| 선　　급　　금 | | | 10,000 | | 10,000 | | | | 10,000 | |
| 미 수 임 대 료 | | | 1,500 | | 1,500 | | | | 1,500 | |
| 임　　대　　료 | | | | 1,500 | | 1,500 | | 1,500 | | |
| 합　　　　　계 | | | 27,800 | 27,800 | 66,900 | 66,900 | 5,300 | 9,000 | 61,600 | 56,400 |
| 당 기 순 이 익 | | | | | | | 5,200 | | | 5,200 |
| 합　　　　　계 | | | | | | | 10,500 | 10,500 | 61,600 | 61,600 |

**6. 〈수정분개〉**

| | | | | | |
|---|---|---|---|---|---|
| ① | 선급보험료 | 110 | / | 보험료 | 110 |
| ② | 소모품 | 100 | / | 소모품비 | 100 |
| ③ | 미수이자 | 10 | / | 이자수익 | 10 |
| ④ | 임차료 | 10 | / | 선급임차료 | 10 |
| ⑤ | 이자비용 | 20 | / | 미지급이자 | 20 |
| ⑥ | 감가상각비 | 20 | / | 건물감가상각누계액 | 20 |
| ⑦ | 유가증권 | 50 | / | 유가증권평가이익 | 50 |
| ⑧ | 매입 | 600 | / | 상품 | 600 |
| | 상품 | 500 | / | 매입 | 500 |
| ⑨ | 대손상각비 | 50 | / | 대손충당금 | 50 |

### 정 산 표

| 계정과목 | 수정전시산표 차변 | 수정전시산표 대변 | 수정20분개 차변 | 수정20분개 대변 | 수정후시산표 차변 | 수정후시산표 대변 | 손익계산서 차변 | 손익계산서 대변 | 재무상태표 차변 | 재무상태표 대변 |
|---|---|---|---|---|---|---|---|---|---|---|
| 현 금 | 1,000 | | | | 1,000 | | | | 1,000 | |
| 보 험 료 | 120 | | | 110 | 10 | | 10 | | | |
| 외 상 매 출 금 | 1,000 | | | | 1,000 | | | | 1,000 | |
| 소 모 품 비 | 200 | | | 100 | 100 | | 100 | | | |
| 상 품 | 600 | | 500 | 600 | 500 | | | | 500 | |
| 단 기 대 여 금 | 500 | | | | 500 | | | | 500 | |
| 선 급 임 차 료 | 120 | | | 10 | 110 | | | | 110 | |
| 유 가 증 권 | 100 | | 50 | | 150 | | | | 150 | |
| 건 물 | 4,000 | | | | 4,000 | | | | 4,000 | |
| 단 기 차 입 금 | | 1,000 | | | | 1,000 | | | | 1,000 |
| 미 지 급 금 | | 500 | | | | 500 | | | | 500 |
| 자 본 금 | | 4,000 | | | | 4,000 | | | | 4,000 |
| 매 출 | | 3,560 | | | | 3,560 | | 3,560 | | |
| 급 여 | 420 | | | | 420 | | 420 | | | |
| 매 입 | 1,000 | | 600 | 500 | 1,100 | | 1,100 | | | |
| 합 계 | 9,060 | 9,060 | | | | | | | | |
| 선 급 보 험 료 | | | 110 | | 110 | | | | 110 | |
| 소 모 품 | | | 100 | | 100 | | | | 100 | |
| 미 수 이 자 | | | 10 | | 10 | | | | 10 | |
| 이 자 수 익 | | | | 10 | | 10 | | 10 | | |
| 임 차 료 | | | 10 | | 10 | | 10 | | | |
| 이 자 비 용 | | | 20 | | 20 | | 20 | | | |
| 미 지 급 이 자 | | | | 20 | | 20 | | | | 20 |
| 감 가 상 각 비 | | | 20 | | 20 | | 20 | | | |
| 건 물 감 가 상 각 누 계 액 | | | | 20 | | 20 | | | | 20 |
| 유 가 증 권 평 가 이 익 | | | | 50 | | 50 | | 50 | | |
| 대 손 상 각 비 | | | 50 | | 50 | | 50 | | | |
| 대 손 충 당 금 | | | | 50 | | 50 | | | | 50 |
| 합 계 | | | 1,470 | 1,470 | 9,210 | 9,210 | 1,730 | 3,620 | 7,480 | 5,590 |
| 당 기 순 이 익 | | | | | | | 1,890 | | | 1,890 |
| 합 계 | | | | | | | 3,620 | 3,620 | 7,480 | 7,480 |

# Hospitality
## Accounting Principles

호스피탈리티 회계원리

Chapter

8

## **현금**흐름표와 자본변동표

# Chapter 8
# 현금흐름표와 자본변동표

## ① 현금흐름표

## 1. 현금흐름표의 의의

현금흐름표(cash flow statement)는 일정기간 동안 기업실체에 대한 현금 유입과 현금 유출에 대한 정보를 제공하는 재무보고서이다. 즉, 당해 회계 기간에 현금 변동 내용을 명확하게 보고하기 위하여 경영활동을 영업활동, 투자활동, 재무활동으로 구분하여 현금 유입과 유출내용을 표시한 재무제 표이다. 현금흐름표는 손익계산서와 마찬가지로 일정기간 동안의 흐름을 나타내는 동태적보고서이다.

손익계산서상 회계이익은 발생기준에 따라 작성되어 순현금흐름과 일치 하지 않는데 현금흐름표는 회계이익과 현금흐름 간의 차이 및 그 원인에 대 한 정보를 제공한다.

또한 손익계산서와 현금흐름표를 통하여 기업실체의 현금지급능력, 재무 적 탄력성, 수익성 및 위험 등을 평가하는 데 유용하며, 여러 기업실체의 미래현금흐름의 현재가치를 비교하고 기업가치를 평가하는 데 필요한 기초자료를 제공한다.

■ **현금흐름표**

현금흐름표는 일정기간 동안 기업실체에 대한 현금 유입과 현금 유출에 대한 정보를 제공하는 재무보고서이다.

## 2. 현금흐름의 구분

현금흐름표는 일정기간 동안 기업에서 발생하는 현금흐름 즉, 현금 유입과 현금 유출을 영업활동으로 인한 현금흐름, 투자활동으로 인한 현금흐름, 재무활동으로 인한 현금흐름으로 구분하여 표시한다.

### 1) 영업활동으로 인한 현금흐름

영업활동은 일반적으로 제품의 생산과 상품 및 용역의 구매·판매활동을 말하며, 투자활동과 재무활동에 속하지 아니하는 거래를 모두 포함한다. 즉, 영업활동으로 인한 현금흐름은 주로 제품의 생산과 판매활동, 그리고 이를 위한 구매활동 및 관리활동과 관련된 현금흐름을 말한다.

영업활동으로 인한 현금흐름은 사업활동의 지속, 차입금상환, 배당금지급 및 신규투자 등에 필요한 현금을 외부로부터 조달하지 않고 제품의 생산과 판매활동, 상품과 용역의 구매와 판매활동 및 관리활동 등 자체적인 영업활동으로부터 얼마나 창출하였는지에 대한 정보를 제공한다.

영업활동으로 인한 현금흐름은 다음과 같다.

① 영업활동으로 인한 현금유입

영업활동으로 인한 현금유입은 다음과 같다.

- 제품 등의 판매(매출채권의 회수 포함)
- 재고자산의 판매와 용역제공
- 이자수익과 배당금수익
- 기타 투자활동과 재무활동에 속하지 아니하는 거래에서 발생된 현금유입


② 영업활동으로 인한 현금유출

영업활동으로 인한 현금유출은 다음과 같다.

- 원재료, 상품 등의 구입(매입채무의 결제 포함)
- 공급자와 종업원에 대한 현금지출
- 법인세의 지급
- 이자비용으로 인한 현금유출
- 기타 투자활동과 재무활동에 속하지 아니하는 거래에서 발생된 현금유출


## 2) 투자활동으로 인한 현금흐름

투자활동은 조달된 자금으로 미래 영업현금흐름을 창출할 자산의 확보와 처분에 관련된 활동을 말하며, 현금의 대여와 회수활동, 유가증권·투자자산·유형자산 및 무형자산의 취득과 처분활동 등을 말한다. 투자활동으로 인한 현금흐름은 다음과 같다.

### ① 투자활동으로 인한 현금유입

투자활동으로 인한 현금유입은 다음과 같다.

- 단기금융상품 처분
- 대여금의 회수
- 단기투자자산 · 유가증권 · 투자자산 · 유형자산 · 무형자산의 처분 등

② 투자활동으로 인한 현금유출

투자활동으로 인한 현금유출은 다음과 같다.

- 현금의 대여
- 단기투자자산 · 유가증권 · 투자자산 · 유형자산 · 무형자산의 취득

## 3) 재무활동으로 인한 현금흐름

재무활동은 기업이 필요한 자금을 현금의 차입 및 상환활동, 신주발행이나 배당금의 지급 등과 같이 부채 및 자본계정에 영향을 미치는 거래를 말한다. 즉, 재무활동으로 인한 현금흐름은 영업활동과 투자활동을 위한 자본(자기자본과 타인자본)을 조달하고 상환하거나 환급으로 발생하는 현금흐름을 말한다.

따라서, 재무활동으로 인한 현금흐름은 주주, 채권자 등이 미래현금흐름에 대한 청구권을 예측하는 데 유용한 정보를 제공하며, 영업활동 및 투자활동의 결과 창출된 잉여현금흐름이 어떻게 배분되었는지를 나타내어 준다.

재무활동으로 인한 현금흐름은 다음과 같다.

① 재무활동으로 인한 현금유입

재무활동으로 인한 현금유입은 다음과 같다.

- 단기차입금 · 장기차입금의 차입
- 어음 · 사채의 발행, 주식의 발행

② 재무활동으로 인한 현금유출

재무활동으로 인한 현금유출은 다음과 같다.

- 단기차입금 · 장기차입금의 상환
- 배당금의 지급
- 유상감자와 자기주식의 취득

 ■ 현금흐름표상 기업의 경제활동은 영업활동, 투자활동, 재무활동으로 구분한다.
- 영업활동: 제품의 생산과 상품 및 용역의 구매 · 판매활동
- 투자활동: 조달된 자금으로 미래 영업현금흐름을 창출할 자산의 확보와 처분에 관련된 활동
- 재무활동: 기업이 필요한 자금을 조달하고 상환하는 활동

## 3. 현금흐름표의 표시방법

영업활동으로 인한 현금흐름의 표시방법은 직접법과 간접법으로 구분된다.

### 1) 직접법

현금을 수반하여 발생한 수익 또는 비용항목을 총액으로 표시하되, 현금 유입액은 원천별로 현금 유출액은 용도별로 분류하여 표시하는 방법을 말한다.

## 현 금 흐 름 표(직접법)

제×기 20××년 ×월 ×일부터 20××년 ×월 ×일까지
제×기 20××년 ×월 ×일부터 20××년 ×월 ×일까지

기업명                                                                    (단위 : 원)

| 과 목 | 당 기 | 전 기 |
|---|---|---|
| **영업활동으로 인한 현금흐름** | ××× | ××× |
| 매출 등 수익활동으로부터의 유입액 | ××× | ××× |
| 매입 및 종업원에 대한 유출액 | ××× | ××× |
| 이자수익 유입액 | ××× | ××× |
| 배당금수익 유입액 | ××× | ××× |
| 이자비용 유출액 | ××× | ××× |
| 법인세의 지급 | ××× | ××× |
| | | |
| **투자활동으로 인한 현금흐름** | ××× | ××× |
| 투자활동으로 인한 현금 유입액 | | |
| 단기투자자산의 처분 | ××× | ××× |
| 유가증권의 처분 | ××× | ××× |
| 토지의 처분 | ××× | ××× |
| 투자활동으로 인한 현금 유출액 | | |
| 현금의 단기대여 | ××× | ××× |
| 단기투자자산의 취득 | ××× | ××× |
| 유가증권의 취득 | ××× | ××× |
| 토지의 취득 | ××× | ××× |
| 개발비의 지급 | ××× | ××× |
| | | |
| **재무활동으로 인한 현금흐름** | ××× | ××× |
| 재무활동으로 인한 현금 유입액 | | |
| 단기차입금의 차입 | ××× | ××× |
| 사채의 발행 | ××× | ××× |
| 보통주의 발행 | ××× | ××× |
| 재무활동으로 인한 현금 유출액 | | |
| 단기차입금의 상환 | ××× | ××× |
| 사채의 상환 | ××× | ××× |
| 유상감자 | ××× | ××× |
| **현금의 증가(감소)** | ××× | ××× |
| **기초의 현금** | ××× | ××× |
| **기말의 현금** | ××× | ××× |

## 2) 간접법

당기순이익(또는 당기순손실)에 현금의 유출이 없는 비용 등을 가산하고 현금의 유입이 없는 수익 등을 차감하며, 영업활동으로 인한 자산·부채의 변동을 가감하여 표시하는 방법을 말한다.

# 현 금 흐 름 표(간접법)

제×기 20××년 ×월 ×일부터 20××년 ×월 ×일까지
제×기 20××년 ×월 ×일부터 20××년 ×월 ×일까지

기업명 (단위 : 원)

| 과 목 | 당 기 | 전 기 |
|---|---|---|
| **영업활동으로 인한 현금흐름** | ××× | ××× |
| 당기순이익(손실) | ××× | ××× |
| 현금의 유출이 없는 비용 등의 가산 | | |
| 감가상각비 | ××× | ××× |
| 퇴직급여 | ××× | ××× |
| 현금의 유입이 없는 수익 등의 차감 | | |
| 사채상환이익 | ××× | ××× |
| 영업활동으로 인한 자산부채의 변동 | | |
| 재고자산의 감소(증가) | ××× | ××× |
| 매출채권의 감소(증가) | ××× | ××× |
| 이연법인세자산의 감소(증가) | ××× | ××× |
| 매입채무의 증가(감소) | ××× | ××× |
| 당기법인세부채의 증가(감소) | ××× | ××× |
| 이연법인세부채의 증가(감소) | ××× | ××× |
| | | |
| **투자활동으로 인한 현금흐름** | ××× | ××× |
| 투자활동으로 인한 현금 유입액 | | |
| 단기투자자산의 처분 | ××× | ××× |
| 유가증권의 처분 | ××× | ××× |
| 토지의 처분 | ××× | ××× |
| 투자활동으로 인한 현금 유출액 | | |
| 현금의 단기대여 | ××× | ××× |
| 단기투자자산의 취득 | ××× | ××× |
| 유가증권의 취득 | ××× | ××× |
| 토지의 취득 | ××× | ××× |
| 개발비의 지급 | ××× | ××× |
| | | |
| **재무활동으로 인한 현금흐름** | ××× | ××× |
| 재무활동으로 인한 현금 유입액 | | |
| 단기차입금의 차입 | ××× | ××× |
| 사채의 발행 | ××× | ××× |
| 보통주의 발행 | ××× | ××× |
| 재무활동으로 인한 현금 유출액 | | |
| 단기차입금의 상환 | ××× | ××× |
| 사채의 상환 | ××× | ××× |
| 유상감자 | ××× | ××× |
| **현금의 증가(감소)** | ××× | ××× |
| **기초의 현금** | ××× | ××× |
| **기말의 현금** | ××× | ××× |

## 1. 자본변동표의 의의

　자본변동표(statement of changes in equity)는 기업실체에 대한 자본의 크기와 그 변동에 관한 정보를 제공하는 재무보고서이다. 즉, 자본변동표에는 소유주의 투자와 소유주에 대한 분배, 그리고 포괄이익(소유주와의 자본거래를 제외한 모든 원천에서 인식된 자본의 변동)에 대한 정보가 포함된다.

　한편 자본변동표는 자산, 부채, 자본 변동의 주요 원천에 대한 정보를 제공하나 이러한 정보는 다른 재무제표 정보와 함께 사용되어야 그 유용성이 증대된다. 예를 들어, 주주에 대한 배당은 손익계산서상의 이익과 비교될 필요가 있으며, 유상증자 및 자기주식 취득과 배당은 신규 차입 및 기존 채무의 상환 등과 비교될 때 그 정보의 유용성이 증대될 수 있다.

■ **자본변동표**
자본변동표는 기업실체에 대한 자본의 크기와 그 변동에 관한 정보를 제공하는 재무보고서이다.

## 2. 자본변동표의 기본 요소

　자본변동표는 일정기간 동안 발생한 자본의 변동에 대한 정보를 제공하며, 그러한 변동의 원천에는 소유주의 투자와 소유주에 대한 분배, 그리고 포괄이익이 포함된다. 포괄이익은 손익계산서의 기본요소이기도 하며, 소유주의 투자와 소유주에 대한 분배를 살펴보면 다음과 같다.

## 1) 소유주의 투자

소유주의 투자는 기업실체에 대한 소유주로서의 권리를 취득 또는 증가시키기 위해 기업실체에 경제적 가치가 있는 유무형의 자원을 이전하는 것을 의미하며, 이에 따라 자본이 증가하게 된다.

소유주의 투자는 일반적으로 기업실체에 자산을 납입함으로써 이행되나 용역의 제공 또는 부채의 전환과 같은 형태로도 이루어질 수 있다. 기업실체는 소유주의 투자를 통해 영업활동에 필요한 자원을 제공받고, 동시에 소유주는 기업실체의 자산에 대한 청구권을 취득하게 된다. 따라서 기업실체의 순자산 증가를 가져오지 않는 소유주 상호 간의 지분거래는 소유주의 투자에 포함되지 않는다.

## 2) 소유주에 대한 분배

소유주에 대한 분배는 기업실체가 소유주에게 자산을 이전하거나 용역을 제공하거나 또는 부채를 부담하는 형태로 이루어지며, 현금배당, 자기주식의 취득, 감자 등이 이에 속한다. 소유주에 대한 분배가 있게 되면 기업실체의 순자산은 감소한다.

# 3. 자본변동표의 양식

자본변동표는 일정기간 동안 발생한 자본의 변동에 대한 정보를 제공하는데, 자본금, 자본잉여금, 자본조정, 기타포괄손익누계액, 이익잉여금으로 구분하여 표시한다.

- **자　본　금**: 발행한 주식의 액면가액 총액

- **자본잉여금**: 증자 또는 감자 등 자본거래로 인해 발생된 순자산의 증가액

- **이익잉여금**: 사외로 유출되지 않고 유보된 이익(유보이익)

- **기타포괄손익누계액**: 일정기간 주주와의 자본거래를 제외한 모든 거래
　　　　　　　　　나 사건에서 발생한 순자산의 변동을 포괄손익이라 하며
　　　　　　　　　이 중에서 당기순이익에 포함되지 않는 항목

- **자　본　조　정**: 자본금이나 잉여금에 포함되지 않는 자본을 조정하기 위해
　　　　　　　　설정한 계정

# 자 본 변 동 표

제×기 20××년 ×월 ×일부터 20××년 ×월 ×일까지
제×기 20××년 ×월 ×일부터 20××년 ×월 ×일까지

기업명 (단위 : 원)

| 구분 | 자본금 | 자본잉여금 | 자본조정 | 기타포괄손익누계액 | 이익잉여금 | 총 계 |
|---|---|---|---|---|---|---|
| 20××.×.×(보고금액) | ××× | ××× | ××× | ××× | ××× | ××× |
| 회계정책변경누적효과 | (×××) | (×××) | (×××) | (×××) | (×××) | (×××) |
| 전기오류수정 | (×××) | (×××) | (×××) | (×××) | (×××) | (×××) |
| 수정후 자본 | ××× | ××× | ××× | ××× | ××× | ××× |
| 연차배당 | | | | | (×××) | (×××) |
| 처분후 이익잉여금 | | | | | ××× | ××× |
| 중간배당 | | | | | (×××) | (×××) |
| 유상증자(감자) | ××× | ××× | | | | ××× |
| 당기순이익(손실) | | | | | ××× | ××× |
| 자기주식 취득 | | | (×××) | | | (×××) |
| 해외사업환산손익 | | | | (×××) | | (×××) |
| 20××.×.× | ××× | ××× | ××× | ××× | ××× | ××× |
| 20××.×.×(보고금액) | ××× | ××× | ××× | ××× | ××× | ××× |
| 회계정책변경누적효과 | (×××) | (×××) | (×××) | (×××) | (×××) | (×××) |
| 전기오류수정 | (×××) | (×××) | (×××) | (×××) | (×××) | (×××) |
| 수정후 자본 | ××× | ××× | ××× | ××× | ××× | ××× |
| 연차배당 | | | | | (×××) | (×××) |
| 처분후 이익잉여금 | | | | | ××× | ××× |
| 중간배당 | | | | | (×××) | (×××) |
| 유상증자(감자) | ××× | ××× | | | | ××× |
| 당기순이익(손실) | | | | | ××× | ××× |
| 자기주식 취득 | | | (×××) | | | (×××) |
| 매도가능증권평가손익 | | | | ××× | | ××× |
| 20××.×.× | ××× | ××× | ××× | ××× | ××× | ××× |

## 1. 주석의 의의

재무제표는 재무보고의 핵심적인 보고수단으로 재무상태표, 손익계산서, 현금흐름표, 자본변동표 그리고 주석을 포함한다. 주석(notes)은 재무제표가 제공하는 정보를 이해하는 데 도움이 될 수 있도록 하기 위해 회계기준에 따라 작성된 재무제표의 중요한 부분이다. 따라서, 주석은 재무상태표, 손익계산서, 현금흐름표 및 자본변동표에 인식되어 본문에 표시되는 항목에 관한 설명이나 금액의 세부내역뿐만 아니라 우발상황 또는 약정사항과 같이 재무제표에 인식되지 않는 항목에 대한 추가 정보를 포함하고 있다.

일반기업회계기준에 의하면 주석은 다음과 같은 사항을 포함한다.

- 재무제표 작성기준 및 유의적인 거래와 회계사건의 회계처리에 적용한 회계정책

- 일반기업회계기준에서 주석공시를 요구하는 사항

- 재무상태표, 손익계산서, 현금흐름표 및 자본변동표의 본문에 표시되지 않는 사항으로서 재무제표를 이해하는 데 필요한 추가 정보

■ 주석

주석은 재무제표가 제공하는 정보를 이해하는 데 필수적인 요소로서 회계기준에 따라 작성된 재무제표의 중요한 부분이다.

## 2. 주석의 작성순서

주석은 재무상태표, 손익계산서, 현금흐름표 및 자본변동표에 인식되어 본문에 표시되는 항목에 관한 설명이나 금액의 세부내역뿐만 아니라 우발상황 또는 약정사항과 같이 재무제표에 인식되지 않는 항목에 대한 추가 정보를 포함하여야 한다.

아울러, 일반기업회계기준에서 주석은 일반적으로 재무제표이용자가 재무제표를 이해하고 다른 기업의 재무제표와 비교하는 데 도움이 될 수 있도록 다음의 순서로 작성한다.

① 일반기업회계기준에 준거하여 재무제표를 작성하였다는 사실의 명기
② 재무제표 작성에 적용된 유의적인 회계정책의 요약
③ 재무제표 본문에 표시된 항목에 대한 보충정보(재무제표의 배열 및 각 재무제표 본문에 표시된 순서에 따라 공시한다)
④ 기타 우발상황, 약정사항 등의 계량정보와 비계량정보

---

**참고** • **주기와 주석의 차이점**

- 주기: 재무제표 본문에 간단한 자구 또는 숫자로 괄호 안에 표시한 것
- 주석: 재무제표 본문에 표시할 수 없는 내용을 추가적으로 공시하는 것으로 재무제표상의 해당 과목 또는 금액에 기호를 붙이고 난외 또는 별지에 동일한 기호를 표시하여 그 내용을 기재한다.

1. 현금흐름표란?

   ------------------------------------------------------------
   ------------------------------------------------------------
   ------------------------------------------------------------

2. 현금흐름표에서 현금흐름은 어떻게 구분되는가?

   ------------------------------------------------------------
   ------------------------------------------------------------
   ------------------------------------------------------------

3. 영업활동으로 인한 현금흐름은 어떤 것들이 있는가?

   ------------------------------------------------------------
   ------------------------------------------------------------
   ------------------------------------------------------------

4. 투자활동으로 인한 현금흐름은 어떤 것들이 있는가?

   ------------------------------------------------------------
   ------------------------------------------------------------
   ------------------------------------------------------------

5. 재무활동으로 인한 현금흐름은 어떤 것들이 있는가?

   ------------------------------------------------------------
   ------------------------------------------------------------
   ------------------------------------------------------------

6. 자본변동표란?

-------------------------------------------------------

-------------------------------------------------------

-------------------------------------------------------

7. 소유주의 투자란?

-------------------------------------------------------

-------------------------------------------------------

-------------------------------------------------------

8. 소유주의 분배란?

-------------------------------------------------------

-------------------------------------------------------

-------------------------------------------------------

9. 주석이란?

-------------------------------------------------------

-------------------------------------------------------

-------------------------------------------------------

10. 주석에 포함되는 내용에는 어떤 것들이 있는가?

-------------------------------------------------------

-------------------------------------------------------

-------------------------------------------------------

11. 일반기업회계기준에서 주석을 작성하는 순서는?

-------------------------------------------------------

-------------------------------------------------------

-------------------------------------------------------

# 연습문제

〈선택형〉

1. 다음 중 발생주의와 가장 거리가 먼 재무제표는?

   ① 재무상태표        ② 손익계산서

   ③ 현금흐름표        ④ 자본변동표

2. 다음 중 현금흐름표의 설명으로 적절하지 않은 것은?

   ① 기업실체에 대한 현금 유입과 현금 유출에 대한 정보를 제공한다.

   ② 현금흐름을 영업활동, 투자활동, 재무활동으로 구분한다.

   ③ 회계이익과 현금흐름 간의 차이 및 그 원인에 대한 정보를 제공한다.

   ④ 재무상태표와 현금흐름표를 통하여 기업실체의 현금지급능력, 재무적 탄력성, 수익성 및 위험 등을 평가하는 데 유용하다.

3. 다음 중 현금흐름표상 영업활동으로 인한 현금흐름 중 다른 하나는?

   ① 제품 등의 판매

   ② 이자수익과 배당금수익

   ③ 법인세

   ④ 재고자산의 판매와 용역제공

**4.** 다음 중 현금흐름표의 투자활동으로 인한 현금흐름이 아닌 것은?

① 단기금융상품 처분　　　　② 이자비용

③ 대여금의 회수　　　　　　④ 현금의 대여

**5.** 다음 중 재무활동에 대한 설명 중 적절하지 않은 것은?

① 현금의 차입 및 상환활동

② 신주발행이나 배당금의 지급활동

③ 배당금 수익

④ 어음·사채의 발행

**6.** 다음 중 자본변동표에 관한 설명 중 적절하지 않은 것은?

① 기업실체에 대한 자본의 크기와 그 변동에 관한 정보를 제공한다.

② 소유주의 투자와 소유주에 대한 분배, 그리고 포괄이익에 대한 정보가 포함된다.

③ 주주에 대한 배당은 손익계산서상의 이익과 비교될 필요가 있다.

④ 포괄이익은 모든 원천에서 인식된 자본의 변동에 대한 정보를 제공한다.

**7.** 다음 중 소유주의 투자에 관한 설명 중 적절하지 않은 것은?

① 자본의 감소를 말한다.

② 기업실체에 경제적 가치가 있는 유무형의 자원을 이전하는 것을 말한다.

③ 소유주 상호 간의 지분거래는 소유주의 투자에 포함되지 않는다.

④ 소유주의 투자는 용역의 제공형태로도 이루어질 수 있다.

**8.** 다음 중 자본변동표 항목이 아닌 것은?

① 자본금　　　　　　　　　② 자본조정

③ 자본잉여금　　　　　　　④ 당기순이익

9. 다음 중 주석에 대한 설명으로 틀린 것은?

① 주석은 재무제표에 포함된다.

② 주석은 재무제표 본문에 기재된다.

③ 우발상황 또는 약정사항과 같이 재무제표에 인식되지 않는 항목에 대한 추가 정보를 포함하고 있다.

④ 재무제표 작성기준 및 유의적인 거래와 회계사건의 회계처리에 적용한 회계정책을 포함하고 있다.

10. 다음 중 주석의 작성 순서로 가장 먼저 기재해야 하는 것은?

① 일반기업회계기준에 준거하여 재무제표를 작성하였다는 사실의 명기

② 재무제표 작성에 적용된 유의적인 회계정책의 요약

③ 재무제표 본문에 표시된 항목에 대한 보충정보

④ 기타 우발상황, 약정사항 등의 계량정보와 비계량정보

## 〈선택형〉

1. ③
   현금흐름표는 현금 유입과 유출을 나타내는 재무제표로 발생주의 원칙을
   토대로 하지 않는다.

2. ④
   손익계산서와 현금흐름표를 통하여 기업실체의 현금지급능력, 재무적 탄
   력성, 수익성 및 위험 등을 평가하는 데 유용하다

3. ③
   법인세는 영업활동으로 인한 현금 유출이고 나머지는 영업활동으로 인한
   현금 유입이다.

4. ②
   이자비용으로 인한 현금 유출은 영업활동으로 인한 현금 유출에 해당된다.

5. ③
   배당금 수익은 영업활동에 속한다.

6. ④
   포괄이익은 소유주와의 자본거래를 제외한 모든 원천에서 인식된 자본의
   변동을 말한다.

7. ①
   소유주의 투자는 자본이 증가된다.

8. ④
   자본변동표는 자본금, 자본잉여금, 자본조정, 기타포괄손익누계액, 이익
   잉여금으로 구분된다.

**9.** ②

주석은 재무제표 본문에 표시할 수 없는 내용을 추가적으로 공시하는 것으로 재무제표상의 해당 과목 또는 금액에 기호를 붙이고 난외 또는 별지에 동일한 기호를 표시하여 그 내용을 기재한다.

**10.** ①

주석의 작성순서는 ①, ②, ③, ④의 순서로 작성한다.

# 참고문헌

강경규 · 윤주석 · 정병수 · 이수명(2013), 『K-IFRS 회계원리』, 세학사.

고재용 · 권영린 · 김명희 · 김수영 · 김혁수 · 박종원 · 원철식 · 임상헌 · 최정환(2011), 『K-IFRS 호스피탈리티산업 회계원리』, 대왕사.

김구배(2007), 『새로쓰는 회계원리』, 개정판, 형설출판사.

김구배 · 조인환(2014), 『경영학개론』, 제5개정판, 한올.

김기수 · 전재완 · 한하늘(2010), 『경영학개론』, 백산출판사.

김남면 · 최경식 · 양승권 · 유병조(2007), 『회계원리』, 전정판, 형설출판사.

김미경 · 정연국 · 강신호 · 김영주 · 선종갑 · 조봉기(2017), 『관광학개론』, 백산출판사.

김복구 · 이선표(2005), 『회계학원론』, 한올출판사.

김영식(2010), 『호텔회계의 이해』, 한올출판사.

김희철 · 조인희(2006), 『현대경영학입문』, 대왕사.

나영 · 박성환 · 이재경(2017), 『K-IFRS 회계학원론』, 박영사.

박선섭 · 김윤태 · 박종성 · 강영보 · 이은철 · 최수미 · 최종원 · 곽지영(2014), 『IFRS 회계원리』, 신영사

변찬복(1999), 『호스피탈리티회계』, 대왕사.

변찬복(2008), 『호텔 · 레스토랑 회계』, 대왕사.

신호영 · 이화득 · 고종권 · 김우영 · 김종현(2013), 『IFRS 회계원리』, 경문사.

유희경 · 원철식 · 김수정(2004), 『관광산업 회계학원론』, 백산출판사.

윤진호 · 정재진 · 곽영민(2014), 『K-IFRS 회계원리』, 탑북스.

이강오(2011), 『업종별 회계와 세무실무』, 어울림.

이기현 · 김영태(2009), 『회계원리 A plus』, 법문사.

이만우 · 김기영 · 최우석 · 조광희(2016), 『IFRS 회계원리』, (주)생능.

이효익 · 최관 · 백원선 · 최영수(2019), 『IFRS 회계원리』, 신영사.

전영승 · 정용화(2009), 『최신 회계원리』, 백산출판사.

정수영(1997), 『신경영학원론』, 박영사.

정용화 · 전영승(2011), 『K-IFRS 회계학원론』, 백산출판사.

정우성(2006), 『회계실무기초』, 도서출판 대명.

조동훈(2009), 『호텔회계원리』, 한올출판사.

조소윤(2002), 『호텔회계학』, 학문사.

주상우(2012), 『호텔 · 관광 재무회계원리』, 현학사.

채신석 · 정해용 · 고재용(2020), 『호텔경영론』, 백산출판사.

한길석(2017), 『IFRS 회계원리』, 법문사.

한진수 · 김동철 · 박재완(2010), 『IFRS회계원리』, 경문사.

허용덕 · 문성열 · 이재형 · 김금란(2009), 『최신호텔회계』, 백산출판사.

# Hospitality
## Accounting Principles

호스피탈리티 회계원리

부록

# 1. 재무상태표 계정과목

| 구　　분 | 내　　용 |
|---|---|
| 자산 | 과거의 거래나 사건의 결과로 현재 기업실체에 의해 지배되고 미래에 경제적 효익을 창출할 것으로 기대되는 자원 |
| 유동자산 | 1년 또는 기업의 정상영업주기 중 긴 기간 내에 현금으로 전환, 판매, 또는 소비할 의도가 있거나 단기매매목적으로 보유하는 자산 |
| 　당좌자산 | 판매과정을 거치지 않고 1년 이내 혹은 영업순환기간 내에 현금화가 될 수 있는 자산 |
| 　　현금및현금성자산 | 통화와 통화대용증권(현금, 요구불예금 등) |
| 　　단기금융상품 | 1년 이내 만기가 도래하는 금융상품 |
| 　　단기매매증권 | 단기간 내의 매매차익을 목적으로 보유한 유가증권 |
| 　　매출채권 | 일반적 상거래인 상품 매출, 또는 제품 매출을 하고 획득한 금전적인 권리(외상매출금, 받을어음) |
| 　　단기대여금 | 1년 이내 돌려받기로 하고 빌려준 금전 |
| 　　미수금 | 주된 영업활동(일반적 상거래) 이외의 거래에서 발생한 외상대금 |
| 　　미수수익 | 당기에 속하는 수익 중 차기에 회수 예정인 것(미수임대료, 미수이자 등) |
| 　　선급금 | 상품 원재료 등의 매입을 위하여 미리 지급한 금전 |
| 　　선급비용 | 당기에 지급한 비용 중 차기 비용에 해당하는 부분으로 선급보험료, 선급이자, 선급임차료 등 |
| 　　가지급금 | 금전을 지급하였으나 그 내용(금액)이 확정되지 않았을 때 확정 때까지 쓰는 임시 계정과목 |
| 　재고자산 | 생산 또는 판매를 위해 대기하고 있는 자산으로 생산과 판매과정을 거쳐야 현금으로 전환되는 자산 |
| 　　상품 | 판매를 목적으로 구입한 상품, 미착상품, 적송품 등 |
| 　　제품 | 판매를 목적으로 기업 내에서 제조한 생산품, 부산물 등 |
| 　　반제품 | 이미 상당한 가공을 끝내고 저장 중에 있는 중간제품과 부분품 등 |
| 　　재공품 | 제품 또는 반제품의 제조를 위하여 재공과정에 있는 것 |
| 　　원재료 | 원료, 재료, 부재료, 매입부분품, 미착원재료 등 |
| 　　저장품 | 소모품, 소모공구기구비품, 수선용 부분품 및 기타 저장품 등 |

| 구 분 | 내 용 |
|---|---|
| **비유동자산** | 생산이나 판매 등 주된 영업활동에 장기간 사용할 목적으로 보유하거나 장기적인 자금 증식 목적으로 보유하는 자산 |
| **투자자산** | 기업이 장기적인 투자수익이나 타 기업 지배목적 등의 부수적인 기업활동의 결과로 보유하는 자산 |
| 장기금융상품 | 만기일이 1년 이후에 도래하는 장기성 예금, 정기적금 등 |
| 장기대여금 | 타인에게 빌려준 금전으로 만기가 결산일로부터 1년 이후에 도래하는 것 |
| 투자부동산 | 투자 목적으로 보유하고 있는 토지, 건물 등 |
| **유형자산** | 재화의 생산, 용역의 제공, 타인에 대한 임대 또는 자체적으로 사용할 목적으로 보유하는 물리적 형체를 갖춘 자산 |
| 토지 | 영업을 위하여 소유하고 있는 대지, 임야, 전답, 잡종지 등 |
| 건물 | 기업이 영업을 목적으로 소유하고 있는 건물과 냉난방, 전기, 통신 및 기타의 건물부속 설비 |
| 구축물 | 토지에 부착된 토목설비 또는 공작물로서 교량, 부교, 궤도, 저수지 등 |
| 기계장치 | 영업활동에 활용할 목적으로 보유하는 기계장치, 운송설비 및 이들의 부속설비 |
| 차량운반구 | 영업활동에 활용할 목적으로 보유하는 승용차, 버스 등 |
| 비품 | 영업활동에 사용할 목적으로 보유하는 컴퓨터, 복사기, 책상 등 |
| 건설중인자산 | 완성되지 않은 유형자산에 투입된 재료비, 노무비 및 경비 등을 나타내기 위한 일시적 계정과목 |
| **무형자산** | 물리적 형체가 없는 미래 경제적 효익을 가져오는 비화폐성자산 |
| 영업권 | 합병 등을 통하여 유상으로 취득한 무형의 권리 |
| 개발비 | 판매를 목적으로 기업 내에서 제조한 생산품, 부산물 등 |
| 산업재산권 | 특허권, 실용신안권, 상표권 등과 같이 일정기간 동안 독점적·배타적 권리 |
| 창업비 | 회사 설립에 소요된 비용과 개업 준비기간에 발생한 비용 |
| **기타비유동자산** | 비유동자산 중 투자자산, 유형자산 및 무형자산으로 분류할 수 없는 자산으로 임차보증금, 장기매출채권 및 장기미수금 등 |
| 임차보증금 | 타인의 부동산 또는 동산을 월세 등의 조건으로 사용하기 위하여 지급하는 보증금 |
| 전세권 | 판매를 목적으로 기업 내에서 제조한 생산품, 부산물 등 |
| 장기매출채권 | 매출채권 중 유동자산에 속하지 않는 1년 이상된 것 |
| 장기미수금 | 일반적 상거래 이외에 발생한 외상대금으로 만기가 결산일로부터 1년 이후에 도래하는 것 |

| 구　　분 | 내　　용 |
|---|---|
| **부채** | 과거의 거래나 사건의 결과로 현재 기업실체가 부담하고 있고 미래에 자원의 유출 또는 사용이 예상되는 의무로부터 발생하는 미래의 경제적 효익의 희생 |
| **유동부채** | 1년 또는 기업의 정상영업주기 중에서 긴 기간 내에 상환되거나 이행되어야 하는 의무 |
| 매입채무 | 기업의 주된 영업활동과 관련한 상품 또는 원재료 매입으로 발생한 지급의무로 외상매입금과 지급어음 |
| 단기차입금 | 금융기관이나 타인으로부터 빌린 금전으로 지급기일이 재무상태표일로부터 1년 이내에 도래하는 것 |
| 미지급금 | 일반적 상거래 이외의 거래에서 발생한 채무 |
| 선수금 | 미래에 상품, 제품, 원재료 등을 판매 또는 제공하기로 약정하고 미리 받은 금전 |
| 미지급비용 | 당기에 기간비용이 발생하였으나 지급기일이 도래하지 않아 지급되지 않은 미지급임차료, 미지급이자 등 |
| 선수수익 | 기업이 일정기간 동안 계속적으로 용역을 제공하기로 약정하고 당기에 받은 수익 중 차기에 속하는 금액으로 선수임대료, 선수이자 등 |
| 예수금 | 최종적으로 제3자에게 지급해야 할 금액을 거래처나 종사원 등으로부터 미리 받아 일시적으로 보관 중인 금액 |
| 가수금 | 금전을 수취하였으나 그 내용이 확정되지 않았을 때 임시적으로 사용하는 계정과목 |
| 미지급세금 | 미지급세금은 당기사업년도 소득에 대하여 회사가 납부하여야 할 법인세 부담액 중 아직 납부하지 않은 것 |
| 유동성장기부채 | 장기차입금 등 비유동부채 중에서 1년 이내 만기가 도래하는 것 |
| **비유동부채** | 재무상태표일로부터 1년 이후에 지급기일이 도래하는 부채 |
| 사채 | 기업이 증권을 발행하고 계약에 따라 일정한 이자를 지급하고, 만기에 원금을 상환할 것을 약정하고 차입한 채무 |
| 장기차입금 | 상환기일이 1년 이후에 도래하는 차입금 |
| 장기매입채무 | 유동부채에 속하지 아니하는 일반적 상거래에서 발생한 장기의 외상매입금 및 지급어음 |
| 장기미지급금 | 일반적인 상거래 외의 거래에서 발생한 외상대금으로 만기가 1년 이후에 도래하는 것 |
| 임대보증금 | 타인(임차인)에게 동산이나 부동산을 임대하는 임대차계약을 체결하고 임대인이 임차인으로부터 받은 보증금 |

| 구　　분 | 내　　용 |
|---|---|
| **자본** | 기업실체의 자산 총액에서 부채 총액을 차감한 잔여액 또는 순자산 |
| **자본금** | 발행주식의 액면 총액으로 보통주자본금, 우선주자본금 |
| **자본잉여금** | 주식의 발행, 증자, 감자와 같은 자본거래에서 발생한 잉여금 |
| 주식발행초과금 | 주식발행으로 주주에게 받은 금전이 주식의 액면금액을 초과하는 부분 |
| 감자차익 | 자본을 감소시킬 때(감자 시) 주식의 취득 가액이 액면가액보다 낮은 경우 그 차액 |
| 자기주식처분이익 | 자기주식을 처분할 때 자기주식의 처분금액이 취득금액보다 높은 경우 그 차액 |
| **자본조정** | 성격상 자본거래에 해당하지만 최종 납입된 자본으로 볼 수 없거나 자본의 가감적 특성으로 인해 자본금이나 자본잉여금으로 분류할 수 없는 항목 |
| 주식할인발행차금 | 신주를 액면가액 이하로 할인 발행한 경우 액면미달금액 |
| 자기주식 | 회사가 발행한 주식을 그 회사가 다시 취득한 경우 |
| 감자차손 | 소각된 주식의 액면가액보다 감자(주식을 감소시킬 때)에 따른 지급대가가 많은 경우 그 차액 |
| **이익잉여금** | 이익창출활동에 의해 획득한 이익으로 기업 밖으로 유출되거나 자본금 및 자본잉여금 계정으로 대체되지 않고 기업내부에 유보되어 있는 금액 |
| 이익준비금 | 이익배당액의 10% 이상의 금액을 자본금의 50%에 달할 때까지 적립하여야 하는 법정적립금 |
| 기타법정적립금 | 상법 외의 규정에 따라 적립되는 이익잉여금으로 기업합리화적립금, 재무구조개선적립금 등 |
| 임의적립금 | 정관의 규정 또는 주주총회의 결의에 의하여 회사가 임의로 이익 가운데서 일부를 기업 내부에 유보시키는 적립금 |
| 미처분이익잉여금 | 회사의 이익잉여금 중에서 사외 유출되거나 다른 적립금으로 대체되지 않고 남아 있는 금액 |
| **기타포괄손익누계액** | 재무상태표일 현재의 기타포괄손익의 잔액으로 당기순이익에 포함되지 않는 평가손익의 누계액 |
| 매도가능증권평가손익 | 매도가능증권을 공정가치로 평가할 때 장부가액과 공정가치와의 차액 |
| 파생상품평가손익 | 현금흐름 위험회피를 목적으로 투자한 파생상품을 기말에 공정가치로 평가할 때 발생하는 평가손익 |
| 해외산업환산손익 | 외화표시 자산과 부채를 현행 환율에 따라 원화로 환산하는 경우에 발생된 환산손익 |

## 2. 손익계산서 계정과목

| 구 분 | 내 용 |
|---|---|
| **매출액** | 기업실체의 경영활동과 관련된 재화의 판매 또는 용역의 제공 등에 대한 대가 |
| **매출원가** | 제품, 상품 등의 매출액에 대응되는 원가로서 판매된 제품이나 상품 |
| **매출총이익** | 매출에서 매출원가를 차감한 금액 |
| **판매비와관리비** | 제품, 상품, 용역 등의 판매활동과 기업의 관리활동에서 발생하는 비용으로서 매출원가에 속하지 아니하는 모든 영업비용 |
| 급여 | 노동의 대가로 지급하는 임원급여, 급료, 임금 및 제 수당 등 |
| 복리후생비 | 종업원의 후생을 위한 비용으로 종업원에게 지급되는 피복비, 경조사비 등 |
| 여비교통비 | 종업원의 업무와 관련된 여비와 교통비를 말한다. 출장에 따른 교통비, 식사대, 숙박료 등 |
| 임차료 | 타인의 토지나 건물, 기계장치 등을 사용하며 그 사용료로 지급하는 비용 |
| 수도광열비 | 수도, 전기, 가스, 난방 등의 요금 |
| 통신비 | 전화, 핸드폰, 정보통신료, 우편료 등의 요금 |
| 감가상각비 | 토지를 제외한 유형자산의 당해연도 가치감소분(사용분) |
| 소모품비 | 사무용품, 소모성 비품을 구입하는 데 소요되는 비용 |
| 차량유지비 | 차량의 유지와 수리에 소요된 비용으로 유류대, 정기 주차료, 검사비 등 |
| 보험료 | 기업에서 각종 보험에 가입하고 납부하는 보험료 |
| 광고선전비 | 상품의 판매 촉진을 위해 사용되는 광고나 선전에 소요되는 비용 |
| 대손상각비 | 일상적인 상거래에서 발생한 매출채권이 회수불능일 때 또는 결산 시 대손추산액 범위 내에서 대손충당금을 추가 설정할 때 사용하는 계정과목 |
| 세금과공과 | 세금과 공과금으로 재산세, 자동차세, 벌금 및 과태료, 각종 회비 등 |
| 도서인쇄비 | 도서구입비, 신문, 잡지 등의 비용 |
| 접대비 | 영업을 목적으로 거래처와의 관계 유지를 위해 소요된 비용 |
| **영업손익** | 매출총이익에서 판매비와 관리비를 차감한 금액 |

| 구　분 | 내　용 |
|---|---|
| **영업외수익** | 제품, 상품, 용역 등의 판매활동과 기업의 관리활동에서 발생하는 비용으로서 매출원가에 속하지 아니하는 모든 영업비용 |
| 이자수익 | 은행 등 금융기관의 예금이나 대여금에서 발생한 이자 |
| 배당금수익 | 주식, 출자금 등의 장·단기투자자산에 투자한 결과로 받은 배당금 |
| 임대료 | 임대를 주업으로 하지 않는 기업이 부동산이나 동산을 임대해주고(빌려주고) 이에 대한 대가로 수취하는 금액 |
| 단기매매증권평가이익 | 보유 중인 단기매매증권의 공정가액이 장보가액보다 클 때 그 차액 |
| 단기매매증권처분이익 | 보유 중인 단기매매증권을 처분할 때 처분가액이 장보가액보다 클 때 그 차액 |
| 투자자산처분이익 | 투자목적으로 보유하고 있는 투자자산을 처분할 때 수취금액이 장부가액을 초과하는 금액 |
| 유형자산처분이익 | 유형자산을 처분할 때 처분가액이 장부가액보다 클 때 그 차액 |
| 채무면제이익 | 기업이 주주, 채권자 등 타인으로부터 기업의 채무를 면제받음으로써 발생한 이익 |
| 자산수증이익 | 기업이 주주, 채권자 등 타인으로부터 무상으로 현금이나 기타의 자산을 증여받음으로써 발생한 이익 |
| 보험금수익 | 보험에 가입된 자산이 피해를 입었을 때 수령하는 보험금액 |
| **영업외비용** | 기업의 주된 영업활동으로부터 발생하는 영업비용 이외의 비용 |
| 이자비용 | 장·단기차입금에 대하여 지급하는 이자 |
| 단기매매증권평가손실 | 보유 중인 단기매매증권의 공정가액이 장보가액보다 작을 때 그 차액 |
| 단기매매증권처분손실 | 보유 중인 단기매매증권을 처분할 때 처분가액이 장보가액보다 작을 때 그 차액 |
| 투자자산처분손실 | 투자목적으로 보유하고 있는 투자자산을 처분할 때 수취금액이 장부가액에 미달하는 경우 그 차액 |
| 유형자산처분손실 | 유형자산을 처분할 때 처분가액이 장부가액보다 작을 때 그 차액 |
| 재해손실 | 천재지변이나 예측하지 못한 사건으로 발생한 손실 |
| **법인세비용차감전순이익** | 영업손익에서 영업외수익을 가산하고 영업외비용을 차감한 금액 |
| **법인세비용** | 계속사업손익에 대응하여 발생한 법인세비용 |
| **당기순이익** | 법인세비용차감전순이익에서 법인세를 차감한 금액 |

저자약력

## 김재석

현) 동명대학교 호텔경영학과 교수
　　경기대학교 대학원 졸업(관광학 박사)
　　관심분야 : Feasibility Study, 관광자원개발

# 호스피탈리티 회계원리

2020년 12월 15일 초판 1쇄 인쇄
2020년 12월 20일 초판 1쇄 발행

**지은이** 김재석
**펴낸이** 진욱상
**펴낸곳** (주)백산출판사
**교　정** 박시내
**본문디자인** 오행복
**표지디자인** 오정은

저자와의
합의하에
인지첩부
생략

**등　록** 2017년 5월 29일 제406-2017-000058호
**주　소** 경기도 파주시 회동길 370(백산빌딩 3층)
**전　화** 02-914-1621(代)
**팩　스** 031-955-9911
**이메일** edit@ibaeksan.kr
**홈페이지** www.ibaeksan.kr

ISBN 979-11-6567-224-9　93320
값 25,000원

• 파본은 구입하신 서점에서 교환해 드립니다.
• 저작권법에 의해 보호를 받는 저작물이므로 무단전재와 복제를 금합니다.
　이를 위반시 5년 이하의 징역 또는 5천만원 이하의 벌금에 처하거나 이를 병과할 수 있습니다.